中公文庫

古代史疑

増補新版

松本清張

中央公論新社

目次

古代史疑

増補新版

三世紀の日本

大陸との橋

日本に最初の国家がいつごろできたかという点で学者の間に議論がある。国家とは一定の土地に多数の人々が住み、その人々の間は、支配者と被支配者との階級関係で成立しているをいう。国家の基本的な条件としては、国民、領土、統治組織の三つの要素は欠くことのできないものとされているが、これに他の干渉を許さない排他的な支配を行なう統治組織をあげる人もある。古代でも、ただ単に人が土地に定着した生活グループだけでは国家とはいえないのである。

われわれは祖先が弥生式土器を使い、縄文式土器を生活の用具にしていたことを知っている。早期の縄文式土器といわれる神奈川県夏島発見のものは、放射性炭素の測定によると七千年前のものだといわれる（その絶対年代の数値を疑う学者はある）。最近では土器の伴わない地層に石器が発見されて、戦前の考古学者が考えていたよりはずっと古く日本に民族が居住していたことが分った。

日本の各地には北方系と南方系の象の化石骨などが発見されている。第四紀のはじめ、まだ日本の南北の海峡が大陸と陸地つづきだったころに、こうした野獣が北はシベリアから樺太の陸橋を渡り、北海道から本州に歩いてきたし、南は朝鮮海峡も東支那海もなく、全部陸地だった時代に南方系の野獣が九州に渡ってきたことが分っている。動物が渡来する以上、これを追う人類が同様の道順を経てきたであろうことは容易に想像されるが、いまだにそのころの人骨は発見されていない。もっとも、文学博士直良《なおら》信夫によって明石海岸から発見された化石人骨の一部がある（明石原人と名づけられ、前期旧石器時代の人間と推定）。また、無土器文化地層の群馬県岩宿《いわじゅく》に近い葛生《くずう》の洞窟からは同じく氏によって旧石器時代の人骨（下顎部）が世に紹介されたが、何といっても太腿骨や下顎骨の一部だけでは心細い。

こうしてみると、第四紀のころには野獣を追って、ちょうど北京原人のような洪積世期の人間が日本にもいたことが想像される。しかし、そのころの完全な、あるいはそれに近い人骨が発見されていないので十分なことはいえない。そこで、完全な人骨という証拠の上では、縄文土器をつくり、これを使用していた人間が現在知られているいちばん古い日本人だということになる。岡山県の津雲貝塚、愛知県の矢崎貝塚、大阪府の国府貝塚から発見された人骨は縄文晩期の人間といわれている。

さて、縄文土器を使用していた人がはたして「国家」をつくっていたかという疑問だが、まず、これは考えられない。なぜなら、沖積世の日本の縄文土器人はほとんどが採集生活で、自然食糧（獣・魚・貝・果実・木の実など）を追って山野や海浜に放浪したとみられるから、原始的な国家の成立さえもなかった。すなわち人々は一定の土地に住まず、栽培生産によらないために、共同労働もなく、したがってグループの支配者もなかったのである。

ところが、弥生式土器の時代になると、その土器の形体が示すように、完全に食糧の栽培が行なわれて、人々も放浪生活から一定の土地に定着する農耕生活となった。たとえば、弥生式土器の底に籾殻の痕があったり、その遺跡から炭化した米粒が発見されたりしている。これは採集食糧が乏しくなったのと、人口の増加とで、人間は計画的に自分の手で食糧をつくらざるを得なくなったからだろう。

農耕生活がはじまれば、それまでの個人的でばらばらだった生活形態は一種の共同生活のかたちをとる。もちろん、漁猟時代にも共同生活はあったが、生産手段としての土地を持つと、それはより組織的となる。農耕時代では、原始共同体制と呼ばれる平等な集団生活であったろう。だが、そのうちに生産手段的にも生活的にも彼らの中から指導者が出てくる。このリーダーが力をもってくると原始共同体は次第に崩れて、やがて支配者と被支配者の関係が生まれる。

しかし、こうしたかたちの階級が生まれたからといって、すぐに「国家」の形成とはならない。それはまだ部落単位の極めて狭いサークルにすぎないからである。この部落が他の部落と闘争や宥撫などで合併し、被支配者と、その生産手段としての土地とがひろがってゆけば、ここに極めて狭い意味の「部族国家」と呼んでもいいようなものが生まれよう。もちろん、この「国」は、七、八世紀ごろの上代で呼ばれる土佐国とか近江国とかいうような「国」とは内容が違う。範囲もせいぜい現在の村単位であったろう。それが現在の県単位ぐらいの大きさになるのは、弥生時代から古墳時代に入ってからだろう。

こうした部族国家が連合すると原始小国家ができる。さらにその中の強い集団が全部を権力的に統一してから、はじめてここに日本の国家といわれるものの成立をみたのだろう。戦前の歴史教育では、日本の国のはじめは、『古事記』『日本書紀』などの神話であった。もちろん、こんなものは現在では科学的には信じられていない。ただ、その神話の中に日本国家の成立の投影がどれだけ含まれているかということだけが問題にされる。いうまでもなく、『記・紀』は八世紀はじめの奈良朝時代に作られたもので、「とうてい最初の大和朝廷の発生を知ることはおろか、それ以前の日本の姿も分らない。この時代は文字がなかったので記録がなく、歴史のない時代である。

もし、それをいくらかでも知ろうとするには考古学にまたなければならない。だが、考古学は土中から発見された遺物・遺跡によってのみ当時の人間の生活を想像するだけである。生活具や装飾品や、墳墓の形式といったものからそのころの生活を窺い知ることはできるとしても、また発掘された人骨によって、当時の人間の体軀は分るにしても、彼らがどのようなしくみの社会をもち、そこでどのような政治がもたれていたかということは、いっさい分らない。仮りにそれを遺物・遺跡などから想像するにしても、それだけの貧弱な物的証拠では何もいえないのである。考古学はあくまでも、古代の人間の遺物からおぼろに当時の人間の生活を想像するだけで、人間どうしの交際が発展した社会組織、政治形態といったものまでも、生々と復原することはできないのである。また、それは考古学の領域外のことである。

ところが、ここに、たった一つ、三世紀前半の日本の姿を写した中国の文献が残っている。『古事記』や『日本書紀』が書かれたときより五百年以上も前のことだ。しかも、これは『記・紀』のように奈良朝の権力階級が政治的な意図で編纂したのではなく、三世紀ごろに中国人（魏の使者）が日本の北九州に渡ってきて、日本で見聞した報告に基づいている。だから、これが信頼のおける一等資料ということは学界の定説となっている。三世紀の前半といえば、日本では弥生式文化の終りに近いころである。

日本最初の住民の母国や、その渡来地や、人種名は今でもはっきり分っていない。しかし、現在の日本人の祖先で、より祖型に属する原日本人と呼ばれるものは、海洋性蒙古型や、インドシナ型の東南アジア系の人種を主幹とし、それにツングースやアイヌの要素をまぜたものだったと思われる。南からの黒潮を主とし、北からの親潮、日本海環流などの海流が、それぞれの人種を日本に運んできたらしい。

かつてシベリア大陸と日本列島とが陸つづきであったころ、象その他の動物といっしょに人類も日本半島に渡ってきたと思われるが、地殻の変動によって大陸との橋が失われたのちは、主として海流が大陸からの渡来を助ける役目を果した。海は一方では国と国とを引きはなしているが、それとともにまた国と国とを結びつけるものである。遠い距離の交通は海によってかえって容易に行なわれることが多く、日本海の潮流は北方との交通路となり、黒潮は南方との交通路になっていた。特に日本海の環流は大陸や朝鮮半島と日本との距離が短いだけに、北方との交通上、頻繁な運送路となっていた。

日本の先史時代文化は縄文以前、縄文、弥生文化と流れてきたが、縄文文化の末期には金属と稲作農耕が西日本に入ってきている。これは紀元前数世紀のころから大陸からの半島を経ての人間と文化の渡来があった証拠である。西日本は朝鮮半島とは一衣帯水の間に在り、その間には壱岐、対馬の飛石があるので、半島を桟橋としての大陸との交通は、早くからこの地に開かれていたのである。

前漢書と後漢書

『日本書紀』に「海北道中《うみきたのみちなか》」と出ているのは、現在の釜山あたりから対馬を経て沖ノ島、大島を伝わり、福岡県宗像郡の神湊附近に至る海路だと考えられている。これはだいぶんあとのことだが、それ以前の太古からこの交通路は開かれていたと思われる。

さて、日本のことは漢の時代に北九州の地がうすうす知られていた。選者不詳の『山海経《さんかいきょう》』に「蓋国は鉅燕の南、倭の北に有、倭は燕に属す」と載っているが、当時は燕の全盛時代で、その勢力が半島にも及んだので倭は燕の属国だという想像があったのである。だが、日本のことがもう少しはっきり出ているのは、『前漢書《ぜんかんじょ》』巻二十八「地理志」の燕地の条に見える「楽浪の海中倭人有り、分れて百余国と為る、歳時を以って来り献見す」という字句である。『前漢書』は後漢の班固（紀元九二没）が選んだものである。中国の歴史書はいつも後代に書かれる。

前漢の武帝は、いわゆる衛氏の古朝鮮を滅ぼして全土に四郡を置いて統治した。楽浪、真蛮、玄菟、臨屯である。前一世紀ごろのことだ。そのころになると、北九州の住民が楽浪郡（現在の平壌附近）とぼつぼつ通交をはじめたので、倭国のことが知られて右の『前漢書』の記事になったのである。もっとも、この記事は選者の推測によって書かれたと思われるが、その事実に近いことはあったと考えられる。

ところが、それからはるか後の『後漢書』には、

「建武中元二年（五七）倭奴《わのな》国が貢物を奉った。光武帝はその使者に印綬を賜わった。……安帝永初元年、倭国王帥升等が生口《せいこう》百六十人を献じた」

という記事がある。この後漢の光武帝が倭奴国に賜わった印綬に当るのが、江戸時代に福

岡県の志賀島《しかのしま》から土地の百姓が発見した「漢委奴国王」とある金印とみられている。「漢委奴国」の読み方は「漢の委《わ》の奴国《なこく》」という三宅米吉博士の解釈が今では定説となっている。奴国は博多附近と見られているから、『後漢書』に見える右の文章は、金印という証拠によって裏付けられたのである。そうしてこれは、前にふれた『書紀』の「海北道中」のルートにも合致するわけである。

紀元二二〇年に後漢が滅びると、魏、呉、蜀のいわゆる三国時代となった。魏は最も北部に拠っていたので朝鮮の楽浪《らくろう》、帯方《たいほう》の二郡を合わせて所有し、帯方郡に統治機関を置いた。そのころ北九州の住民は魏の威名を伝え聞いたので、帯方郡（現在のソウル附近）を経て魏に好《よしみ》を通じるようになった。

倭の女王

当時北九州には卑弥呼《ひみこ》という女王の統轄する女王国があった。卑弥呼はしばしば魏の都洛陽に使者を送って朝献した。その初めは二三九年（景初三年）だったらしい。そのときいつも倭の使者の手引になったのは帯方郡の太守（総督）であった。魏の天子は女王国の使者に対していつも懇ろな待遇をし、いろいろの引出物と官位を与え、女王への珍しい贈物を託した。

このように、魏と北九州の女王国との間には、主従関係のような友好外交がしばらくつづく。これがだいたい三世紀の半ばごろである。魏のほうからも使者が帯方郡を経て倭の女王国にくる。

魏の使者は帯方郡を経て朝鮮の西海岸を舟行し、対馬、壱岐から北九州に上陸し、伊都国（福岡県前原附近）に滞留するが、そのときの見聞が帰国してから魏の都洛陽にもたらされた。その報告をもとにして晉《しん》の魚豢《ぎょかん》という歴史家が『魏略』という本を書いたのである。魚豢は三世紀の終りごろの人物であった。晉の時代に前朝の魏のことが書かれるのは、前にふれたように、中国の史書が後代に書かれる習慣からである。『魏略』の原本はのこっていないが、その逸文が諸書に引用されているので、だいたいの面影を偲ぶことができる。その後、魚豢と同時代の晉の陳寿《ちんじゅ》という歴史家が、この『魏略』を資料として『三国志』の一つである『魏書』巻三十、「東夷伝」倭人の条を編纂した。これが普通にいう『魏志』「倭人伝」である。

中国では、その中華思想によって周囲の後進国を従属国または野蛮国と見た。野蛮すなわち夷《えびす》である。四方に南蛮・東夷・西戎《せいじゅう》・北狄《ほくてき》の四つの総括的な呼称を用い、また異種族の個別名には鳥《とり》や獣《けもの》の文字を当てはめた。文化度の低い後進国を文字の表現でも卑しんだのである。

したがって、「東夷伝」というのは現在の蒙古、満州、朝鮮、日本を含んでいる。つまり、倭国は東の夷のうちの一国というわけである。

さらに、中国ではこれらの蛮夷を遠近親疎の別によって取扱いも差別した。中国の天子は四夷の首長を認めて官爵の位を授け、君臣の関係を結び、宗主国と、その藩屛国という従属的な地位にした。こうして中国は前漢以来大国的意識をもち、国際的な秩序を維持しようとしたのである。

「倭人伝」はこのような中国の立場から書かれたのだが、その詳しいことはあとでみるとして、以上のような事情で「倭人伝」の記事にはいろいろなハンディキャップがある。そのために記事の内容によく分らないところが生じている。

まず、魏の使者たちが外国の旅行者であるために、当時の倭についての見聞に思い違いやひとり勝手な解釈がある。後代のように正確な通訳もいなかったし、倭人は文字をもっていなかったから筆談ということもできない。そのために十分な調査ができていないのである。また、魏使は必ずしもその報告の通りに倭の国内を踏破していたのではない。土地の倭人からいろいろ事情を聞いてはいるが、それが誤ったことを聞かされていることもあるし、また魏使自身の思い違いもある。それらの思い違いや錯覚のほか、その報告にもとづく記録が、前に述べたように中国人の優越意識、すなわち中華思想からくる主観的な解釈も加わっている。それに、あとで述べるように日本の人名や地名の音を当時の漢字で表わしているため、この音表文字に惑わされる点が多く、よく呑みこめないのである。

ノリとハサミで

次に、『魏志』を書いた陳寿は魚豢の『魏略』を資料にしているが、その資料たる『魏略』に魚豢の主観が加わっていないとはいえない。さらに、その資料を編集した陳寿に至ってはかなり強い作為的な主観が働いていた。簡単にいえば、陳寿はノリとハサミで『魏略』をツギハギしているともいえる。だから「倭人伝」に収録されなかった『魏略』の資料もある。

さらに、資料の『魏略』から写すときに陳寿が文字の間違いをしたり、脱落があったり、あるいは不用意に別の項目の資料が紛れこんだりしていなかったとはいえない。事実、そうしたことを指摘する学者もある。

もう一つは言語の問題だ。魏の使は、当時倭人と呼ばれた日本人から聞いた固有名詞の発音を自分の国の文字で書き表わさなければならなかった。漢字による音標文字である。これが現在では分らなくなっている。この点だけでもいろんな問題がある。たとえば、外国人である魏の使が果して正確に倭人の発音（現在の日本人の発音よりもっと複雑だったという）をとらえ得たかどうか。弁別し得たとしても中国の文字でその通り表現できたかどうか。また、その使用した文字も、先に述べたように中国は倭国を後進国、すなわち野蛮国とみていたから、ことさらに蔑視した文字を用いている形跡もある。

これらのことはあとで詳しくふれることにするが、そういうわけで、たとえば、倭国の中に記載されてある国々の名前でもいまだに解釈に苦しむものが多い。現在の土地に比定されて異議のないのは北九州の数ヵ所だけである。あとは各人各説だ。

もっとも困るのは、当時の魏の使に日本全体の地形が頭にできていなかったことだ。当然なことだが、それは地図のない旅行であった。したがって、方向とか距離とかにいろいろな問題があり、現在の地形に合わせると辻褄の合わない記述が多い。

しかし、以上の欠点を『魏志』「倭人伝」はもっているにもかかわらず、諸学者がこれを重要視しているのは、ともかく三世紀後半の日本を知る唯一の文献だからだ。だからこそ、「倭人伝」の研究はすでに江戸時代からはじまり、西洋の学問の入った明治期には、科学的な実証方法で研究され、ひきつづき多くの学者によって学説が補強され、訂正されながら論争されてきた。また、考古学の発達により遺跡、遺物の発見数が多くなるのと相俟って研究自体も充実した。研究も論争も微に入り細にわたってきたのである。

それらの現在までの学説史を詳しく書くだけでも分厚い本ができるだろう。実に「倭人伝」に関する研究書は汗牛充棟もただならぬものがある。しかもいまだに定説がないのだ。これくらい深くて大きな歴史上の謎はないといえる。

大和か九州か（簡単な学説史）

魏使の見聞

『魏志』「倭人伝」に書かれている女王の住む「邪馬台国」が、北九州にあったのか、のちの大和朝廷の畿内にあったのかが大きな謎である。いかに細緻な論争も、結局はこの二つの核のどちらかにつくほかはない。

一般からいえば、邪馬台国が九州にあろうが畿内にあろうがどっちでもかまわないと思われる。いや、文学博士津田左右吉でさえ、解決に手をやいて、どうでもいいというようなことをいっているが、実はこの邪馬台国の所在が日本国家成立を推定する大きなカギになるのである。邪馬台国論争もすでに行きつくところまで行きついたという感じで、これまで発表された学説を見れば十分のようである。今後よほど大きな極め手となるような材料や学説が出されない限り、現在ではこれまでの研究の部分的な論争、またはその枠内での論争となっている。したがって、これまで出ている主な学説を読めば、アマチュアのわれわれもいっしょにその問題の謎を解く組に参加できそうである。

それで、ひととおり邪馬台国の所在について九州説、畿内説の主な主張を述べなければならない。しかしこれは、前にもふれたようにその論争史だけ書いても一冊の厚い本ができるくらいだから、この小文では紙数の関係上ほんの一瞥というところに終らざるをえない。だが、これを書かないと謎を解く面白さも生まれない。つまり、謎のデータを知る必要がある。

では、問題の『魏志』「倭人伝」には当時の日本、すなわち倭国がどういうふうに書かれているかを見よう。

「倭人（日本）は帯方郡（魏が朝鮮の中辺部を中心としてつくった郡）の東南の大海の中にあって、山島によって国をつくっている。もとは百余国あって、漢の時代に朝見にきたことがあるが、今は使をよこす国は三十国である。（魏から倭に行くには、まず洛陽を出発して黄海を東に渡り、帯方郡につく）帯方郡から倭に渡るには、朝鮮の西海岸にしたがって舟行し、韓国を経て、あるいは南し、あるいは東し、その北岸狗邪韓国《いやかんこく》（だいたい今の金海あたり）に着く。ここまで帯方郡から七千余里である。それから初めて海（朝鮮海峡）を渡ること千余里にして対馬国に着く。その大官を卑狗といい、副を卑奴母離という。そこは絶島で、周囲四百余里ばかりである。土地は山険しく、深林多く、道路は禽鹿の通う径《こみち》のようである。戸数は千戸余りで、良田はなく、住民は海から獲れるものを食べて自活し、船で南北に行っては必要品を物と交換している。それから南に海を千余里渡るが、この海を瀚海（対馬海峡、つまり玄海灘）という。これを渡ると『一大国』（一支国《いきこく》の誤り、壱岐のこと）に着く。官をまた卑狗といい、副を卑奴母離という。周囲は三百里ばかりで、竹木や叢林が多く、三千戸ばかりある。やや田地があって耕しているが、それだけでは住民は食うに足りないので、ここでも南北に行っては物を換えている」――

ここまでが帯方郡から壱岐国に至る道程だ。

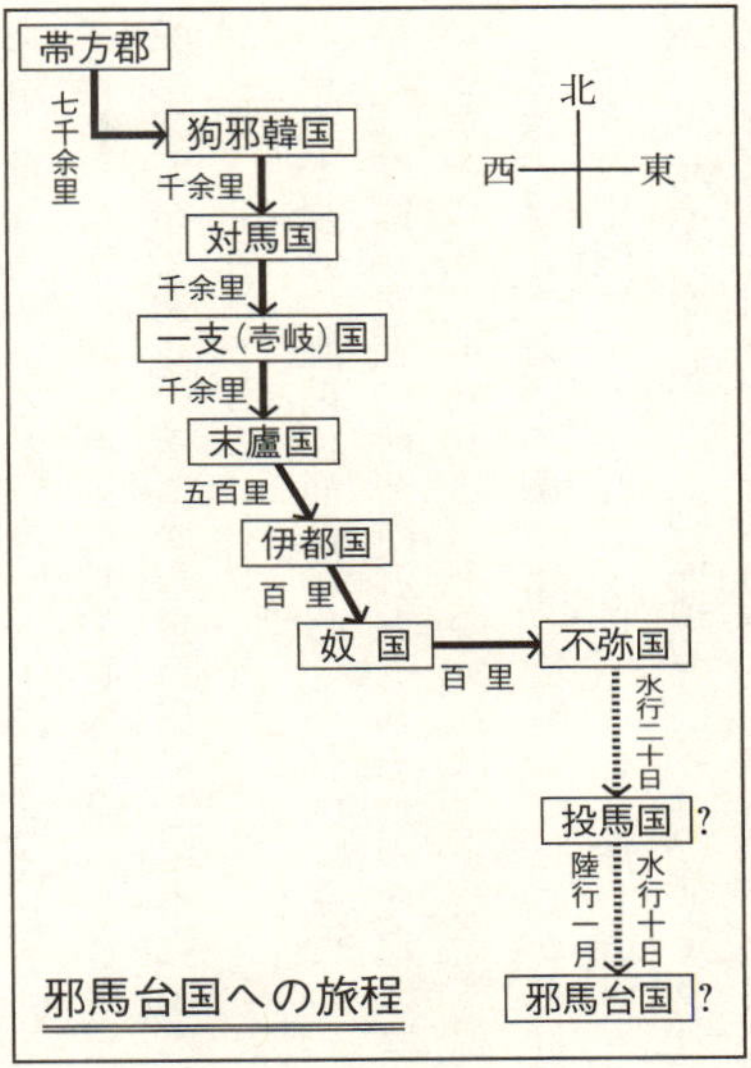

邪馬台国への旅程

「また海を千余里行くと末盧国《まつろこく》（九州の松浦郡）に着く。そこは四千余戸あって、山海に沿うている。草木繁茂して、歩いて行っても前に人を見ない。住民は好んで魚や鮑《あわび》を捕え、水の深浅にかかわらずに潜ってこれを獲っている。末盧国から東南に向って陸地を行くこと五百里で伊都国《いとこく》（のちの怡土郡、現在の福岡県糸島郡深江附近）に着く。官を爾支といい、副を泄謨觚・柄渠觚という。千余戸

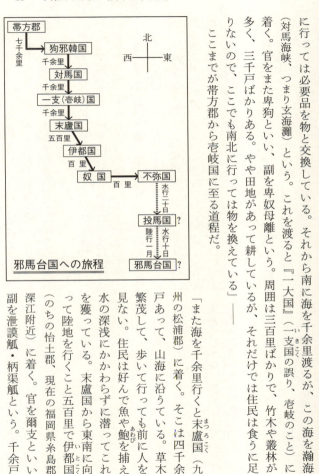

ある。世々王がいるが、みな女王国に統属している。そこは『郡使の往来常に駐《とど》まる所』である。東南に向い百里にして奴国《なこく》に至る。官を兕馬觚といい、副を卑奴母離という。戸数は二万余である。そこから東百里にして不弥国《ふみこく》に着く。官を多模といい、副を卑奴母離という。千余戸である」――

以上が現在の肥前松浦郡から「不弥国」までの記事である。なお、末盧が松浦、伊都が怡土、奴国が現在の博多附近とそれぞれの比定には諸学説一致しているが、最後の不弥国から解釈の意見が分れる。その分れは、また大和説、九州説の分岐点にもなっている。

次はいよいよ難題の個所だ。それで、ここからは原文を読下しで出してみよう。

「南、投馬国《とうまこく》に至る水行二十日。官を弥弥と曰い、副を弥弥那利と曰う。五万余戸可《ばか》り。南、邪馬壱（台の誤り）国に至る、女王の都する所、水行十日陸行一月。官に伊支馬有り、次を弥馬升と曰い、次を弥馬獲支と曰い、次を奴佳鞮と曰う。七万余戸可り。女王国より以北、其の戸数・道里は略載す可きも、其の余の旁国は遠絶にして得て詳かにす可からず。次に斯馬国有り、次に已（原文、巳）百支国有り、次に伊邪国有り、次に都支国有り、次に弥奴国有り、次に好古都国有り、次に不呼国有り、次に姐奴国有り、次に対蘇国有り、次に蘇奴国有り、次に呼邑国有り、次に華奴蘇奴国有り、次に鬼国有り、次に為吾国有り、次に鬼奴国有り、次に邪馬国有り、次に躬臣国有り、次に巴利国有り、次に支惟国有り、次に烏奴国有り、次に奴国有り。此れ女王の境界の尽くる所なり」（岩波文庫、和田清・石

原道博編訳『魏志倭人伝』による）

「さらにその南には狗奴国《くなこく》がある。男子を王とする。その官に狗古智卑狗がある。女王に属さない。帯方郡から女王国までの距離は一万二千余里である」——

『魏志』「倭人伝」は、そのあと、狗奴国の風俗を記している。ここでは男が黥面《いれずみ》をしていることや、尊卑の差があることや、婦人は一枚の布の中央に穴を穿ってその中に頭を突っ込んで着ているとかいうようなことが書かれているが、これはあとで適当なときに出す。記事は女王国に再び戻って次のようになる。

魏・女王国交渉史

「女王国から以北には特に『一大率《いちだいそつ》』を置いて諸国を検察せしめているが、諸国はこれを畏れ憚っている。伊都国には、いつも中国における刺史のような官吏がいる（刺史とは前漢武帝のころに初めて置かれた官吏で、郡国を監察してその成績を報告する官のことである。この制度は前一〇六年に始まったといわれる）。王は使を出して洛陽や帯方郡、諸韓国に行かせる。そして郡（帯方郡）から倭国に使すると、『皆津に臨みて捜露し、文書・賜遺の物を伝送して女王に詣《まい》らしめ、差錯《ささく》するを得ず』である」——最後のところは伝送する品物が混乱しないという意味である。解釈が分れているから読み下し文で出した。

「その国では男子の王が七、八十年間立っていた（あるいは七、八十年前に男王が立っていた、とも解釈される）。倭国が乱れ、戦いが数年つづいたあと、一女子を立てて王とした。名づけて卑弥呼という。卑弥呼は鬼道につかえ、よく衆を惑わした（鬼道はシャーマンと解せられている）。彼女は年を取っても夫を持たず、『男弟』が彼女を助けて国を治めていた。卑弥呼が王となって以来、女王を直接に見た者は少ない。女王は婢千人を侍らしていた。ただ一人の男が女王に飲食を給仕し、臣下との間の辞を伝えるために女王の居室に出入りした。宮室、楼観、城柵などをおごそかに設けて、いつも人がいて兵器を持って護衛している。

女王国の東、海を渡ること千余里でまた国がある。皆倭種である。その南にコビト国がある。人の長《たけ》は三、四尺ばかりである。女王国を去る四千余里の所にはまた『裸国・黒歯国』がある。倭の地を考えるに、海中洲島の上に絶在し、あるいは絶え、あるいは連なり、周旋五千余里ばかりのようである。

景初三年（二三九。原文、二年）六月には、倭の女王が大夫難升米等を帯方郡に派遣した。帯方郡の太守劉夏は倭の使者に属吏をつき添わせて魏の都洛陽に送った。

その年の十二月、天子から倭の女王に報じられた。それにいう、汝の使は、男生口《せいこう》四人、女生口六人、班布二匹二丈を奉ってきた。はるばると遠く使を出して貢を奉った汝の忠誠に対しては、われ甚だこれをよしとする。よって汝を親魏倭王となし、金印紫綬を授け、これを帯方の太守（劉夏）にことづける。汝は自分に忠順を尽くすがよい。また汝の使、難升米、牛利が遠路出向いてきた労をいたわる。それで難升米を率善中郎将（当時中国の官制による官僚の名）にし、牛利を率善校尉となし、銀印青綬を渡し汝の国に帰し、女王の奉った貢献に対しては、いろいろ高級な織物のほか金八両、五尺刀二口、銅鏡百枚、真珠、鉛丹各五十斤などを託した。

その後、正始元年（二四〇）には天子はその使者を倭国に赴かせ、倭王に詔書と印綬と、それに金帛・錦・刀・鏡・采物を賜わった。倭王は、その使者に礼の辞を託した。

その四年（二四三）、倭王はまた使者八人を帯方郡に出して生口、倭錦、帛布、丹、短弓矢等を献じた。……その八年（二四七）には、倭の女王卑弥呼《ひみこ》が狗奴国男王卑弥弓呼と不和になったので、倭国から使が帯方郡にゆき、狗奴国と相争うの状況を告げた。そこで天子は官吏を派遣して詔をもたらし、檄を以てこれを告喩した」――

卑弥呼は死んだ。何年か『魏志』は明記しない。とにかく、

「彼女の死後、直径百歩余りの大きな塚が造られ、奴婢百余人が殉死した。あと、男王を立てたが、国中、服せず、闘争が起こり、千余人ばかりが殺された。そこで卑弥呼の宗女で台与（原文、壹與。『梁書』と『北史』を参照して臺與の誤りとされている）という年十三になる女を王に立てた。ようやく国中が平和になった。

魏の天子はまた使者を倭に出して台与に告喩するところがあった。台与はその答礼使に大夫率善中郎将掖邪狗等二十人を女王国に滞留中の魏の使者といっしょに送った。彼らは

洛陽に到って男女生口三十人を献上し、白珠五千個、青大勾珠二枚と錦二十匹を奉った」

『魏志』「倭人伝」はここで終っている。倭国についての記事が再び中国文献に見えるのは『宋書』「倭国伝」で、高祖武帝永初二年（四二一）と太祖文帝元嘉二年（四二五）の項である。つまり、卑弥呼の死後、その宗女台与が立って洛陽に使を出したと思われる二四八年から約百七十年あまりが空白になっているのである。この空白の期間について、諸学者は倭国に何か大きな変化があったらしいとみている。

『魏志』「倭人伝」の記事が日本の文献に最初に現われたのは『日本書紀』だった。『書紀』第九巻オキナガタラシヒメノミコト（神功皇后）のところ、三十九年の条に、

「是年太歳己未。魏志に云う、明帝景初三年六月、倭女王、大夫難斗米等を遣わして郡に詣《いた》り、天子に詣りて朝献せんことを求めしむ。太守鄧夏、吏を遣わし、将《も》って送りて京都に詣らしむ」と記載されてある。つづいて、四十年の条に、

「魏志に云う、正始元年、建忠校尉梯携等を遣わし、詔書、印綬を奉じて、倭国に詣らしむ」

とみえ、さらに四十三年の条には、

「魏志に云う、正始四年、倭王、復た使大夫伊声者、掖耶約等八人を遣わして上献す」

とある。以上三項は『魏志』の記事とだいたい同じである。ただ、六十六年の条には、

「是年、晉の武帝泰初二年、晉起居注に云う、武帝泰初二年十月、倭女王、重訳貢献す」と記されているが、これだけは『魏志』にはない。

女王は神功皇后か

以上みてくると、卑弥呼はあたかも神功皇后のように思われる。もっとも、卑弥呼が神功皇后とは『書紀』もはっきり書いてないが、神功皇后の事蹟のところに『魏志』の資料を挿入したことは、『書紀』の編者がそのように考えていたことがうかがえる。したがって邪馬台国は神功皇后の都していた大和であったことになる。これが邪馬台国畿内説の発祥といってもよかろう。

ここで注目されるのは、卑弥呼が神功皇后なら、『魏志』「倭人伝」に伝える通りだと、神功皇后が中国に臣下の礼をとって度々貢献したことになる点だ。戦前ではこれが日本の尊厳に関わるものとして史家が当惑したのだが、『書紀』のできた奈良朝時代には案外平気だったようである。つまり、古代には日本の君主も中国に依存していたことを当然と考えていたのである。これには『書紀』の編者が神功皇后の存在を大きく評価するために、その事蹟に中国の文献を応用したという説がある。

『書紀』から五百年経って北畠親房の『神皇正統記』が出た。彼も『書紀』の説を引いて卑弥呼は神功皇后のことだと書いている。それで当然親房も畿内説をとった。

この記述に初めて疑問を持ったのは室町時代の僧侶で周鳳《しゅうほう》（一三九一―一四七三）という人である。彼は『善隣国宝記』という日本と中国、朝鮮の外交史を書いたが、その中で『魏志』「倭人伝」のことにふれ、『魏志』に倭国が百余国に分れていたと書いてあるが、果してそれは日本のことだろうか。この百余国に分れていた倭と、それより千里隔てたところにある倭種とは別なもののようだが、わが国は天照大神が国をしろしめして造られた統一ある女王国であったから、この倭種というのは何かよく分らない、といっている。つまり、周鳳には、日本は初めから大和朝廷の統一によってできあがった国だという観念があった。それにしても、周鳳は『魏志』の記事に素朴な疑問を投げかけた最初の人だった。

次に、その周鳳に近い方法で、彼よりも豊富な資料を使ったのが、元禄時代の松下見林の『異称日本伝』（一六八八）である。見林は江戸中期の医者だが、儒者と国学者を兼ねた人で、夥しい蔵書家だったといわれている。

彼は卑弥呼が狗奴国王と不和だった記事を、神功皇后が夫の異腹の子忍熊王《おしくま》（神功皇后は仲哀天皇の妻だが、仲哀の同じく妻である大中津媛が生んだ子が忍熊王である）と起した戦争に擬定し、また卑弥呼が死んで大きな墳丘ができたのを大和にある池上陵に比定した。しかし、卑弥呼が死んでから百余人の殉死があったという記事については、殉死はずっと前の垂仁天皇のときに禁止になっているので、これは卑弥呼のことではなさそうである、また神功皇后には皇女がなくて、あとには応神天皇が立っているから、卑弥呼ののちにその宗女の「壱与」が立ったと『魏志』にあるのも妙だ（無稽の言なり）と記している。

見林は、こうして卑弥呼を神功皇后としていながら、あとでは殉死の点と後継者の点で、これは卑弥呼のことではないと否定しているようだ。彼は『魏志』の記述に混乱があるのではないかと考えたようである。今まで文献を鵜呑みにしていたものが、ここで資料的に疑問を起こしたわけである。

新井白石の考え

次に出たのが、三十年後の一七一八年に著わされた新井白石の『古史通或問《こしつうわくもん》』である。この近世の科学的な歴史家は、初めて『魏志』「倭人伝」に冷厳な観察を下したといっていい。彼はこんなふうにいっている。

《神代のことはしばらく措いても、人皇の代になっても十代の朝廷に至るまではなお皇化になじまない者が多かった。十二代崇神天皇のときでも筑紫の熊襲《くまそ》が朝廷に叛いて、これが百余年にも及んでいる。このようなときに朝廷の正朔をうけない諸国が海外に通じて王を勝手に名乗った者がないとはいえない。

また『魏志』「倭人伝」に、三十余国が魏に通じ、使を往復させ、わが国の名前や官名などを記しているが、これは多分北九州の土豪が中国に対し女王国を称していたものだろう。考えるに、『魏志』にある奴国とは筑前那珂郡に当り、不弥国とは筑紫の宇美《うみ》に違いない。投馬国はよく分らないが、不弥国から水行二十日で投馬国に至り、これより邪馬台国に至るに水行十日、陸行一月とあるのは、あるいは投馬国とは備後の鞆《とも》ではなかろうか。また播磨の須磨かもしれない。

邪馬台国はいまの大和国である。その旁国斯馬国から奴国に至るまではみなこれ女王の境界とあるのをみれば、これらの国々は現在の筑前、筑後、豊前、豊後、肥前、肥後の地名と思えるが、その名前のことは悉くはわからない。その南に狗奴国とあるのは『書紀』にある熊野県《あがた》、すなわち、のちの球磨《くま》で、それは熊襲国かもしれない。或る書に、卑弥呼と相争った狗奴国王を忍熊王のことであると云っている（見林の『異称日本伝』を指す）のは考えられないことだ》

しかし、白石は『魏志』の方向どおりに諸国を九州の中として記述しているのに、突然、邪馬台国も投馬国も東の方に設定している。その理由は書かれていない。理由にふれないのは、そうでもしなければ辻褄が合わなくて困ったためかもしれない。

白石はまたいう。

《卑弥呼《ひみこ》とは日御子《ひみこ》であろう。狗古智卑狗《くこちひこ》とあるのは、肥後国菊池郡にいた首長の菊池彦かもしれない。しかし、その男王が女王と争って壱与が立つまでに至ったという出来事のことはよくわからない。

『魏志』に書かれた我国の官名はほとんど解釈ができない。卑狗《ひく》とは日子《ひこ》（彦）という官名かもしれないが、昔は女尊男卑であったから、男子を尊んでこういう官名をつけたとも考えられない。卑奴母離《ひなもり》は夷守《ひなもり》である。のちに辺境の地を守る人を防人といい、これを夷守といった。してみれば、そのほかの官名も当時の国造・県主などの姓名を官名にしたともとれる。

また『魏志』に黥面の風があると書いてあるが、わが国の上代の風俗にそれがなかったというのは必ずしも当っていない。たとえば、履中・安康の御代のころまで卑しい素姓の者は黥面をしていたとは『書紀』にも見えている。いまも蝦夷の風俗は顔に黥面をしていて、わが国の古い風習を遺しているからだ。

要するに、後漢や魏に通じていた北九州の三十余国が勝手に王を称していたもので、すなわち、これら九州の小国の立てた女酋が、神功皇后の盛名を僭称して朝鮮や中国に通じていたものと思う》

白石によって、のちの論争となった主な諸問題はここでだいぶん顔を出している。邪馬台国は大和であるが、魏の使がきたのは北九州地方であること、そして北九州から水行二十日で投馬国に行き、ここから邪馬台国までさらに水行十日、陸行一月を要するとあるのは、だいたい邪馬台国が畿内大和に符合すること、狗奴《くな》国は南九州にあった熊襲国であること、女王国の隣の狗古智卑狗は肥後の菊池彦らしいこと、また卑奴母離は夷守であること、などである。

しかし、白石の科学的な分析を以ってしても、卑弥呼すなわち神功皇后であったという先学の説からは脱け切れなかった。ただ、彼がはっきりと北九州の国王が卑弥呼を僭称したと述べている点は特徴的である（『古史通』『古史通或問』など）。

本居宣長の考え

この白石のあとに現われたのが本居宣長である。

宣長は『古事記伝』の著者らしく日本の古代は『古事記』だけに映されていると確信した。それに矛盾する内容のものはなるべく排斥した。したがって、『日本書紀』が『魏志』「倭人伝」の引用によって大和説をとっているのをあたまから否定し、九州説を大いに発展させた。こうした彼の国粋的な動機にもかかわらず、結果的には宣長によって邪馬台国と卑弥呼の問題が進んで追求されたといっていい。彼の卑弥呼に対する見解は、その著『馭戎慨言《ぎょじゅうがいげん》』に述べられている。

宣長は、『魏志』「倭人伝」の女王卑弥呼は、オキナガタラシヒメノミコト（神功皇后）のことを中国人が三韓などから「ひがことまじり」に伝え聞いたものであるとし、卑弥呼が鬼道をよくし、衆を惑わすというのは、中国人が日本の神道を知らないためにそういう妄言を書いたのだと断言する。すなわち、彼は卑弥呼が神功皇后であるという説を認めた上で、その実体は神功皇后とは全く縁もゆかりもない別人の九州地方の種族のことであろうといっている。したがって、『魏志』に書かれた景初・正始という魏の年号は神功皇后の在世のときに当っているけれど、この時分に使を魏に出したと書いているのは、多分、筑紫の南のほうで勢いのあった熊襲の類であろう。それらが神功皇后の盛名を聞いて、そのお使と偽り、ひそかに遣わしたものと思えるという。宣長の時は、もちろん、神武紀元について辛酉革命説援用の発見がなかったので、景初・正始を神功皇后在世に当てたのはやむをえない。

さて、彼のいうその理由は、「倭人伝」に帯方郡から女王の都に至るまで魏の使が経た国々が書かれているが、魏使が大和の京へ行くその道程をよくみれば、それが大和でなかったことが分る。なぜかというと、対馬、壱岐、末盧、伊都までは間違いないとしても、その次の奴国、不弥国、投馬国などというのは、漢音、呉音はもとより、いまの唐音を当てても大和への道程にそれにひき当てられる名前がない。また不弥国から女王国までを指して行くにしても、そういう心当りの国はない。大和は筑紫より東である。また「女王国より以北」に国々があるというのも違っている。これは以西というのが正しい。このように、もし魏の使が自分で実際に踏破したのだったら、北南と西東とを間違うわけはない。また投馬国から女王の都まで水行十日、陸行一月といっているが、水行十日はともかく、陸行一月とはふしぎである。多分、月の字は日の誤りであろう。もし、これを一日の誤りとしても、いかなる海岸に上陸しても大和の京へは入れない。また一月にしても、山陽道の中ほどから陸路を上ったのではあまりに長くかかりすぎて、実際の地理には合わない。このように宣長は、陸行一月にしても、また一月を一日の間違いとしても、その日数からみて地理的に大和ではないと論断する。なお、『魏志』の一月とあるのは、「一日の誤りではないか」としたのは宣長が最初にいい出したことだ。これを後世の学者がまたいい出したのだから宣長はやはり偉い。ただ、彼が卑弥呼を九州の女酋にしたのは、彼の神がかり的な皇国史観からである。

宣長は、魏王が九州の種族に騙されて卑弥呼を神功皇后と信じたとし、これらの魏の使が歩いた国々は、実はみな筑紫の内であったという。だから、不弥国や投馬国などといっても「みな、つくしのしまの東べたを南をさして、物せし海づらにて、その過し方を以北といへるも此故なり」という。

こうして宣長は不弥国を応神天皇の生まれた伝説地の筑前国宇瀰《うみ》とし、投馬国は日向国児湯郡の都万《つま》神社のあるあたりとした。この宣長の仕事を白鳥庫吉《くらきち》は、「従来たゞ素朴的に論じられてゐたに過ぎなかつたこの問題を、一挙にしてともかく科学的な研究の位置にまで高めたものと言ひ得る」のであると称讃している。

宣長は、その皇国史観から卑弥呼の神功皇后説を否定したのだが、彼のその動機とは別に、ここで卑弥呼は初めて皇后から北九州の女酋長の地位に転落したともいえる。このことは爾後の邪馬台国研究に大きな貢献となった。

江戸時代の九州説

こうして宣長の著書が出てから六年後には、それまで『魏志』「倭人伝」という文献だけしかなかったのに、その傍証的な物的証拠が筑前志賀島から土地の百姓によって発見された。志賀島は博多湾を隔てて福岡市の対岸に見え、海の中道という砂浜で連絡された一小島だ。ここで発見された金印は有名だが、それには「漢委奴国王」の文字が印刻されてあった。これはすぐに百姓が福岡藩主に届けたので、儒者藤井貞幹《さだもと》が注目し、また『雨月物語』の上田秋成も、この金印は伊都の国の国王の印だと、貞幹と同じに考えた。

これは著しく邪馬台国九州説を有利にさせたのだが、そのことを最初にまとまった学説として言い出したのは鶴峰戊申《しげのぶ》という幕末の儒者だった。彼は『襲国偽僭考』（一八二〇）の中で九州説をさらに発展させた。

つづいて伴信友が九州説を唱えた。彼の主張は、志賀島から発見された国王の金印は、九州地方にいて「仲哀天皇紀」にも見えている筑紫県主《つくしのあがたぬし》五十迹手《いとで》の祖先がもらったものであろうとした。つまり、五十迹手は仲哀天皇に渡すのが惜しくなって、秘かに石窟に隠しておいたのであろうという。この説の弱点は「仲哀天皇紀」の伝説を歴史的事件として信用したところにある。しかし、とにかく金印と当時の情勢とを関連して考えた最初の科学的観察である。

その後、菅政友が「漢籍倭人考」という論文で、邪馬台国を九州と考えた。菅は宣長と同じように投馬国を日向国都万神社としたが、投馬国が五万余戸とあるのは戸数が多すぎるので、この点で断定を躊躇している。彼もまた投馬国から邪馬台国にゆくのに水行十日、陸行一月は現実的にはありえないとし、これを魏の使が北九州の者に騙されてそのまま報告したのだろうとしている。ここでは宣長の説を一応支持しながら、神功皇后を僭称したという説は否定している。

近代の学者の説

次にこの問題にふれたのは文学博士星野恒で、『史学雑誌』に二篇の論文を発表した。「日本国号考」「日本国号補考」がそれである。星野は卑弥呼を『日本書紀』の神功皇后の巻に出てくる土蜘蛛田油津媛《たぶらつひめ》の先代と考えた。すなわち、山門《やまと》が邪馬台《やまと》と同音であるところからだが、この説はさきに近藤芳樹がいったことだった。しかし、邪馬台国を筑紫山門郡に比定する説は星野の論から始まっている。

同時代の那珂通世《なかみちよ》や吉田東伍は、卑弥呼は九州の人間だという意見だったが、しかし、卑弥呼が神功皇后の名を魏の使に語ったという僭偽説からは脱け切ることができなかった。なお、那珂は、『書紀』に書かれた神武紀元は、古代中国思想の辛酉革命に影響されているとして、画期的な年代考証を行なったので有名である。また、吉田は、古今の文献を渉猟し、自分の考証を加えた大著『大日本地名辞書』を著わしている。

そして那珂は卑弥呼が魏に貢物を奉り、親魏倭王に封ぜられ、いろいろな賜物を受けたのは「皇朝にあるまじきこと言うも更なり」といって、結局、その女王というのは筑紫の南方に拠れる女酋であろう、といっている。そして、それはのちの熊襲のいた地方で、当時は景行天皇の征伐の前で、魏が最も盛んなときだったから、北九州の隅々までその威令に服したのであろう、といっている。が、景行天皇という伝説上の人物を引用したのは那珂の決定的な弱点だった。

久米邦武も、大体、卑弥呼をもってのちに神功皇后に征伐された土蜘蛛であるとしている。「神道ハ祭天の古俗」の優れた論を発表して帝国大学教授の席を追われたこの鋭い史学者も、ついに幻の神功皇后からは解放されなかった。

だが、これらの明治時代史学界の大家の九州説で最も弱いのは、『魏志』「倭人伝」に書かれた距離、日数、方向である。すなわち、『魏志』「倭人伝」に記載された通りだと、邪馬台国は九州の南を突き抜けてはるか海上にそれを求めなければならない。この点はどの学者ももてあました。

ここにおいて画期的な邪馬台国論を発表したのが、京都大学の文学博士内藤虎次郎（湖南）である。

内藤は『魏志』に書かれている方向の書き方が間違っていると考えた。つまり、『魏志』

「倭人伝」に南と書いてあるのを不弥国からは東にすればいいというのである。彼は、不弥国から水行二十日とする投馬国は周防佐婆郡玉祖郷《たまのおや》であって、現在の三田尻あたりとする。ここは周防の一ノ宮と称せられて古代より内海の要港に当っていた。そしてこの投馬国から水行十日、陸行一月かかる邪馬台国というのは、畿内の大和にしては遠すぎるようだが、奴国あたりから投馬国までの距離を水行二十日と計算しているのに比べてはそう無理ではないという。そして、当時の里程の記載は正確ではないから、距離、日数の記載にははじめから疑問があるとしている。内藤はこうした観点から畿内説をとった。

まさに、白石によって無視された方向変更の理由が、「東」を「南」とした「誤記」だという明白な解釈となったのである。

これに対し、もっと科学的な立場で九州説を唱えたのが東京帝国大学教授白鳥庫吉である。白鳥は、『魏志』に記載された南の方向はだいたい間違いはない。また里数のほうも、帯方郡から邪馬台国まで一万二千里とあるが、すでに帯方郡から日本に上陸してしばらく行った不弥国まで一万七百余里かかっているから、残りは千三百里しかない。この里程で行けば、「倭人伝」に示される里はだいたいわが国の五十七里に当るし、さらに短里に計算すると日本の二十六里になる。それではとうてい畿内には達することができないというのである。

一方、内藤は、「南を東に取違えた」根拠を、『後魏書』に「東南に行くべきところを東北と誤記した」典拠を示しながらも、やはり南を東の間違いにしたのは独断にすぎると思ったか、のちには、これ以上方向や里数を考えるより、考証の基礎を地名、官名、人名等に求めたほうがむしろ安全であろう、といっている。

内藤はまた、当時七万戸をもっているほどの大国が辺陬《へんすう》の筑紫にあるとは考えられない、これを畿内の大和に求めることこそ穏当である、といい、当時邪馬台国と呼んだ土地の限界は、おそらくいまの大和国よりもっと広大で、当時の朝廷が直轄した地方を包含するだろう、といっている。

内藤はもっぱら『魏志』に書かれた国名に考証を進め、次のように比定した。

斯馬国（志摩国）。巳百支国（伊勢の石城地方）。伊邪国（志摩国答志郡の伊雑宮所在地）。都支国（伊勢国度会郡榛原神社所在地）。弥奴国（美濃国）。好古都国（美濃国各務郡または方県郡）。不呼国（美濃国池田郡伊福）。姐奴国（近江国高島郡角野郷）。対蘇国（近江国伊香郡遂佐郷）。蘇奴国（伊勢国多気郡佐那谷）。呼邑国（伊勢国多気郡麻績郷）。華奴蘇奴国（遠江国磐田郡鹿苑神社所在地）。鬼国（尾張国丹羽郡大桑郷または美濃国山県郡大桑郷）。為吾国（三河国額田郡位賀郷または尾張国智多郡番賀郷）。鬼奴国（伊勢国桑名郷）。邪馬国（伊勢国員弁郡野摩）。躬臣国（伊勢国多気郡櫛田郷）。巴利国（尾張国または播磨国地方）。支惟国（吉備）。烏奴国（備後国安那郡）。狗奴国（肥後国菊池郡城野郷）。

そして官名を次のように考証した。

爾支……イナギ（稲置）。泄謨觚・兕馬觚……シマコ（島子）。柄渠觚……ヒココ（彦子）。多模……タマ（玉・魂）。弥弥……天忍穂耳《あめのおしほみみ》・神八井耳《かむやいみみ》・手研耳《たぎしみみ》などの耳。伊支馬……垂仁天皇の御名代。弥馬升……考昭天皇の御名代。弥馬獲支……崇神天皇の御名代。奴佳鞮……中臣氏。狗古智卑狗……肥後国菊池郡城野郷すなわち狗奴国の豪族菊池彦で熊襲族。

文学博士山田孝雄《よしお》も内藤説に共鳴した。しかし、山田は魏の使が通ったのは九州から瀬戸内海経由ではなく、日本海を通って但馬国に上陸したとする。山田のこの説の背後には、出雲国と、その種族の分布していた出石（但馬）が反映している。文学博士三宅米吉も大和説だが、彼は瀬戸内海航路を妥当とした。

これらに対し、白鳥庫吉は九州説の中心として大和説と精力的に論戦した。彼は狗奴国は南九州の熊襲国であるとし、したがって、邪馬台国の位置は北九州の筑後山門郡に求めるのが最も自然として、菅政友の九州説を支持している。

白鳥はいっている。

《筑後平野は九州第一の広野であって、ここに大勢力の起こる可能性は存在している。継体天皇のころに謀叛を起こした筑紫国造磐井、あるいは、戦国時代に島津に対抗した竜造寺もみんな筑後川の流域に根拠をおいている。そして山門郡は古墳の数が非常に多いこと、および「神功皇后紀」に田油津媛の根拠地として山門県があるなどから推して、邪馬台国はこの附近が根拠であると想定してほぼ誤りはない。したがって、不弥国から邪馬台国に行く際の要衝である投馬国はのちの三潴郡、下妻郡、上妻郡（あとの二郡は現在の八女市と筑後市とに入っている）に該当しよう。これらの名前は、『延喜式』はもちろん、『和名類聚抄』にも出ているから、古いころから存在していた。そして、『魏志』「倭人伝」に記載された里数、日数が九州の中に収まらないのは、『魏志』がそれを誇張したのであり、誇張した理由は当時の国際情勢から由来している。すなわち、当時魏の朝廷には倭国を征伐しようとする論者があったが、またそれに反対する論者もいた。もしそうだとすれば、彼らが報告書にことさらに実際の里程を延長し、倭国を帯方郡からはるか遠方の海上において、暗々裡に倭国討伐は非常な大事業である、とうてい実行し得ないものであることを中央政府に報らせ、倭国討伐論を封じようとしたのであろうことも察するに難くはない》

このへんの詳しいことは、筆者が自説を述べるところで現代の学者の説と共に引用したい。

とにかく、邪馬台国の所在については、京都大学の内藤が畿内説、東京大学の白鳥が九州説で、それ以来、京都大学の学者は畿内説、東京大学の学者は九州説を唱えているのは興味深い。まるで「統制」が行なわれているかのような錯覚さえ起こさせる。

「邪馬台国」の問題をめぐって、江戸時代からの畿内大和説、九州説の対立にこれまでふれてきたが、明治以後の両説はだいたい内藤湖南、白鳥庫吉に代表されたかの観がある。

要するに、距離（里数、日数）の点では大和説が有利である。ただし『魏志』の原文にある南を東としたのは、「自説に都合のいい、勝手な解釈」といわれても仕方がなく、大和説の欠陥である。

一方、九州説は原文記載の方向に忠実だが、困るのは距離の数字で、これだと邪馬台国は九州の南を突き抜けて沖縄列島あたりの海上に存在したことになる。三世紀のころ、そのへんが陸地であって、のちに陥没したという証明でもない限り現実性がない。

こうして両説は対立のままに行き詰ってしまった。事実、それ以後、しばらくは邪馬台国論争が現われていない。文献そのものが貧弱で、しかも、『魏志』の記述が明確を欠くので、その限りでは断定的な論証ができないのである。

『魏志』の前に日本に関する中国文献の初見としては、『前漢書』巻二十八下「地理志」燕地の条に、

「楽浪の海中倭人有り、分れて百余国と為る。歳時を以って来り献見すと云う」

というのがある。これは後漢の班固という者が選んだといわれる。『魏志』「倭人伝」を陳寿が編んだのは魏が滅んだあと西晋のころ（三世紀の終り）だから、『前漢書』はそれよりざっと二百年以前のものだ。それで、『前漢書』がもう少し倭人のことについて書いてくれていると、一世紀のころの日本の姿がはっきりとして、『魏志』「倭人伝」のそれと比較できるのだが、『前漢書』の原文はわずか十九文字だからどうしようもない。これだと、

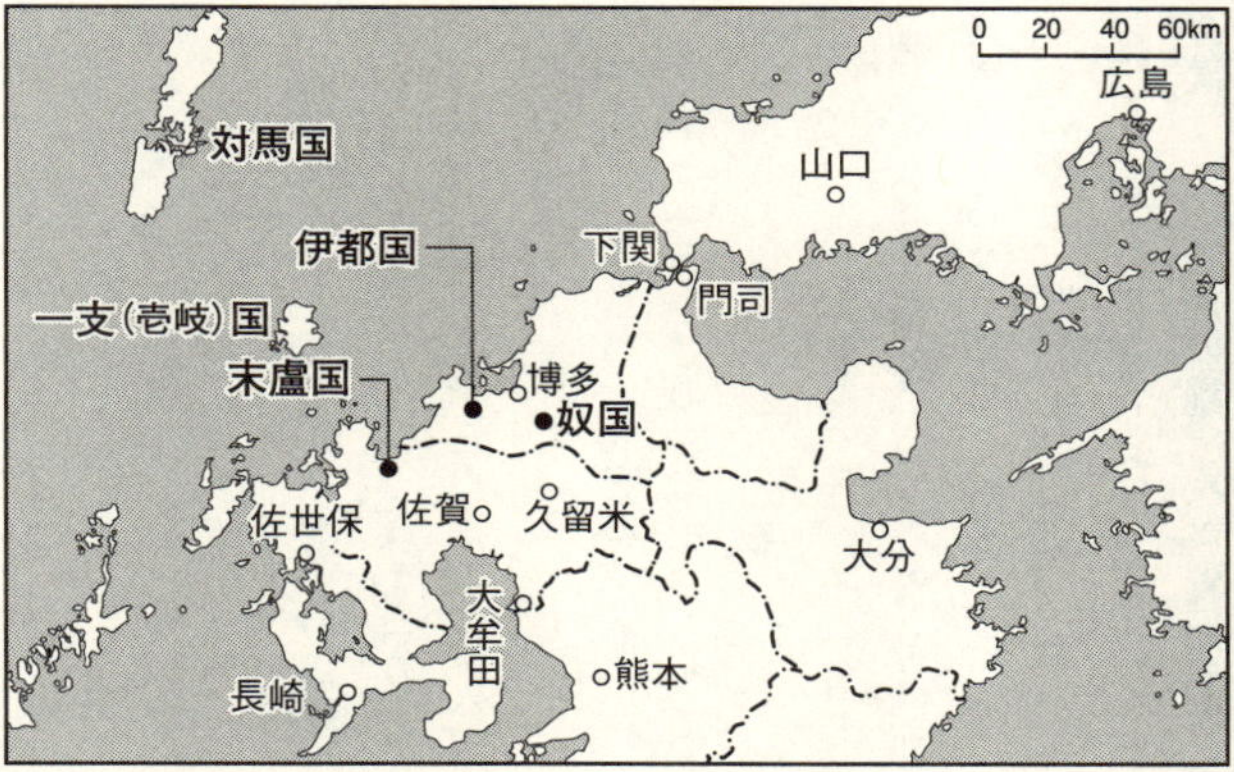

「楽浪郡の沖のほうに倭人がいて百余国をつくっている。年のそのおりおりに漢帝に挨拶にくるそうな」という甚だ漠然とした聞書き程度だ。

しかし、とにかく、ここで「倭人」というのが中国の本にはじめて現われたわけで、以下、『魏略』も『魏志』も『後漢書』もすべてこれに従って「倭人」という字をつかっている。それがずっとあとの『宋書』「倭国伝」では「倭人」が「倭国」と改まっている。『宋書』は五世紀に書かれているから、『魏志』に遅れること二世紀だ。

「倭」の意味については、漢土に最初に渡った日本人が、漢人におまえは何だと訊かれた時、「われは」といったのが「わ」に転化したという説（卜部兼方の『釈日本紀』）、日本人がその国名を漢人から訊かれた時、「わが国のことをいうのか」と反問したのを、漢人が「わが」を国名と誤解して「わ」としたという説（藤原兼良の『日本書紀纂疏』）がある。さらに松下見林にもっとそれをこじつけた説があるが、しかし、現在「倭」を「わ」と読み下しているのが適当かどうか、また漢人が「われ」または「わ」という音を「倭」の字に写したかどうか、この点も通説に疑問があろう。白鳥庫吉は「倭」は「わ」でなく「ゐ」ではないかといっている。

いずれにしても『前漢書』や『魏略』や『魏志』が「倭」「倭人」といったのは、日本の国（のちの日本全国の意味ではない）をひっくるめて漠然と呼んだものには間違いあるまい。もっとも、『魏志』では「倭人」がときに日本の意味になったり、日本人の意味になったりしている。

『魏略』はそのほとんどが失われているが、その逸文はいくつか遺っている。その断片的な文章と『魏志』の文章をくらべてみると、前に書いたように、『魏志』は『魏略』をネタ本にしていることが分る。ただ、『魏志』のほうがもちろん詳しい。これは今は見ることのできない『魏略』に、その詳しい部分に当る文章の個所があったのか、あるいは、『魏志』の編者の陳寿が新しく付け加えたのか、どっちだか分らない。しかし、おそらく後者であろうと信じられている。

ついでに、『後漢書』の巻一の十五「東夷伝」（普通、「後漢書倭伝」と呼ばれている）は『魏志』の文章を写したものだ。もちろん、時代的には魏より後漢のほうが古い。前漢、後漢、三国時代の魏、次に晉（のちに西晉と東晉にまた時代区分される）となるのだから、

『後漢書』のほうが古いようだが、実は以上のように『魏志』よりずっと後代にできたものだ。

さて、『魏志』「倭人伝」の構成をみると、だいたい、次のようになるだろう。

①地理、②風俗、③制度、④事件。

第一の「地理」とは、たとえば帯方郡から邪馬台国に至るまでの国名、方向、距離など、それに対馬、一支などの部分に見られるように「土地は山険しく、深林多く、道路は禽鹿の径の如し。千余戸有り、良田無く」といった記事である。

第二の「風俗」とは、たとえば、対馬国では住民が海のものを食べて自活し、舟に乗って南北に通っているとか、末盧国では住民が魚介を食べ、それを捕えるのに海底に沈むとか、狗奴国では男は大人も子供もみんな黥面《いれずみ》するとか、諸国の黥面はそれぞれ違いがあるとか、尊卑の差があるとかいったところである。そのほか、男は髪をみずらにし、木綿を頭にかけ、その衣は縫わないで束《たば》ねている、女は一枚の布を着ているが、真ん中に穴を穿ってその中に頭を突っこんでいる、牛、馬、虎、豹、羊、鵲《じゃく》（かささぎ）は無いといったたぐいである。

第三の「制度」とは、各「国」の官名と任務を記している個所である。女王国の権力構成ともいえる。

第四の「事件」とは、外交的には倭国と中国との遣使や貢物、下賜品の往来だとか、詔書や上表文のやりとりなどである。内政的には、倭国は男子が王だったが、その後、内乱のため卑弥呼という女王を王に立てて国が治まったとか、狗奴国の男王と仲違いが生じて、卑弥呼は死んだとか、その後、十三になる卑弥呼の宗女が王を継いで初めて国中が定まったとか、といった記述である。

こうしてみると、「倭人伝」は地理、風俗、制度、事件というふうに構成としては間然するところがないようである。これは編集した陳寿が歴史家だったからだろう。しかし、何といっても『魏志』の記述は統一性がなく、雑然としている上、文意不明のところが多い。右に例としてあげた断片的な文だけでも、各人各説で、極端なのは、たった一つの漢字についても学説が分れる。

この統一性を欠いていることでは、陳寿がいろいろな資料をノリとハサミでツギハギしたり、思い切って赤エンピツで抹消したりしたからだという説もある。そうだとすれば、この晉代の歴史家も後世の史家を迷路の中に誘いこむ罪なことをしたものだ。

考古学の立場から

さて、以上のように、文献上の論争が行き詰ったところに、考古学の立場から、古墳出土の中国の古い鏡を手がかりにして有力な発言者が現われた。第一次世界大戦後、京都帝国大学教授富岡謙蔵がいいだしたことで、富岡によると、それまで中国の鏡といえば一括して漢鏡とみられていたが、実は漢のものは少なくて六朝時代のものが多いのだという。それに中国からの輸入品ばかりでなく、日本でそれを真似てつくった模造品（仿製鏡）もあると指摘した。

富岡によれば、北九州の須玖《すく》、三雲、井原などの弥生式遺跡から出土する鏡はいずれも後漢（つまり、卑弥呼以前の時代）を下らない。これは漢代の中国が当時日本の中心だった北九州（つまり、まだ卑弥呼は生まれない）と通交していた証拠である。しかし、三国（つまり、卑弥呼がいた時代）以後の製作とみられる鏡は、畿内を中心にして発達した古墳から多く出る。この鏡は九州には少ない。もちろん、後漢のほうが三国時代よりも古いのであるから、北九州の墳墓よりも畿内の古墳がのちに発達した点も考え合わせて、中国と日本の通交は北九州の土豪からはじまり、のちに中心が畿内に移り、三世紀のころは畿内政権が四国も九州も統一していたことが推定される。日本の文化の統一は、こうした古墳出土の中国鏡の変遷からも知られる、というのである。

そうなると、一、二世紀の中国鏡が多く出る北九州は、後漢と交通していたことが証明されるので、卑弥呼も邪馬台国も北九州には関係なく、三世紀の三国鏡の多く出土する畿内にこそ、魏と交通していた卑弥呼や邪馬台国の存在があった、というわけだ。

これは邪馬台国畿内説にとって願ってもない新しい柱となった。富岡は不幸にして早く死んだが、その説を継承し、さらに発展させたのは、彼の弟子で京都帝国大学教授の梅原末治である。梅原説の要約は、私などがすると間違いをおかすかもしれないので、井上光貞の『日本国家の起源』（岩波新書）から引用させてもらう。

《富岡氏の説は、梅原末治氏の、畿内の古文化についての研究によって、さらに強化された。具体的な、その例をあげての論証は省略し、その結論を紹介すると、畿内の地域においてもすでに石器時代には「比較的多くの遺跡の存在」が認められ、九州で銅剣・銅鉾の青銅器がおこったころには、これと「略々時代を等しくして」やはり中国文化の影響をうけながら「西暦前二、三世紀のころから」銅鐸という青銅器が発達し「互に特色を示した」。ところで、前方後円墳は「今日までの調査からは内地の特有で、また畿内に其の最も古式のものが存し、外形の完備がすでに早く西暦二、三世紀代にあると認めて誤りがないようである」。「我が上代の高塚（古墳）は前代に銅鐸の分布した処から鉄の文化の影響の下に、而も特殊の形式をもって興って比較的急速度で発展を遂げ、四方に伝播して、これ以前は北九州に対立していた甕棺の分布区域をも併せ、それに代るに帰著して、而もこの旧日本の全土に波及した年代が魏晉の間にあると言うことになる」、「上代畿内に於ける文化発展の大勢と其の墓制の上に現われている顕著な事実とは『魏志』に載せるが如き特殊の勢力圏を九州北部に置くことに就いて有力な反証となるものである」というのである》

北九州と畿内の古墳から発見される中国製の鏡から、邪馬台国の謎の手がかりを得ようとするのは科学的な方法だ。しかし、これにも問題はあった。鏡そのものについてはその製作年代が分るとしても、その鏡は造られてすぐに日本に渡ってきたかどうか。また、鏡が日本にきてからも、それを古墳に埋めるまで人が使用したり、しまっておいたりした期間がはっきりと分らない。つまり、漢鏡や三国鏡が古墳から発見されたからといって、その鏡の年代がその古墳の築造年代にはならないのである。鏡そのものは中国から渡ってきても、譲渡などで人の手から手にいくらでも渡り歩くし、宝物として家の中に二代にも三代にもわたって、しまっておくこともありうる。ここに鏡の移動性と伝世の問題がある。だから、古墳築造の年代とは密着しないというのである。なるほど、聞いてみるとその通りである。

だが、梅原は畿内の前方後円墳は三世紀のころにはできていたという。しかし、東京大学教授斎藤忠は、三世紀といっても、それは後半であって、むしろ四世紀に近いとして、埋葬の三世紀前半の中国古鏡の年代と古墳築造の年代とのズレを指摘する（古代史談話会『邪馬台国』）。

古墳の問題はなかなか面白い。北九州の甕棺の上に土盛りしたもの（それが高塚と呼べるのかどうかも問題がある）と畿内の前方後円墳の発達との関係、また、その古墳から出土する鏡以外の副葬品なども邪馬台国推定の物的な手がかりの一つになるのである。たとえば、前期の前方後円墳からは祭祀的な副葬品が出ているが、後期になると、それが轡、鞍といった馬具類に変っている。埋葬品の性格が宗教的から権力的になったともみられる。その変化があまりに急激なので、江上波夫のいう「騎馬民族説」の出てくる所以である。これも邪馬台国への手がかりになりそうである。また、九州文化圏と畿内文化圏を二分したような、銅剣・銅鉾と銅鐸の分布の相違も邪馬台国を解く上に十分に魅力的である。殊に銅鐸についてはいまだに謎が多い。

だが、ここで考古学的なことにふれると叙述がこんがらがるので、いまは問題を『魏志』の文献の上だけに絞って、重要な学説をもうしばらくみてゆくことにしよう。

榎一雄の新説

『魏志』「倭人伝」の方向と距離（里数、日数）が九州の現実の地形に合わないのは誰でも分る。しかも、当時の「倭」とは、中国では女王国の支配地だけを指している。『魏志』「倭人伝」の中に「倭の女王卑弥呼、狗奴国の男王卑弥弓呼と素より和せず」とあって、「倭」と「狗奴国」とははっきり区別されているからだ。狗奴国が通説に従ってのちの熊襲国（南九州）だとすれば、倭は九州の北半分ということになる。そうなると、九州も真二つにせばめられて、『魏志』「倭人伝」の方向と距離ではいよいよ合わなくなる。

しかし、邪馬台国九州説の学者は、『魏志』の記事が南を東と取り違えたという畿内説学者の言い分を「都合のいい」「武断」として排してきた。しかし、排斥するばかりが能ではない。それに対抗する自説を立てねばならない。しかし、どうも名案が出なかった。ところが、その壁を破ってこの距離を九州の中に収まるように新説を出したのが文学博士榎一雄である。

榎は『魏志』の本文の書き方に目をつけ、その旅程の伊都国の前と後とでは書き方が違っていることに気がついた。すなわち、伊都国に着くまでの記事では、

「始度一海千余里、至対馬国、……又南渡一海千余里、名曰瀚海、至一大（支）国、……又渡一海千余里、至末盧国、……東南陸行五百里、到伊都国」

とあって、前に接する土地からの方位、距離を示して、次に到着する地名を挙げている。しかし、伊都国からあとの記事は、

「伊都国……東南至奴国百里……東行至不弥国百里……南至投馬国水行二十日……南至邪馬台国、女王之所都、水行十日陸行一月」

とあって、先に方位を挙げ、次に地名を掲げ、最後に距離を記している。これはなぜだろうか。ただ文章のアヤだけでもなさそうである。榎はそう考えた。

そこで、榎は『新唐書』「地理志」に引かれている「賈耽」の文章を参考にし、『魏志』の文章は直線的に記述したようにみえるが、実はそうではなく、伊都国を中心に、伊都国から奴国、伊都国から不弥国というふうに、以下、投馬国、邪馬台国と、それぞれの区間を伊都国を起点に書いたのだと考えついたのである。この説を分りやすく図解すると、五

五頁図のようになる。放射線型解釈法と呼ぶべきものかもしれない。

これでみると、問題の邪馬台国は、伊都国から南に水行十日、陸行一月となる。しかし、これも伊都国から水行ならば十日、陸行ならば一月と榎は解釈した。陸上の歩行はどのくらいの距離かというと、『唐六典《とうりくてん》』という本には一日に五十里とあるから、一月なら千五百里になる。千五百里といえば対馬、一支の間（千里）の一倍半であるから、距離からいって伊都国からそう遠い所ではなく、だいたい筑紫平野あたりを邪馬台国に比定していい、というのである。当時の中国の里《り》は約四丁弱だそうである。

なお、榎説によると、『魏志』の里数記事は帯方郡から邪馬台国までは一万二千余里とあるが、郡から伊都国までは一万五百里なので、これを差し引くと千五百里という数字が出る。これは陸行一月から算出した里数と同じであるから、この一致は偶然ではなく、元来、『魏志』の里数は、郡から伊都国までの里数と、伊都国から邪馬台国までの里数とを合算したものという。

これまでの九州説の諸学者がさんざん頭を悩ましてきた距離が、遂にここに立派に九州の中におさめられた。その意味で榎の説は画期的であった。「水行十日、陸行一月」というのを、水行ならば十日、陸行ならば一月と解釈したのは榎がはじめてではないが、いずれにしても、『魏志』記載の旅程のままではあんまり長すぎるので、水行ならば、陸行ならば、と二つに区切って考えたのだ。南は東の誤りだとした武断と好一対の学者の窮余の策ともいえよう。さらにそれはまた、「陸行一月が一日の誤り」だとした本居宣長説以来の苦しさにも通じている。

内藤虎次郎は「この陸行一月の字は、『魏略』及び『三国志』より出たる『梁書』、『北史』を始め、『太平御覧』、『冊府元亀』、『通志』、『文献通考』等も一日に作れる者なければ軽々しく古書を改めんことは従ひ難き所なり」といっている（「卑弥呼考」『読史叢録』）。

だから、右の榎説について学界の批判はあった。

《その反対は、「榎氏の読方は伊都国を中心に読むので、それは無理だと思う」というような理由のはっきりしない一蹴型から、「榎教授の論ずるところは、ただ奇を好むものとの感を与える以外に何らの傾聴に値することの出来ないのは余の遺憾とするところである」「一言付記して再考を請うものである」とする痛罵忠告型（この論難は橋本増吉によって行なわれた）に至るまでいくつかある》（榎一雄『邪馬台国』）

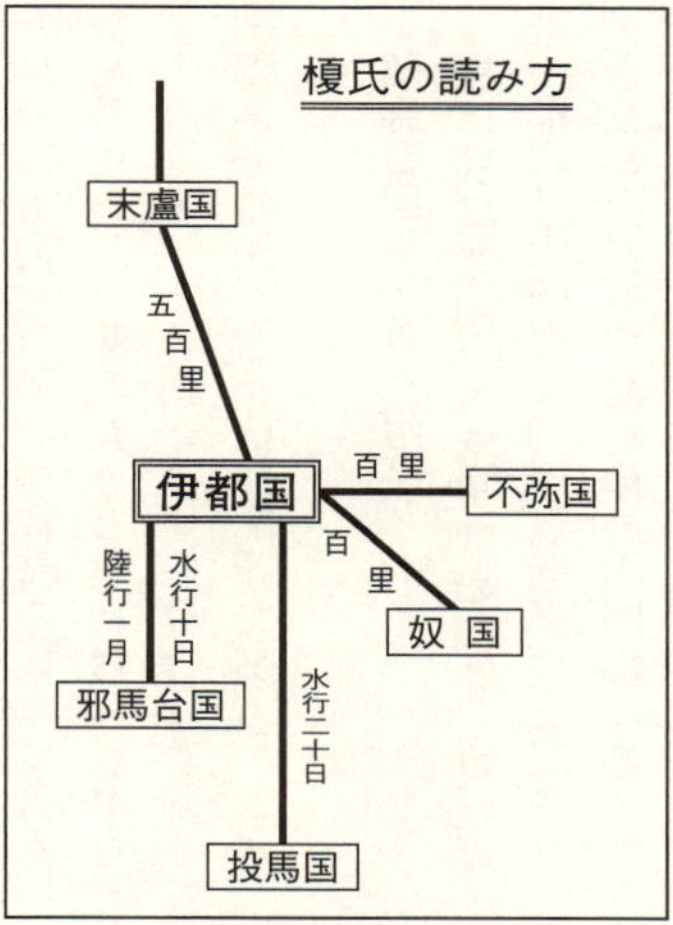

と、榎自身が書いているくらいだ。

たしかにいままでは、『魏志』の記述通

りにその方向を直線式の棒読みにして誰も疑わなかった。それを分断し、伊都国を中心に放射型にならべ直したところに榎の新鮮な発想がある。文学博士牧健二もこれに賛成し、文中の「至」と「到」の使い分けに着眼して榎説を補強した。ただし、この発想が万人を納得させるかどうかは別問題である。

邪馬台国は久留米附近か

榎は邪馬台国を筑紫平野の御井（現在の久留米市附近）に置いている。彼によると、従来の福岡県山門郡は、戸数七万戸と記されてある『魏志』の記事からすると、それだけの大きな都会が有明海沿岸の山門郡にあったとは思われない、そのころ、このへんは蘆荻の蔽い茂っている湿地帯だから、古代の人民の居住に適している地域とは思われない、それで、「山門郡は邪馬台国発祥の地で、それが発展した結果、三国時代には御井附近に中心が移り、筑紫平野一帯が邪馬台国と呼ばれていたのではあるまいか。そして邪馬台国が北九州から姿を消すと共に邪馬台国の名は、その起源である山門郡にだけ限られるに至ったのではあるまいか」（前掲書）という。

では、伊都国が現在の福岡県糸島郡深江町附近だと考える榎説に従うと、深江から御井までは近い距離（現在の博多まわりでも推定約百キロ）にある。「倭人伝」のころの三世紀の旅としても、どうして水行十日、又は陸行一月もかかったのだろうか。これについて榎は説明する。

《魏使は邪馬台国に行った形迹がほとんどないのであって、伊都国以遠の国々についてはもっぱら倭人からの伝聞によったと考えられる。従って、一月という数字が倭人から教えられたその儘を記したものか、千五百里という里数を日数に逆算したものか、そのいずれかに相違ない。しかも、末盧・伊都間を五百里とする割合からすれば、深江附近から御井附近までを千五百里とすることは、決して過大とは考えられないのである》（前掲書）

たしかに魏使は「郡使の往来して常に駐まる所」の伊都国だけに行って、それから先の土地には行ったことのない形跡があるのには私も同感である。私のその理由はあとでふれる。

だが、いかに倭人からの伝聞によったとはいえ、倭人が現在の深江町から久留米市御井附近に行くのに、当時の困難な旅行を考慮に入れたにしても、陸行一月もかかっただろうか。倭人が魏使に伝えたのは自分の体験か、または知人の経験に基づいた話だろうから、「一月もかかる」などと長い日数をいうはずはない。これを陸行「一日」の間違いとすれば、あるいは合うかもしれないが、それでは短すぎる。第一、現在の地形で深江から久留米に行くのに水行十日もかかる海や川はないのである。三世紀のころも変わりはない。

もっとも榎は、この水行十日を、文学博士植村清次の「深江附近から平戸瀬戸をすぎ、西彼杵《そのき》半島に沿うて南下し、有明海に入って、筑後川河口附近に至り、それから陸行一日で御井（邪馬台国の比定地）に達した」という説を引用（榎『邪馬台国』）しているので、氏もそれを想定しているかのようである。だが、これに榎自身の説は積極的に出ていない。しかし、いかに「陸路の交通が極めて不便であった」にしても、深江（伊都国）から、御井附近（邪馬台国）に行くのに、わざわざ平戸から長崎半島を大まわりし、有明海に入ってくるような大迂回路をとるだろうか。これは「水行十日」という数字に合わせるための考えでしかない。

榎は、投馬国を本居宣長と同じように日向の都万《つま》（現在の妻）に置いた。もっともここの古墳は古墳時代末期のものが多いといわれている。榎によれば、伊都国から都万（投馬国）に行くには、だいたい水行二十日くらいを要する。その道順は、大隅半島の迂回か、豊予海峡の通過か明らかでないが、沿岸航路によったに相違ないという。そして、この航路は、神武天皇の東征が日向から豊予海峡を越えて遠賀川の河口に行ったことと考え合わせると、この海路をとった可能性が高くなるというのである。さらに、『延喜式』に難波から瀬戸内海を通って大宰府に行くのに三十日を要しているから、伊都国から日向に行くのに豊予海峡を通っても、大隅半島を迂回しても水行二十日を要したことは「必ずしも非常な誇張であったとは思えない」という。

これほど精緻に伊都国から投馬国までの水行二十日を考証したのに対し、上述の如く、肝心の伊都国から邪馬台国までの水行十日説には、氏の『邪馬台国』を読む限り、十分な説明が出ていないのである。

次の問題は、「その余の旁国」として『魏志』が記載した斯馬国以下奴国までの二十一ヵ国の比定である。この国名は大へんに難解だ。榎は、この二十一ヵ国は伊都国から邪馬台国の途中にあったのではなく、そのコースの附近に存在していた、としている。前に、この二十一ヵ国を現在の地名に比定した内藤虎次郎の見解を紹介したが、榎は内藤と違って、この二十一ヵ国を悉く現在の九州に求めた。いちいち挙げないが、それらは筑前、肥前、豊前、日向、筑後、豊後の各地に挙げられている。いずれも『魏志』の国名の音と、『和名抄』その他の古典に出ている地名の音の相似が拠りどころとなっている。

しかし、私には、こんな地名の比定などはあまり意味がないように思われる。その理由ものちに書きたい。

邪馬台国は宇佐か

同じ九州説だが、『魏志』の記事の方向が現実の地図とは、南が全体的に六、七十度ほど東のほうへズレていると説くのが大分大学教授冨来《ふき》隆である。これは三宅米吉によっていい出されたもので、冨来によると、末盧、伊都、奴の間を共に東南と記しているのは、現実の地理からすれば東というよりもむしろ東北東に当ることがはっきりしているので、『魏志』「倭人伝」の方向記事は、現実の方向にくらべて右寄り（時計の針の逆方向）に六、七十度ほどズレていることが知られるのであるから、東も南も同一というような混合同一ではなくて、東は東であり、南は南としてはっきりした角度差をもつ、そして、倭の地を奥に入るにつれてこのズレは目立つ。だから、「倭人伝」の南の方向の軸は全体を東にズラせて理解すべきだ、という。

これは一理あることで、地図をひろげても、帯方郡のあった朝鮮西中部からみれば北九州の各地は真南とはなっていない。それで、南とするところを六、七十度東にズラせて倭諸国の位置を探求すべきだというのだ。そこで冨来は、投馬国を畿内説のいうように備後の鞆津とはせず、やはり古く鞆の字を使った関門海峡の門司に求める。すなわち、ここが早鞆瀬戸などといわれた所だからである。「この地方こそがトモ＝『投馬国』たるに最もふさわしい地点であるということができるのではなかろうか」という（冨来隆『「邪馬台女王国」』）。

そうすると、邪馬台国はどこかというと、以上の方向軸全体のずれや距離（冨来は一月を一日の誤りとする）などを理解して、冨来は「現在の豊前平野にある宇佐・中津地方に比定するよりほかにはないであろう」という。そしてこの地方に古くからヤマト（山戸）の地名があったことを文献的に述べる。宇佐神宮のある宇佐を邪馬台国とする冨来の考え方は注目すべきで、私も宇佐神宮そのものが古代史では一つの謎になっていることを、もっと考えねばならぬと思う。

『魏志』の方向については、もう一つ説が出ている。それは、邪馬台国の所在については以上のように九州、畿内両説とも微に入り細をうがったが、どちらをとるにしても『魏志』の文章のままではどこかに不都合が生じてくる。畿内説では南とあるのを東にしなければならないし、九州説でも右の榎説のように放射型にならべなければ収まらないことになる。すると、文献そのもののどこかにそうした不合理があるのでなかろうか。これにふれたのが『東洋史上より観たる日本上古史研究』という大著を著わした文学博士橋本増吉である。

出雲コース

橋本は、両説は在来諸学者によって唱えられたが、いずれもが自説に都合のいい便利主義である、と批判したのち、こう述べる。

『魏志』の編者陳寿は二九七年に死んだ人であるから、ちょうど日本の勃興初期に当って生存していた人物である。陳寿在世の時代にわが大和朝廷の威名が少なくとも九州北辺にまで知られたことが考えられるから、したがって、「陳寿の頭脳の中に、我が大和朝廷に関する幾何かの知識の存在せしことは、あり得べき事情であらうと思はれるので、魏志の編著に当つて、この知識が少からず禍ひし、その頭脳を昏乱せしめたものではあるまいかとも考へられるのである」と。

そこで橋本は、『魏略』や『魏志』の編著が、九州と畿内に行く行程のいずれにもその中間に投馬の字音を当てられ得べき発音の国名があったため、ここに編者の思想上に混乱をきたし、「九州より大和に至る日程を以て、不弥より邪馬台に至る日程と誤認し、為めにその不弥より投馬・邪馬台に至る里数記事を棄て、その誤解せる日程記事を以て之れを補つたゞけに過ぎないものであ」るから、この日程記事は三国時代を説明すべき資料として使用するのはいけない。そこで日程記事を廃し、主として里数記事を取る、というのである。

《しかして、陳寿或は魚豢（『魏略』の編者）が誤認せし大和への日程記事は、もと／＼聞書きに基くものと認められるのであるから、当時、なほ大統一への途上にありし時代と見て、瀬戸内海路に拠れるものと見るよりも、寧ろ遠距離なる日本海路に拠り、出雲に寄港し、敦賀に上陸して、大和に入りし行程として解すべきではあるまいか》

要するに、邪馬台国は畿内であるけれども、魚豢や陳寿の頭に当時の日本の政治情勢が耳から入って混乱を生じ、古くから知られた北九州の地形と混同されたものだというのである。もちろん、この結論に至るまでには、各論について詳細な考証がなされていることはいうまでもない。

学者の混乱

最近の畿内説に、文学博士直木孝次郎のがある。直木も内藤と同じく『魏志』「倭人伝」の南を実は東であるとし、その誤記の例として同様に『後魏書』「勿吉伝」に東南とすべきところを東北としたのを傍証としている。直木も、水行十日、陸行一月を、水行ならば十日、陸行ならば一月、と分けて読むと北九州から大和までの日数には不足するだろうが、水行十日と陸行一月の意ならば適当な日程であるというのだ。すなわち、伊都を出発して水行十日ののち山陽道のどこかに上陸し、あとは陸行一月で畿内大和にある邪馬台国に到着するというコースを考えるのである。そして、これに関連して投馬国はどこに比定するかというと、《放射式読み方に従い、かつ邪馬台国へのコースを山陽道ぞいに求める私の立場からすると、投馬は四国方面に位置する可能性が大きいこととなるが、『和名抄』にみえる讃岐国三野郡託間《たくま》郷（託間町附近）に比定するのが、もっとも妥当と考える》（「国家の発生」岩波講座『日本歴史1』）。

そして、「その地は銅剣・銅矛分布圏にありながらも、同時に畿内を中心とする銅鐸分布圏にはいり、銅剣・銅鉾分布圏にのみはいる不弥以下の諸国とはやや性格のちがう地であることが、考古学的にも言えそうである」という。

意外なことに、直木は、榎の案出した放射式読みかたを畿内説に利用したのだ。榎の放射式読み方は『魏志』「倭人伝」の方向と里数、日数を九州の中におさまるように苦心して考え出したのだが、直木はそれを反九州の畿内説に流用したのである。方法論的に安易にすぎる気がする。

その上、直木は放射型によって投馬国を讃岐の託間郷に比定しているが、不弥国にはふれていない。そして、狗奴国だけは九州説と同じく南の熊襲国に当てている。われわれには学者の自由勝手な論のように思われる。

もっとも、直木も気がさすとみえ、「旅程記事では南を東としながら、ここでは（狗奴国を南九州に当てたこと）南をそのまま認めるのは不都合だと非難されるかもしれないが、狗奴国記事は旅程記事と別系統の史料と見なせば、問題はおこるまい」（前掲書）と簡単に弁解している。自説に都合の悪いところは「別系統の史料」で茶をにごすのは悪いクセである。

井上光貞説

九州説の俊英に東京大学教授井上光貞がある。井上は、九州説の方角は正しいとして、《旅程の方を誇張とみるのが普通であるが、倭人伝には、もう一つ、郡から邪馬台国までは一万二千余里であるという里程記事があることは、九州説に有利であると考えられる。なぜなら、帯方郡から不弥国までは、計一万七百余里であって、従って不弥国から邪馬台国までは差引き千三百余里すなわち壱支—対馬間の一倍半に満たない距離であるが、この里程記事によれば、九州説は充分に成立し得ると考えられるからである。……その他の国の位置、たとえば女王国の南にあったという狗奴国が、熊国との音の類似からも、狗古智卑狗という官の名、狗古智が肥後の菊池に通ずる点でも、山門郡の南方の肥後のあたりと解するのが自然である。また、「女王国の東、海を渡る千余里、復《また》、国があり、皆倭種なり」というが、これは連合を北九州とし、その東の本州・四国の倭人を叙述したものとすると、きわめて理解し易い。これらの場合には（倭人）伝の方角をそのまま信用してよいのである。九州説にももちろん弱点はあるけれども、文献の地理の記載については九州説が有利である、というのが私の考えである》（『日本古代国家の研究』）

と述べる。そして、井上自身の比定は次の如くである。

《邪馬台国を筑後山門《やまと》の小さな地とし、また、投馬国をその北の、これも小さなツマ地方に求めるよりも、邪馬台国を筑後・肥後にわたる広大な文化圏に、狗奴国を肥後南部以南の熊襲の土地に、そして、投馬国を日向のあたりに求めたほうが、三世紀の政治地理にふさわしく、かつ倭人伝の地理や戸数の記載とも合致するとわたくしはおもう》（中央公論社版『日本の歴史』第一巻）

国語の上から

しかし、九州説に不利で、畿内説に有利なのは、上代の日本語からみた推定である。すなわち、上代では『記・紀』『万葉集』に使われている例からみて日本語には八つの母音があったことが明らかにされ、それらの母音は甲類と乙類とに区別される。当時の漢字はもちろん音を表わした当て字であるが、それでも万葉仮名などみると甲類と乙類とは分れていて混乱はない。そこで、邪馬台国だが、この台は乙類のトである。しかし、九州説の山門《やまと》の門《と》は甲類のトであって、邪馬台には合致しない。これに反して大和説が当てる大和は、『記・紀』に耶麻騰《やまと》、夜麻登《やまと》、野麻登《やまと》、夜摩苔《やまと》、耶魔等《やまと》としているのだが、これらのトはいずれも乙類のトだから、大和とすればよく合う、というのである。上代日本語の母音のことは文学博士橋本進吉によって研究されたものだが、現在では学習院大学教授大野晋によって受け継がれている。そして、これを大和説の有力な支柱として利用したのが文学博士大森志郎である（大森志郎『魏志倭人伝の研究』参照）。

だが、これは九州論者が批判するように、この説が成り立つには卑弥呼時代の倭人の言語が五百年のあと（つまり奈良朝時代）も少しも変化せず、全く同じ音韻法則だったという証拠が必要となる。また、『記・紀』や『万葉』の場合には同じ日本人が自分の発音している言語を自分で書き分けているのに反し、『魏志』「倭人伝」の場合には魏、晉時代の中国人が倭人の言葉を音に写したという違いもある。すなわち、当時の中国人が倭人の言葉を正確に聞き取れたか、また、それを正確に区別して漢字に当てることができたかどうか、ということがはっきりしないと、確実なことはいえないのだ。つまり、この古代音韻の区別法だけでは邪馬台が畿内にあったという決定的な論証にはならないのである。

――そのほか、九州説と畿内説についてふれなければならぬ諸家の説はたくさんあるが、邪馬台国の方向と距離に関する限り、主な論点は以上でだいたい尽きたように思う。

随分長くこの学説の大筋紹介（それも中国や朝鮮との交渉、卑弥呼の正体、三世紀日本の政治状況についてはふれていない）に枚数を食ったが、これも邪馬台国の謎を今までの学者がどんなふうに解いていったか、それ自体興味があることだし、また、私の考えを述べるにもこの前段は必要だったのである。そして、これだけ多くの学者が研究しても、この程度のことしか分らず、邪馬台国の位置は依然として決まらないのである。

さて、やっとこれから自分の考えを述べる段階になった。

私はこう考える

方向の問題

まず、方向の問題である。

私はやはり『魏志』の通りに帯方郡から邪馬台国までの方向をすべて「南」と解したい。原典はなるべくその通りに素直に読むべきだと思う。この点、内藤虎次郎の「軽々しく古書を改めんことは従い難き所なり」という態度に共感をもつ。但し、内藤は、前述の如く、一月を一日に訂正した九州論者に右の非難を加えたのだが、彼自身は、南は東の誤りと「軽々しく古書を改め」たのだから自分で矛盾をおかしている。

『魏志』が南としたのは、資料からこの本に写すとき、書き誤ったのだろうというのが東論者の理由の一つである。写し誤ったのだろうというのは想像である。写し誤らなかったかもしれないのだ。

事実、『魏志』は帯方郡から「水行・乍《あるい》は南し乍《あるい》は東し……南・一海を渡る……東南陸行……東行……南・水行……南・水行陸行」というように、「東」と「南」とを正確に書き分けている。殊に「東南」というような微妙な書き方をしている陳寿が「南――（投馬国）、南――（邪馬台国）」を「東――、東――」と写し誤ったとは思えないのである。何かといえばすぐ誤写を軽々しく口にすることに私は賛成できない。

その資料とは魚豢の『魏略』からのものが大部分と思われるが、魚豢は倭国に使した旅行者から聞いて書いたものと考えられる。その際、魏使からの聞き誤りということは考えられない。外国の見聞について、その方向と距離とは最も関心があるからである。あるいは、魚豢は魏使が朝廷に出した報告書くらいは見ているかもしれないのである。

方向感覚

魚豢の生卒年代は不詳だが、陳寿とほぼ同時代の人で、二九七年に死んだ彼より数年ないし十数年前に没したらしいとみられ、魏の終末（二六五）には生きていたと思われるので、そうした魏使の報告書をよんだ機会はあったと考えられる。魏が滅んだのは動乱によらなかったから、文書の喪失もなかったであろう。報告書には正確な方向が書いてあったに違いない。『魏略』は、そうした使者の報告書や、直接彼らから聞いたことがもとになっていたと思う。

それでは、倭の女王国に行った魏使の方向感覚が間違っていたのではないかという議論がある。たとえば、『魏志』は、末盧から伊都国に行くのに「東南」としてあるが、実際の地形はむしろ東北であることから、全体の方向まで錯覚に帰しようというが如きである。しかし、末盧と考えられる佐賀県唐津あたりから、伊都国の前原附近まではわずかに約二十七、八キロにすぎない。古代の道路に従っても、せいぜい三十キロから四十キロの間であろう。この短区間の方向記事をもって、長大な北九州から畿内までの方向を東とする証拠にするのだから、「武断」を通りこえてナンセンスである。今度、この稿を起こすに当って、学者のしかつめらしい文字の「学説」を随分読んだが、ユーモアを随所に感じた。

一体、魏使は洛陽からであれ、帯方郡からであれ、朝鮮の西海岸を、あるいは南し、あるいは東しながら、対馬、壱岐を経由し、佐賀県の北岸の湊に達している。この方向は正確である。おそらく、この航路は魏の時代はもとより、前漢のころからきまったもので、倭人も南鮮人も始終往来していたものであろう。『魏志』の「対馬、一支」の条で、島民は「南北に市糴《してき》す」という文字がそれをあらわしている。

当時、方向を知るのは太陽であった。太陽の出るところが東なら、西、南、北はおのずから知れる。羅針盤のなかった当時の航海では、太陽を基点とした方向感覚は殊に鋭敏であったに違いない。中国人は古来、天体に対しては関心が深いのである。

これは陸地に上っても同じである。外国からきた中国人には、方向については海上も陸地も変りはない。やはり太陽の出没の方位に気をつけたに違いない。上陸した魏の使者が南と東とを間違えるはずはないのである。ただ、末盧から伊都国までの短い間では些少の誤りはありうることである。これは橋本増吉もいう通り、道路の屈曲によって、東北が東南のように魏の使者には思われたかもしれない（『東洋史上より観たる日本上古史研究』）。

内藤虎次郎は前にもふれたように、『後魏書』「勿吉伝」に、今の洮児河から松花江上流に行くのに「南行すべきを東北十八日とせる」の例を出して、『魏志』「倭人伝」の方角記事の誤りの傍証としているが、時代も違い、筆者も異なる他の文献を持ってきて証拠にするのは奇態である。殊に「陸上に於けるすら此の如くなれば海上の方向は猶誤り易かるべし」といっているのは、全く話が逆である。

以上のようにみれば、日本の位置が中国からみて現実には「方向軸全体」が六、七十度ほど東の方に寄っているという議論からの解釈（たとえば三宅米吉によって言い出され、冨来隆によって援用されている説）は、あまりに現在の科学的分析にすぎる。おおまかな古代では、太陽の位置からだいたいの南の方位を南としたと思われるのである。もっとも、冨来は、邪馬台国を大分県宇佐地方に擬定したいために方向軸のズレ説を出している。

それでは、陳寿が例の編集の際に、他の資料と混同したために、東とすべきものが、南となったのではないかという想像説がある。これも、さきにふれたように、三世紀の前半、すでに畿内政権が樹立されていて、その見聞の資料がまじりこんだということで、大和説に都合よくするための推測である。

倭の地図

そこで、今度は編集兼筆者の陳寿の頭に、倭国が中国の東海に北から南に垂れ下った島で、海南島（『魏志』にいう儋耳《たんじ》・朱崖《しゅがい》）に接しているという地理上の概念があって、この先入観にとらわれて、何でも方向を南としたのではなかろうかという説がある。これは古地図を参考にして、教育大学教授肥後和男、同和歌森太郎などから出された。

しかし、『魏志』には「倭の地を参問するに、海中洲島の上に絶在し、或は絶え或は連なり、周旋五千余里可《ばか》りなり」とある。点在した島嶼から倭国は成っているというこの記事によると、だいたい九州を中心に、本州（まだ正確にはその大きさが知られていなかった）、四国、対馬、壱岐、または沖縄列島まで知られていたようにも思われるのである。すなわち、実際に北九州にきた魏の使者の見聞は、概念的ではあるが、わりと日本の概念をつかんでいたと思われるのである。

たとえば肥後和男は、倭が狗邪韓国より南に垂れ下っていたという魏人の地理的観念を想像図にしているが、それを見ても私には、氏のいうように「それと比較しながら『魏志倭人伝』を読むと比較的容易に理解することができる」（「大和としての邪馬台」古代史談話会『邪馬台国』）とは思われない。『魏志』「倭人伝」には「女王国の東、海を渡る千余里、復《また》国あり、皆倭種なり」とある。これは女王国が北九州であるから、その東の海を隔てた倭種の国とは四国か本州ということになる。魏の使者は倭人から聞いてよく地理を知っていたのである。肥後和男の右の南にブラ下った倭の地理想像図では、東に海を渡った国の所在の始末に困ったとみえ、描いていない。

狗奴国はどう考えても熊襲国である。女王国の南である。畿内説の内藤も、不弥国以下の南をすべて東としながら、狗奴国だけは「余は之を肥後国菊池郡城野郷に当てんとす。即ち奴国（この奴国はいわゆる旁国二十一国の一つ）の南に当れる地なり」（「卑弥呼考」『読史叢録』）としなければならなかったし、直木孝次郎も、邪馬台国を畿内としながら狗奴国だけは南九州にしたのは前記の通りである。

なお、神戸大学教授志田不動麿は、前記の橋本増吉の太陽の出没によって魏使が方位を誤らなかったという説に反対し、それなら末盧より伊都までの現実の東北を東南に誤るはずはないとし、またそれは記録の伝写や記載の際の誤偽ではなく、このように誤ったのは、我が国の地形に通ぜざる魏人の一行が、帯方郡より九州の北岸に到達するまで、その行程がほとんど南行であったため、「彼等の認識を誤った理由でなければならない」という。

志田説では、魏人は南に向って航行したから、上陸してからの旅行も見聞も、東の方角をみんな南と誤って思いこんでいたというのである。これはおかしい。太陽の位置を見たら、東か南か陸上でも分るはずである。こんな説は子供ダマシである。魏の使は一人できたのではなく、数人だし、それも一回きりではなく、何回も渡来しているのである。それが全部が方向を思い違いしたと志田は考えているらしい。当時の魏人は文字を知り、天体の知識もあったのだ。少なくとも倭人よりは文化人であり、インテリであった。志田は、投馬国を備後の鞆とし、邪馬台国を畿内とするため、魏使がそれを南としたのは「魏人の知識の朦朧杜撰を物語るものである」（「邪馬台国方位考」『史学雑誌』第三八編第一〇号）ときめているが、志田のこの論理には納得ができない。

とにかく、畿内論者は南を東の方向へ持っていったために、いろいろな無理が生じている。このことは距離、地名のところでも自然とふれることになる。

九州説と畿内説とでは、方向については九州説に利点があり、距離については畿内説に利点がある。逆にいえば、方向において畿内説に弱点があり、距離において九州説に弱点があるのだ。

九州説のこの弱点を「解決」したのが榎一雄の放射線式読み方だが、私はこれに賛成できない。なぜなら、これだと、伊都国から邪馬台国までの記載の前に、伊都国より奴国、伊都国より不弥国、伊都国より投馬国の記載があるからだ。

そもそも魏使が女王国にきたのは、女王卑弥呼の都する邪馬台国に詣《まい》るためではなかったか。それなら郡使の駐《とど》まるところの伊都国から、都の邪馬台国までの直線行程をまず第一に挙げるべきである。放射線式記述ならそう書くはずである。

邪馬台国は女王の都する国である。魏使はここにこそ公用を帯びて出張してきたのである。また『魏志』の編者も都にこそ最大の興味があったし、げんに『魏志』「倭人伝」にはその興味がみえている。

それなのに、なぜ、伊都国から奴国、不弥国、投馬国などそれぞれの記事を先に出すのだろうか。これらの国は、邪馬台国よりは第二次的なもので、いわばその他の旁国二十一国と同程度の価値しかない。ただ、伊都国に近かった（榎の解釈に従えば、投馬国は遥かな遠国である）というだけの意味しかないのである。

たとえば、はじめて外国から大阪に着船した使臣が日本見聞記を書いたとしよう。その場合、大阪から首都の東京までの方向と距離を第一に筆にするに違いない。それをあとまわしにして、どうでもよい堺や、姫路や、金沢など地方の記事を先に書くだろうか。奴国や不弥国や投馬国は、邪馬台国からすれば、堺や姫路や金沢的な存在である。都からすれば第二義的な国々なのである。

これはやはり、伊都国から都の邪馬台国まで行く途上に、奴国、不弥国、投馬国が南に順々にあったから、『魏志』「倭人伝」はその順路に当る国々を書いたのであると思う。私が榎の放射線式読み方に同感しえない理由である。また、榎説だと、既記のように伊都国から邪馬台に行く道程に水行十日、陸行一月の難物があるはずだが、これが明快には解決されていない。原典の通り、やはり素直に直線式によみたい。

それなら原典通りの距離で九州の中におさまるのか。殊に、水行二十日、水行十日・陸行一月はどうするのかと性急に問われるかもしれないが、順次に述べる。ただし、私は「水行ならば十日、陸行ならば一月」という解釈もとらないし、「陸行一月は一日」の書き違いなどという都合のいい想像にも賛成しない。

カギの一つは戸数

私はこうした里数・日数の謎を解く鍵は、『魏志』「倭人伝」所載の戸数だと思っている。いま、それを書き抜きしてみる。

対馬＝千余戸。一支国＝三千許《ばかり》。末盧国＝四千余戸。伊都国＝千余戸。奴国＝二万余戸。不弥国＝千余戸。投馬国＝五万余戸。邪馬台国＝七万余戸。

この戸数、すなわち各地の人口について、各学説では奈良時代の記録をひいたりしていろいろと面倒な考証があるが、それは詳しく紹介する必要はなかろう。ただ、次の二点だけ読者に留意していただきたい。

①対馬より不弥国までの戸数はだいたい信用してよい。しかし、魏の使者は、投馬国にも邪馬台国にも行ったとは思えないから、五万余戸、七万余戸という数字は大きすぎて、眉ツバものであるという論。

②これに反し、この戸数はだいたい当時の実数に近いとみてよいという論。従って七万余戸（一戸平均三人の家族として二十一万人の人口）もある邪馬台国の土地は広大でなけれ

ばならないから、畿内説では大和平野に、九州説では山門郡のある筑後平野にそれぞれ比定している。

だが、私は白鳥庫吉の次の説に大いに賛同したい。

《魏人は果して何を根拠として五万・或は七万と云ふ数字を作つたかが問題とならう。即ち同じく誇張したとしても唯漫然と根拠なき数字を列べたとは考へられないからである。今対馬国から不弥国までの六国の戸数の大体を挙げると左の通りである（前頁上表参照）。勿論これらの戸数には「余家」・「許家」等の文字がついてゐるから対馬国から不弥国までの全戸数合計は三万余戸となる。而してこの三万余戸と云ふ戸数が比較的真に近いものであることは既述の通りであり、又この数は魏人が直接見聞して得たものであることも明らかなところである。既に帯方郡あたりの役人が、対馬国から不弥国までの戸数の合計が三万余戸であることを知つてをり、それより遠国の投馬国及び邪馬台国の戸数を推定せんとする場合、しかもこの両国を大国と見せる必要がある場合に於て、彼等が三を基礎として五・七と云ふ奇数を以てする推算法を採り、五万・七万といふ数字を作り出すことは、奇数を特に好む支那人としては極めて有り得べき事情でなければならない。投馬国及び邪馬台国の戸数を五万・七万と云ふのは恐らくこのやうな過程を通つて作られたものであらう》（「卑弥呼問題

対馬国	1,000
一支国	3,000
末盧国	4,000
伊都国	1,000
奴　国	20,000
不弥国	1,000
	30,000

の解決」(下)『オリエンタリカ』第二号)

三、五、七の数

実は、この戸数の合計が、三、五、七になることは私もこの稿を起こす前から気がついていた。だが、『オリエンタリカ』という雑誌は非常に部数が少なかったらしく古書店でも容易に得られなかった。やっとその第二号を手に入れて、右の白鳥の論文を読んで、あっと思ったのである。専門でない私は参考論文に全部眼を通すわけにはゆかないのである。殊に古い学会雑誌となるとお手あげである。しかし、とにかく、私の考えが白鳥の論文と一致していることを発見していささかの自信を得た。

この戸数の奇数配置が、里数・日数にも適用されるのである。

『魏志』「倭人伝」は、距離の数字にも、あきらかに戸数と同じ作意をほどこしていると私は考えるのである。このことは、私の見た限りでは論文がないようだから、次に詳しく述べたい。

魏志の中の五行説

東夷伝の里数

『魏志』「倭人伝」の里数・日数を読むのに、参考になるのは同書三十巻「烏丸鮮卑東夷伝」記載の記事である。「倭人伝」はこの「東夷伝」中の倭人の条だから、他の烏丸、鮮卑や朝鮮の条と同じ筆法で書かれているのは勿論である。「倭人伝」だけが独立しているのではない。

また、以上の各条が「倭人伝」と同じく『魏略』を資料としているのは、原注に『魏略』の文章がはっきりと挿入されていることでも明らかである。

では、これら「東夷伝」で里数記事がどのように書かれているかを次に書き抜いてみる。

○烏丸。里数なし（烏桓とも書き、漢代遼河の上流地方によった東胡の一族。後漢のころ、しばしば中国に来攻したが、三世紀のはじめ、魏の曹操によって滅ぼされた）

○鮮卑。「魏略二日。兵馬甚だ盛にして、南は漢辺を鈔《かすめと》り、北は丁令をこばみ、東は夫余をしりぞけ、西は烏孫を撃ち、ことごとく匈奴の故地に拠る、東西万二千余里、南北七千余里」（蒙古種に属する遊牧民で、後漢のころ匈奴にかわって蒙古に覇をとなえ、二世紀の半ばには遼東から内外蒙古を含んだ大国となった）

○夫余。「長城の北にありて玄菟を去る千里。南は高句麗に、東は挹婁に、西は鮮卑に接す。北に弱水（松花江）ありて、方二千里可《ばかり》。戸八万」（満州の古代民族の名称で、ツングースの一種族）

○高句麗。「遼東の東千里にあり。南は朝鮮濊貊《わいばく》に、東は沃沮に、北は夫余に接す。方二千里可。戸三万」

○沃沮。「高句麗蓋馬大山の東にて、大海に浜してあり。その地形東北に狭く、西南に長く、千里可。北は挹婁夫余に、南は濊貊に接す。戸五千」

○挹婁。「夫余の東北千余里にありて大海に浜す。南は沃沮に接するも、その北はきわまる所を知らず」

○濊。「北は高句麗、沃沮に接し、東は大海にきわまる。今朝鮮の東は皆その地なり。戸二万」（里数なし）

○韓。「帯方の南にありて、東西海を以て限となす。方四千里可。三種ありて、一を馬韓といい、二を辰韓といい、三を弁韓という。辰韓は古の辰国なり」（三韓の各条には、里数なし）

「烏丸鮮卑東夷伝」の記述をみても、以上の国々に魏人または帯方郡の役人が実際に行っていないことがわかる。記事は風聞による政治と風俗だけである。

里数の記載も「玄菟を去る千里」「方二千里可」「遼東の東千里」「方二千里可」「西南に長く、千里可」「夫余の東北千余里」というように、いずれも二千里、千里単位の同数である。これがいいかげんな数字だとはすぐに気がつく。

倭人伝の里数

そのことは『魏志』「倭人伝」が、狗邪韓国から対馬国まで、対馬国から一支国まで、一支国から末盧国までのそれぞれの距離をすべて「千余里」で片づけたと同じ筆法である。

現実の地形をみても、狗邪韓国にあたる現在の釜山から対馬までの距離と、壱岐・松浦半島北岸の距離とは同じではない。対馬から壱岐までの海上距離は、釜山・対馬間のほぼ三分の二だが、壱岐と唐津間は釜山・対馬間の半分もない。『魏志』「倭人伝」がこれを均等の千里で表わしたのは、現実から遥かにはなれている。現在の実測によると、釜山から対馬の厳原までが約七十浬、厳原から壱岐の郷之浦までが約四十三浬、郷之浦から唐津までが約三十浬である（海上保安庁調べ）。

こうみると、「東夷伝」記載の里数も虚数なら「倭人伝」の里数も虚数だと私は思うのである。

ただ、「倭人伝」の場合、魏使は実際にこのコースを通って伊都国から奴国附近までは行っている。その記載には風聞によらない旅行者の眼で見た写実性がある。これは「東夷伝」の他のところにはないものだ。だからといって、「倭人伝」の里数が信用できるわけではない。

それは、末盧国・伊都国間の五百里、伊都国・奴国の百里、奴国・不弥国の百里という数字が同じく非現実を表わしていることで知られる。唐津（末盧国）・前原（伊都国）間は、前原・博多附近（奴国）間の五倍となっている。しかし、実際の地形では、この二つの区間はそれほどには違わないのである。唐津附近（井上光貞は弥生式遺跡の顕著な唐津市桜馬場を末盧国に当てる）から前原までは約三十キロ、前原から博多の南方（井上は須玖遺跡のある春日町附近に奴国を当てる）までは約三十キロで、ほとんど両者は同じで、これを五対一とした里数がいかに虚妄かということがわかろう。

これに反論する者は、あるいはいうかもしれない。当時の道路は現代と違っていたろうし、また条件も、「行くに前人を見ず」というくらい樹木が繁茂し、山地は紆余曲折していたであろうから、そこを歩いた中国人にはそう感じたのであろうと。

しかし、道路がいくら屈曲していたとしても、この五百里、百里、千里という比例はとうてい考えられない。伊都国・奴国と同距離とされている奴国と不弥国の間を考えてみても、不弥国が通説のように現在の福岡県宇美町だとすると、奴国の春日町からは十キロにも足りない。現実による各地点間の距離のアンバランスはかくの如くである。

では、何故に中国人はこのような現実に合わない数字を配したのだろうか。魏使は、経験した距離を洛陽に帰って報告したかもしれないが、陳寿がそれを勝手に歪めてこの数字に変えたと思うのである。

ところで、以上の里数をみて誰もが気がつくのは、百里、五百里、千里というように明快に割り切った数で表わされていることだ。もっとも、それぞれの里数には可とか余とかついているが、これは約という意味だから問題にはならない。

牧健二の解釈

たまたま、この稿を書いているときに、歴史学者による邪馬台国のシンポジウムが行なわれ、その各学説が『シンポジウム邪馬台国』（石井良助・井上光貞編）となった。その中で法学博士牧健二はいっている。『魏志』「倭人伝」は『前漢書』の書例に倣って陳寿が書いた（陳寿のあとがき）のであるから、『魏志』「倭人伝」を『前漢書』を参照して解釈すべきだと（「前漢書の書例に拠って解釈された邪馬台国・女王国・倭・倭国」）。

たとえば、少々専門的な紹介になって恐縮だが、伊都国から邪馬台国までのことを、牧はこういうふうに書いている。

《伊都国から邪馬台国まで。「東南、奴国に至る、百里。云々。東行、不弥国に至る、百里。云云。南、投馬国に至る、水行二十日。云々。南、邪馬壱（台）国に至る、水行十日陸行一月。云云」については、これに一致した両地間の方角と距離との記載様式が、前漢書西域伝に載せられた五十三の各国において見られる。例えば「大宛国。王は貴山城に治む。長安を去る、万二千五百五十里。云々。東、都護治所に至る、四千三百三十一里。北、康居の卑闐城に至る、千五百一十里。西南、大月氏に至る、六百九十里。北、康居と南、大月氏と接す」であるが、これは大宛国即ち大宛国王の国都貴山城から、漢の国都長安を初めとして西域都護の治所及び各国に至る方角と距離とを示す表である。各国への距離はその国の国都までの距離であり、国と国とが相接する場合はいうまでもなく国境の隣接である。然るに前掲の伊都国以後の行路記事なるものは、この大宛国の実例と全く同一の書き方である。前掲の倭人伝の「東南、奴国に至る、百里」以下の文の初に「伊都国」の名をおくならば、この大宛国の場合と同一の文体になり、それらは伊都国を起点にして各国に至る方角と距離とを示す記事になってくる。伊都国以前と同一の連続的進行的記事でないことは明白である》

そして、『前漢書』が右のように里数を何百何十何里というところまで詳しく具体的に記しているのに比べ、『魏志』「倭人伝」では百里、五百里、千余里というように百里台で大まかに区切っているのは、『前漢書』のそれは「詳実」（詳細）な記載法によったからであり、『魏志』「倭人伝」のそれは「略載」によったからであると、牧は『前漢書』「西域伝」の条文を引用して述べている。

たしかに牧の説は聞くべきところもある。だが、『前漢書』の「詳実」という事例に照応して『魏志』「倭人伝」の戸数と距離とが「略載」されたとはどうしても私には思えない。牧が根拠としている「女王国より以北、其の戸数・道里は略載す可きも、其の余の旁国は遠絶にして得て詳かにす可からず」の「略載」の意味は、女王国より以北の国々に限定して述べたもので、牧のいうように『魏志』「倭人伝」の記載そのものが『前漢書』の「詳実」に対応しているのではない。

とはいえ、『前漢書』の書例を重視したのは牧説の卓見である。「略載」の点では同意しかねるが、他は賛成である。それはあとでふれる。

牧説は「西域伝」の記事が貴山城を中心に各方面の方角と距離とを書いているから、『魏志』「倭人伝」もその通り放射線型に読むべきだというが、「西域伝」は貴山城から各地をさして、「北」「東」「西南」「南」というように四方に方角を明記している。『魏志』「倭人伝」は伊都国からは「投馬国」も「邪馬台国」もすべて「南」である。そして、前原附近から山門郡は「南」だが、宮崎県の妻は「東南」であり、山門郡と妻とは、はるかに方角が開いている。

現在の里数

牧説では、後漢時代も歩行は一日五十里だったことが『唐六典』によっても知られるので、魏のころも一日の歩行五十里だったことがわかるとある。すると『魏志』「倭人伝」では末盧国から伊都国までは五百里であるから、これを日数にすると十日を要したことになる。現在の唐津附近から前原附近まで歩いて十日も要したというのは、いくら当時の屈曲した道に従ったといっても、とうてい考えられない。まず、二日か三日くらいだろう。この五百里は虚数なのである。

また、歩行十日が五百里なら、二十日だと千里である。水行二十日は陸上より長距離を行き得たであろうから、かりに三千里としてもいい。海上三千里といえば、『魏志』「倭人伝」の狗邪韓国から末盧国の間である。牧説では、投馬国を日向の妻町に比定しているから、伊都国から投馬国(放射線型の読解)までの水行二十日は、釜山より唐津までの距離、すなわち現実の約百四十哩とほぼ等しくなければならないのに、伊都・妻間は釜山・名護屋間よりずっと遠いのである。すなわち、福岡県深江より宮崎県妻町までは北九州の北岸に沿って東に向い、関門海峡を通過して南下し、国東半島の沖を回り、豊後水道を通って日向灘をさらに南に下らなければならないのである。九州の地図をひろげてみれば、この比較は一目瞭然だが、前原附近の海岸から東回りで日向の妻までは約二百四十哩(海上保安庁調べ）である。

もっとも、これは三千里を二十日で航行したという仮定だが、三千里も行けなかったとすれば、ますます現実に合わなくなる。当時の舟の航行では沿岸の寄港が多かったに違いないからだ。

また、前にも述べたように、榎・牧説の放射線型の読み方に従っても、『魏志』「倭人伝」がさして重要でもないかかる遠隔地の投馬国の記事を、主要な邪馬台国の旅程記事の前になぜ置いたか、その理由に苦しむであろう。

日数の問題

『魏志』「倭人伝」所載の里数がこのようにアテにならないとすれば、日数はさらに架空に近いことになる。

通説では魏使は伊都国に留まってそこから外に出なかったとされているが、百里の距離で表わされている奴国までは足を伸ばしたと思う。というのは、奴国は知られている通り、前漢から金印をもらっている国である。事実、「漢委奴国王印」の金印が奴国の所領であったと思われる志賀島から出土している。思うに、奴国は前漢時代から中国に知られた国であり、貿易国であったから、魏使もそこまでは行ってみたと思うのである。伊都国からは近いのだ。

しかし、魏使の経験した里数がその帰国後に報告されたとしても、陳寿がそのままを『魏志』「倭人伝」に載せたとは思えない。そこには編者としての彼の特殊な造作があったのである。

もっとも、『魏志』「倭人伝」の資料となった『魏略』には、伊都国・奴国の百里も伊都国・不弥国の百里もその記載はない。これは陳寿の作意である。里数にしてすでに然り。いわんや日数においてをやである。

普通、不弥国以遠の各国までの距離を日数で表わしたのは、当時の倭人は里数の知識がなく、距離を表わすのに、ある土地から別の土地に行くまでは何日かかるという言い方をしたので、魏使はその聞いた通りの日数で表わしたというのが通説になっている。

魏使が踏破した里数でさえ前記のように現実から離れているとすれば、日数はさらに現実離れがしていることになる。

これを榎式の放射線型で読んでも、投馬国の個所で指摘したような不合理が出るが、さらに同じ読み方で、伊都国より邪馬台国までの「水行十日、陸行一月」となると、どのように解釈したらよかろうか。

水行の謎

厄介なのはこの水行である。投馬国を宮崎県とすれば、北九州と東九州の沿岸を航行することではまず辻褄が合うが、伊都国から邪馬台国までの水行を現実の地形でどこに求めるべきか。

その解釈に苦しんだ末が、すでに紹介したように、伊都国から佐賀、長崎両県の北岸を舟で行き、西彼杵半島を迂回し、有明海に入って筑後川の河口に至ったという説になる。しかし、その大迂回の不合理なことは前述の通りだ。魏使が帯方郡より舟できたから舟で行かなければならないという理由は全く弱い。

このコースだと実際には約二百哩もある（海上保安庁調べ）から、伊都国から投馬国までの海上二百四十哩とあまり違わない。それなのに、一方が水行二十日で一方が水行十日というのは理屈に合わない。

第一、このコースでは伊都から投馬までは海岸を一旦東に行き、それから南下するから、「海岸を循《めぐ》りて水行し、あるいは東し、あるいは南し」と書くはずである。また、伊都国から長崎半島回りで筑後川河口までの邪馬台国コースなら、「あるいは西し、あるいは南し」と書いてなければならない。なぜなら、『魏志』「倭人伝」では帯方郡から狗邪韓国に至るまでを、「海岸を循りて水行し、韓国を歴《へ》て、乍《あるい》は南し乍は東し、其の北岸に到る」と出ているから、その書法にならうはずだからである。事実、末盧から不弥国までの短距離ですら「東南陸行五百里」「東南至奴国百里」「東行至不弥国百里」というように、方向のニュアンスが示されている。それが以上二つのコースの長距離水行に出ないわけはない。

原文に「南、南――」とあるのは、伊都国中心に、東、西二つとも航行がなかったことであり、ひたすら南への指向があったのみである。

また九州説で直線式に理解する論者は、不弥国より投馬国（この場合は福岡県八女市附近）までの水行二十日は筑後川を舟で下ったのだろうという。

この説に従えば、ある学者は当時の筑後川は現在より水量が豊富であったから舟行によったのだろうという。しかし、『魏志』「倭人伝」における水行とは海上の航行のことをいっているのである。「海岸を循りて水行し」とあるように海路を意味している。もし、これが川を舟行するのだったら、『魏志』「倭人伝」ははっきりと川の意を表わしただろう。『魏志』「東夷伝」夫余の条には「北に弱水有りて」と、現在の松花江が記載されている。牧説が引用した『前漢書』の書例にも、「川に沿うて行けば僅に六百八十余里なり」と川の字を用いている。それに、現在の宇美町に流れている川は筑後川の上流ではなく、これは博多湾に注いでいて逆な方向だ。三世紀のころもあまり変りはなかったろう。宇美町と筑後川の上流の間は山岳地帯で阻まれているのである。

しかし、これまで、いかに多くの学者がこの「水行」の文字に悩まされたか分らない。だが、これが畿内説には有利に働いて瀬戸内海航行説となったのである。そこで九州説は窮して長崎半島迂回や筑後川説を考え出した。これは無理である。

殊に、「水行十日、陸行一月」を原文通り直線的に読む九州説の学者は、その解釈に七転八倒する有様だ。そこで案出されたのが、本居宣長によって唱えられた一月を一日の誤りとする説だが、誤写というのはあくまでも想像であって、原文を勝手に変えるべきでないことは内藤湖南のいう通りである。

また、榎・牧説のように「水行ならば十日、陸行ならば一月」として放射線式に解釈しても、邪馬台国が現在の筑後平野にあるというのだから、これも伊都国から陸行して一月もかかる道理はない。このことは末盧国から伊都国までを五百里として、十日を要したというのと同様である。

その他の旁国

さて、私は『魏志』「倭人伝」の通りに、伊都国より邪馬台国までは、その中間に奴国→不弥国→投馬国の順があり、また、その他の旁国二十一ヵ国もその中間に存在していたと思うのである。原文をそのまま読んでゆけば、そう解釈するほかはない。

「女王国より以北、其の戸数・道里は略載す可きも、其の余の旁国は遠絶にして得て詳かにす可からず。次に斯馬国有り、次に巳百支国有り、次に……」

と列挙している二十一ヵ国の最南は「此れ女王の境界の尽くる所」である。

この意味は、伊都国→奴国→不弥国→投馬国→邪馬台国のコースがあって、以上の国は、主要道路の途上にある比較的大国であり、その他の旁国とは、不弥国より南水行二十日の投馬国と、投馬国より南水行十日、陸行一月の邪馬台国までの間、またはそのコースの周辺に在る国々のことである。ただ、以上の二十一ヵ国は重要でないから、国の名前だけ列挙したにすぎないのである。このことでは私に別の解釈があるので、あとを読んでもらいたい。

『シンポジウム邪馬台国』中の牧説は次のように述べている。

《女王国がまず今日の福岡県の南端にある山門郡の辺を中心にして筑後川流域と有明湾沿岸との諸国を包容していたことは疑があるまいと思う。殊に女王国より以北とよばれた地方に近い筑後川沿岸地方において、対蘇国は古の鳥栖郷即ち肥前の鳥栖市・弥奴《ミヌ》国は嶺《ミナ》県があった古の三根《ミネ》郡、支惟《キイ》国は古の基肄《キイ》郡があった基肄郡（この二郡は肥前の三養基《ミヤキ》郡の中になっている）の類である。躬臣《クシ》国は筑後川の上流で豊後の球珠《クス》郡であったであろう。首都があった邪馬台《ヤマト》国は八女川の下流を占め、上流には邪馬《ヤマ》国があったであろう。いまの八女郡の東北部に当たる。これらの地名は記紀・風土記・和名抄の古い地名に当てて考えたのであるが、筑後よりも肥前と肥後とにおいて比当されうる地名が多い。肥前ではなお、華奴蘇奴《カヌソヌ》国が肥前風土記の神崎郡・鬼《キ》国が同記及び和名抄の小城《ヲキ》郡・不呼《フコ》国が宇佐大鏡の伊福《イフク》村などに当てることができそうである。蘇奴《ソヌ》国がもし肥前の彼杵《ソノキ》郡にあたるとすれば女王国の西端の国であったであろう。伊都国から水行十日で邪馬台国に達した西海岸の航路にこのような国があってもよさそうに思える》（「前漢書の書例に拠って解釈された邪馬台国・女王国・倭・倭国」）

しかし、八女川の下流にあったという邪馬台国からみれば、豊後の球珠や宇佐の伊福村などは以北でなく以東であり、彼杵郡に比定した蘇奴国は以西に当る。これでは方角的に女王国より以北とは呼べないのである。牧説は女王国＝邪馬台国ではなく、女王国は末盧、伊都、奴、不弥、投馬を除いた諸国の連合体の総称であるという。邪馬台国は、その中の女王の都した首都という新解釈である。そして、女王国は山門郡のあたりを中心としたと考える。

その他の旁国の国名を現在の地名に比定するのは困難な作業だし、それにはあまり意味がないと私は思う。畿内説論者である内藤湖南が、これらの二十一ヵ国の地名を瀬戸内海沿岸に比定したのは、すでに紹介したが、牧説も発音上似た地名を『和名抄』に求めただけで、やはり語呂合わせにすぎないという感じをもつ。したがって牧説も前記以外の地名の比定をしていない。解釈のしようがないからだろう。

しかし、『魏志』「倭人伝」が無意味にこうした地名を書いたのではないことはうなずける。そのことについての私の考えはあとでふれよう。

なお、ここで読者の備忘のためにもう一度旁国二十一ヵ国の名を列挙しておく。

斯馬国。巳百支国。伊邪国。都支国。弥奴国。好古都国。不呼国。姐奴国。対蘇国。蘇奴国。呼邑国。華奴蘇奴国。鬼国。為吾国。鬼奴国。邪馬国。躬臣国。巴利国。支惟国。

烏奴国。奴国。

数字の作為

「東夷伝」の数字は里数に限らず、現実離れがしている。これは魏人が実数を摑み得なかっただけでなく、はじめから作為をほどこしているのだと私は考える。たとえば、『魏志』「倭人伝」の初めの「倭人は帯方の東南大海の中に在り、山島に依りて国邑を為《な》す。旧《もと》百余国。漢の時朝見する者有り、今、使訳通ずる所三十国」は、『前漢書』「地理志」の「楽浪の海中倭人有り、分れて百余国と為る。歳時を以って来り献見すと云う」の記事からとっているが、「百余国」というのは実数ではなく、「百」は「多数」という意味なのである。したがって、「倭人伝」の「景初三年に女王の使が洛陽に行き、銅鏡百枚をもらった」という記事の「百枚」もやはり「多数の鏡」という意味である。

この銅鏡百枚について、学者のなかには数が多すぎるとか誇張だとかいう説があるが、もともと「多数」という表現だから「百」にこだわることはない。卑弥呼の冢《つか》の径が百歩というのも、殉葬の奴婢百余人というのも同様で、多いというほどの意味である。

したがって、前漢時代の倭が百余国に分れていたというのは、当時、分立していた多数の国が朝見していたが、今ではそれが滅んだり統合されたりして三十国になったという意味である。

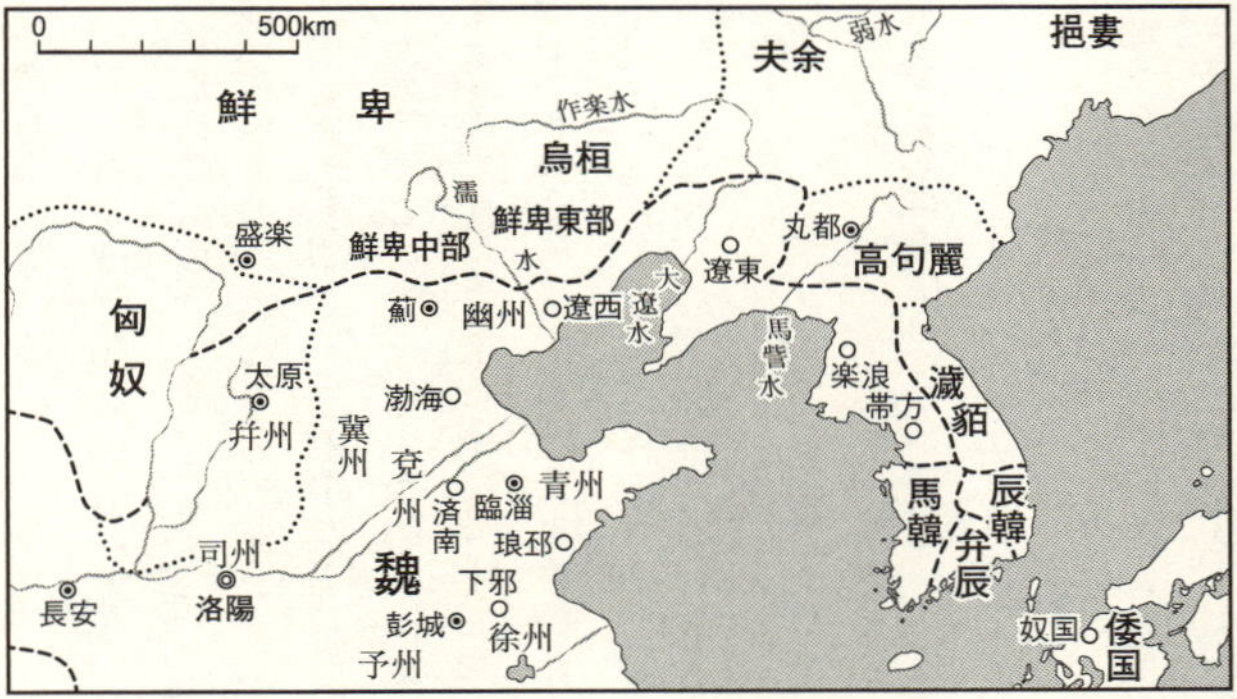

ところが、この「三十国」も頗る怪しい数字で、三十国もの王がみな洛陽に使を出していたとは考えられない。景初三年に天子に朝見した難升米等をこうした国々の「王の使者たち」と解釈する説もあるが、等という複数の意味は女王国の使者難升米とその随員たちのことだろう。「三十国」の数字にこだわって、等をその国々の王の使者群とする解釈はナンセンスである。この「三十国」はもちろん「百余国」に対する数で、多数と少数の比較表現なのである。字面からいっても、四、五ヵ国よりも三十国もの国が朝見したといえば、中国の天子には景気のいい話であろう。

この三十国も、奇数を尊重する中国人の好みによって三十を選んだのである。したがって、陳寿の頭には「三十国」という数字が初めからあった。その三十から狗邪韓国、対馬、一支、末盧、伊都、奴、不弥、投馬、邪馬台の九ヵ国を引いて、残り二十一ヵ国としたのであろう。その二十一を前記の「斯馬国」以下の旁国の名に当てはめたのだろう。

私の推定する陳寿の考えを図式にすれば、9国＋21国＝30国ではなく、30国−9国＝21国である。すなわち、九ヵ国に旁国二十一ヵ国を加えて三十国になるという考えは、陳寿のトリックにひっかかっているのである（右の九ヵ国中の狗邪韓国は、倭の勢力範囲にあったためにこれを倭の中に入れたので、このことは、諸説がほぼ一致している）。

いま、このことを「東夷伝」の辰韓の条に「始めに六国有り、稍分れて十二国と為る」とあるのが、弁辰の条で「十二国」が「弁辰韓合わせて二十四国」になったとの記載と照合してみよう。これまた、六国から十二国、十二国から二十四国というように、それぞれ倍数にしている。ここにも数字の作為があるのだ。辰韓と弁辰とがちょうど十二国ずつというのも妙だが、馬韓には五十余国あった。それに以上の二十四国を加えた七十余国にも、「倭人伝」のその他の旁国と同じようにもっともらしい名前がはめられている（後出参照）。

蔑視の国名

「東夷伝」も「倭人伝」も国名の付け方はほとんど同筆法である。すなわち、国名にはいずれも悪字が用いられている。これは中国人の中華思想によって、「東夷伝」の名が示す通り、その周囲の後進国蔑視の現われである。

「倭人伝」についてみると、「奴」とか「馬」とか「蘇」とか「邪」とかが使われている。

しかし、蔑視といっても無意味にこれらの名前をつけたのではない。そこにはおのずと理由もある。いま、その使用された文字の頻出度をみると次の通りとなる。

「奴」10、「馬」5、「支」4、「邪」4。

対馬、一支、末盧、伊都、奴、不弥、投馬、邪馬台は魏にも知られた国名で、だいたい倭の発音に似せてとったのである。だから、これらは実際の地名だったのであろう。そこで考えられるのは、当時の魏人には倭の国名に「奴」という字を使えば、極めて倭人的に聞えると思ったのであろう。つまり、「奴」国は前漢時代から朝見しているので最も倭的な国名だった。そこで、「奴」を他の国名にもつければ、いかにもそれらしく思われる。倭の事情をよく知らない陳寿が考えそうなことだろう。ちょうど、何々スキーとすればロシア人の名前らしく見えるのと同じである。

したがって、右の二十一ヵ国の中には「華奴蘇奴」や「蘇奴」のように重複した国名もあれば、二十一ヵ国の最後の「奴」のように、伊都国の次の奴国と同じ名前をつける芸のないやり方もしている。最後の奴国を重出とする三宅米吉のような誤った考えも出てくる。「馬」の字が「奴」に次いで多いのも、帯方郡にいちばん近い「対馬」から考えついたのであろう。「馬」は、中国人が蛮夷にトリやケモノの名をつけて蔑称したものの一つである。

もっとも、かくいうものの、魏使が倭人から聞いて、その発音を似せた現実の国名も少しは入っていたに違いない。だから、牧説の比定する国名もある。だが、それを全部の解釈に及ぼすとなると、「名だけしか知られない国の所在地をきめることは、ほとんど絶望的に困難」（井上光貞『日本古代国家の研究』）と学者が嘆く通りである。分らないのはあたりまえで、陳寿の創作になる国名が多いからである。

三韓の国名

こころみに「東夷伝」三韓の条をみると、次のような国名になっている。煩瑣をかえりみずに参考的に出してみる。

○馬韓＝牟水国。桑外国。小石索国。大石索国。優休牟涿国。臣濆活国。伯済国。速盧不斯国。日華国。古誕者国。古離国。怒藍国。月支国。咨離牟盧国。素謂乾国。古爰国。莫盧国。卑離国。古卑離国。臣釁国。支侵国。狗盧国。卑弥国。監奚卑離国。古蒲国。致利鞠国。冉路国。児林国。駟盧国。内卑離国。感奚国。万盧国。辟卑離国。白斯烏旦国。一離国。不弥国。支半国。狗素国。捷盧国。牟盧卑離国。臣蘇塗国。莫盧国。古臘国。臨素半国。臣雲新国。如来卑離国。楚山塗卑離国。一難国。狗奚国。不雲国。不斯濆邪国。爰池国。乾馬国。楚離国。

○弁辰＝巳柢国。不斯国。弁辰弥離弥凍国。弁辰接塗国。勤耆国。難弥離弥凍国。弁辰古資弥凍国。弁辰古淳是国。冉奚国。弁辰半路国。弁楽奴国。軍弥国。弁軍弥国。弁辰弥烏邪馬国。如湛国。弁辰甘路国。戸路国。州鮮国。馬延国。弁辰狗邪国。弁辰定漕馬国。弁辰安邪国。馬延国。弁辰瀆盧国。斯盧国。優由国。

これをみると、馬韓では「卑」と「離」が最も多く、「卑」9、「離」が12、「卑離」と二字連続が8となっている。弁辰では「弥」が多く、8となっている。つまり、これらの文字が陳寿には馬韓と辰韓の国名らしく映ったのだろう。今日、これらの国名の全部を現在地に探し当て得る学者はほとんどいない。「弁辰韓合わせて二十四国」というのに、右では二十六国となって数も合わない。前に述べたように、二十四国は十二国を倍にしただけの数なのである。その国名を書くとき、陳寿はうっかりそれを忘れて二国だけよけいに書いてしまったのかもしれない。また、傍点の名前は、「倭人伝」の国名と類似し、不弥国や奴国や邪馬国のついた字や、卑弥呼の卑弥の字もみえる。「莫盧国」が二つあるのは「奴国」の重複と同じである。もって陳寿の編纂の態度が知れよう。

戸数の五行説

数字の実態が右のようなものだとすると、「倭人伝」の「戸数」について白鳥庫吉が『オリエンタリカ』第二号に発表した「卑弥呼問題の解決（下）」の意見が私には大きな共感を呼ぶ。

白鳥によれば、対馬国から不弥国までの六ヵ国の戸数合計が三万になるので、投馬国五万戸、邪馬台国七万戸というふうに、三、五、七とつくり出した。このことは「奇数を特に好む支那人としては極めてあり得べき事情でなければならない」という。

中国において、三、五、七の数字が特に好まれるのは、前漢時代に興った陰陽《おんよう》五行説に基づいているのはいうまでもない。「倭人伝」の数字も陳寿によってこれが適用されたのであろう。

「倭人伝」に書かれた戸数では、どの学者も投馬国、邪馬台国のそれが誇張であると認めている。たとえば、橋本増吉は、もし、邪馬台国が畿内の大和なら、それは大化のころよりずっと狭小なる地区に限られていたと考えられるから、そこに四十二万人もの住民が存在していたと想像するのは「真に空中楼閣を画くものである」といっている。この場合、橋本は一戸当り約六人の家族として計算した（『東洋史上より観たる日本上古史研究』）。

さらに、橋本は、邪馬台国が福岡県山門郡あたりだとすると、坪井（正五郎）博士のいう、「三世紀の初めごろにはその平野は海の底にあった」という説を否定しつつも、なお、ここに七万戸もあったというのは不合理だと述べる。したがって、「『戸数だけから見ても、邪馬台の大きいことがわかる』から、『邪馬台といふ地名の似よつたものは、九州の内にもあるけれども、戸数を考へて見れば話にならない』ので、之れを『畿内ヤマトに比定しなければならない』といふ（畿内論者の）所説の如き、全く魏志の誇張されし戸数記事に誤られ」た「無意味の言説たるに過ぎない」と述べる。

では、橋本自身は、その誇張した戸数記事をどう解釈するか。

《だから、もしかの戸数記事に採るべき意味があるとすれば、大体の見当にて、伊都国よりも奴国が大きく、奴国よりも投馬国が更に大きく、投馬国よりも邪馬台国が一層大きかつたといふ、比較上の事実を示すものとして、多少の意味を有するだけに過ぎないのである》

私も橋本説を全面的に支持したい。全くその通りだったと思う。ただ、その戸数が「比較上の事実を示すもの」として三、五、七という数字で現われた理由は、前記の白鳥庫吉の考え方によって一層明確になったのである。つまり、抽象的な比較は、ここに中国の五行思想に基づいた数字によって象徴化されたといえよう。五行思想は、すでに前漢末に盛んとなり、これによって『書経』の五帝三皇説ができた、と市村瓚次郎は述べている（『東洋史統』巻二）。

白鳥の考えた戸数の三、五、七の配置は、私には卓見だと思われるのだが、これは、学界では一向に相手にされなかったという。理由は、その考えがあまりにも奇抜にすぎるからだという。そのため、この説を継承する者もなく、現在も発展していないということである。

しかし、これはおかしい。邪馬台国論争史をみると、ほとんどが大なり小なり「奇説」を提出している。これは「倭人伝」の記事をとうてい正統的には解釈できないからである。

殊に方向、距離に至っては、原文に引きずり回されてキリキリ舞いさせられながら、何とか自説に都合のよいような解読をしなければならない。すなわち、「奇抜」にならざるを得ないのである。私などからみると、南は東の誤写であったとか、一月は一日の書き間違いだとか、伊都国より邪馬台国までは原典通りに直接式に読むのでなく、放射線型に解釈すべきだという説のほうが、白鳥の三、五、七の奇数配置説よりももっと「奇抜」だと思われる。

里数の五行説

すでに戸数の記事が陰陽五行説の数字になっているなら、狗邪韓国から邪馬台国に至る里数と日数もそれに従って解釈できないことはない。いや、そう解読すべきだと私は思うのである。

だいたい、狗邪韓国から不弥国までの里数は五百里をもって基準としているように思われる。すなわち、末盧から伊都国までの五百里がその基準に従ったものであり、その距離をおよその目安として他の区間の長短を計っている。たとえば、狗邪韓国から対馬国までの千里は、だいたい、末盧・伊都間の五百里の倍と考えて千里としたようである。

したがって、対馬・一支間、一支・末盧間の各千里も同じ五百里をもってした基準である。もっとも、海上の千里の均等が実際の地形に合わないのは前述の通りだが、これは初めから実際の距離を表わすつもりはなく、五行思想に影響された陳寿の発想だったのであろう。

それで、伊都国・奴国間の百里は、末盧・伊都国間の距離よりも短いという意味でつけられたのであり、同様な理由で奴国・不弥国間の百里が表わされたのである。この里数も現実と離れた虚数であることは、これまた前記の通りだ。

「倭人伝」の数字の配置を見よう。

①帯方郡・狗邪韓国＝七千里

②狗邪韓国・対馬＝千里。対馬・一支＝千里。一支・末盧＝千里。――合計三千里

③末盧・伊都＝五百里。伊都・奴国＝百里。奴国・不弥国＝百里。――合計七百里

すなわち、ここに「五百里」を基準として三、七の数字を出しうるのである。百里を二つならべたのは意味があった。これは五百里に加えて七百里にするためだったのだ。『翰苑』の『魏略』逸文にも、帯方郡から狗邪韓国七千里、対馬国千里、一支国（千里）、末盧国千里、伊都国五百里となっている。もっとも括弧内と圏点の字は和田清・石原道博の岩波文庫版の補正、訂正に従ったが、おそらく原資料もその通りであったろう。

そうすると、これも、七、三、五という数字になっていて、魚豢もまた五行思想に支配されていたことが分る。魚豢も陳寿と同時代の人である。ただ、陳寿は魚豢の右の数字をもっと発展させて、伊都国以下の数字を造作したものである。

それでは、五百里をもって基準とした理由は何か。私は、それは中国上代にできた「五服・九服」の制度にみられる王畿を中心とした区域の距離五百里に拠ったのだと思う。『周礼《しゅらい》』（周の官制を記した書だが、漢の文帝のころに作られたものらしい）にも左の記事がある。

「すなわち九服の邦国を弁じて方千里を王畿という、その外方五百里を侯服という、又その外方五百里を甸服という、又その外方五百里を男服という、又その外方五百里を采服という、又その外方五百里を衛服という、又その外方五百里を蛮服という、又その外方五百里を夷服という、又その外方五百里を鎮服という、又その外方五石里を藩服という」

もちろん、これは現実ではなく、「漫然遠近による地方区別の名称と見做すのが適当であろう」という市村瓚次郎の説の通りである。これは「倭人伝」の旁国について、そのまま当てはまる。

五行思想は後漢から晉初までも旺んだったから、この「五百里」が魚豢や陳寿の観念に入りこんでいたのであろう。

すなわち、魏使が倭に上陸した第一歩は末盧だが、末盧・伊都国間を五百里としたのは、当時の伊都国を倭の「王畿」に準じてみたからではあるまいか。このことはあとでもふれたいと思うが、伊都国は「郡使の常に駐《とど》まる所」であり、事実上の倭の首都であった。ここに倭の官庁が存在していたと思われる。「邪馬台国」は「女王の都する所」ではあるが、単なる地方の卑弥呼の居住地にすぎなかったと魏人はみていたと考えられる。しかるに、「倭人伝」の「女王の都する所」という記事に諸学者が惑わされて、あたかも邪馬台国が行政首都のようにいうのは錯覚であろう。奴国は当時の貿易港で、商業の中心地であったに違いない。奴国が古くから朝鮮や中国と交易していたことは、漢の時代にもらった志賀島出土の金印がそれを証明している。

それはともかく、在来の学者のほとんどが、魏使は伊都国に駐まって、それから以遠は実際に行っていないと述べている。特に九州説ではこれが定説となっている。すなわち、魏使は、伊都国以遠の距離については、当時の倭人から聞いたのを書きとめたのであり、その倭人は里数の知識がなかったから日数で答えたという。

しかし、それでは、伊都国より奴国、不弥国の各区域がそれぞれ百里という里数で表わされているのはどう解釈するのだろうか。実際に魏使が不弥国まで行っていなかったなら、投馬国や邪馬台国までを日数で表わしたように、そこも日数で出ていなければならない。こういう疑問にふれた学説は一つもない。おそらく、自説に都合が悪いからであろう。これは前記のように、七百里を打ち出すための数字の操作だったのである。

日数の五行説

では、いよいよ難問の「日数」だが、これも同様な観点から解釈するなら分りやすい。

不弥国から投馬国までは水行二十日だ。さらに南へ水行十日、陸行一月で邪馬台国に至るとある。これも虚妄の数字で、目的地の地名は日数と切りはなしていい。そうして水行のみを見れば、「二十日」と「十日」は「三十日」であり、陸行一月は「三十日」である。陳寿は、まさに陸行と水行とを「三十日」「三十日」と同数で対置させたのである。

以上のように解釈するなら、これまでの諸学説の論議がいかに「倭人伝」の虚妄の数字を抱いて苦悩してきたか、その愚かさに呆然となるに違いない。群盲象を撫でるという言葉があるが、陳寿の造作にふり回されてそれぞれが倭の自由画を描いていたにすぎない。

しかし、この拙文をよまれた読者は、あまりに私の簡単明瞭な割切り方に失笑されるかもしれない。専門の学者からは嘲笑されるかもしれない。だが、学問上の疑問の追求の結果が何も厳粛な真理に到達するとは限らない。殊に、「倭人伝」は三世紀前半の、日本のことに暗い中国人が知識不十分な使者の見聞に基づいて、一応地理書の体裁を整えて編纂したものだ。その地理書の体裁を具備するかの如き見せかけのために、編者が使者の報告の不明な個所、曖昧な個所を勝手な主観や空想で埋めて「東夷・倭」の地理書を完成したことは極めて自然に考えられることである。

私は『魏志』「倭人伝」を、客観的資料として、現在学者間に評価されているほど高くは買えないのである。中国人の見聞が部分的に真相を伝えているのは貴重だし、のちの『記・紀』『風土記』のような天皇家の権力に影響されない三世紀の外国文献として、それが唯一であることから評価されるのは当然であるが、そのために、いつの間にか過当な評価が『魏志』「倭人伝」に積み上げられた憾みがある。

たった一つしかないことは、比較のしようがないということである。これは危険である。史学者は日本人の書いた少ない文献資料については頗る用心深いが、こと『魏志』「倭人伝」に関しては警戒心が甘いようである。いつの間にかこれに対して信仰のようなものができあがっているような気さえする。たった一つしかない、他と比較のしようのない資料に対しては、どんなに警戒してかかっても、警戒し過ぎるということはない。私は三世紀の末にこれを書いた陳寿という一人の中国歴史家の観念をこそ凝視しなければならないと思う。

さて、右の私の考えをもう少し掘り下げてみよう。

私説の掘り下げ

魏使（又は帯方郡の使）が伊都国まででとどまり、奴国以下邪馬台国までには行かなかったことは、多くの学者の意見の一致するところである。もっとも津田左右吉のように邪馬台国まで行ったであろうと推定する学者もあるけれど、行かなかったというのが正しいと思われる。私もそう考えている。なぜなら、彼らが実際に歩いたら伊都国までのように里数で表わしたであろうし、水行二十日もかかる投馬国や、水行十日・陸行一月（たとえ榎・牧説のように放射型に解釈しても）もかかる邪馬台国までの旅行見聞が何一つないからである。

これを対馬、一支、末盧における島の風俗叙景と比較すれば一目で分る。しかも、伊都国→投馬国水行二十日の榎説を採用したとしても、これだけの長途の海上旅行に全く寄港しなかったということは考えられない。津田も同じ疑問を出している（「邪馬台国の位置について」『オリエンタリカ』第一号）。このことは同じく榎説の伊都国―（長崎半島迂回）―邪馬台国についてもいえる。未踏の水行・陸行である。

それから邪馬台国の卑弥呼の宮殿描写が甚だ怪しい。「宮室、楼観、城柵厳かに設け、常に人有り、兵を持して守衛す」という文章からくる幻像は中国の王宮である。実見に基づいたとは思われない。これは陳寿が空想を中国の王宮に形を求めた表現である。なお、陳寿の表現方法については、あとで詳しくふれたいから、ここではこの程度でやめる。

魏使は投馬国や邪馬台国に行かなかった。折角、倭の女王に使いしてきながら、なぜ女王の都するところまで行かなかったのか。いろいろの理由をあげる学者もあるが（魏が倭を侵攻しないための予防論、魏使が遠方に使したことをいいたいための強調説）、とにかく、行かなかった。陳寿は不弥国以遠は伊都国より随分遠隔の土地のように造作した。これは畿内論者を除けば、また九州説の放射線式論者を別にすれば、賛成するところだ。そこで陳寿は不弥国から投馬、邪馬台国の間に空想の「水行」を二度も挿入した。それは海でも川でもかまわなかったのだろう。原文通り、直線式に読むと、筑後平野に至るまでそんな海、川はありはしないからである。

この二回の「水行」が、畿内説では瀬戸内海の鞆（備後の鞆ノ津、山陰回り説では出雲）の寄港となり、九州説では冨来説の門司の早鞆になる。榎・牧説では、伊都国から投馬の宮崎県妻まで二十日間は寄港地なし、長崎半島迂回の十日間も同断。以上、いずれも陳寿の設定した「水行」の虚構を信じての苦心の学説である。

陳寿が五行思想によって、倭の戸数、里数、日数を設定したというのが私の考えなのだが、その資料となった『魏略』にはそんなものはなかっただろう。その証拠に、『翰苑』の『魏略』逸文には伊都国の戸数を「戸万余」としている。しかるに陳寿はこれを「一千余戸」とした。私は一万余戸が実数に近いものだと思う。郡使が往来して駐在し、諸国を検察する「一大率」がいる政治都市の伊都国が、一支国（壱岐）の戸数の三分の一だったとは考えられないからである。しかし、陳寿が一万余戸を一千余戸に「誤写」したとは思われない。伊都国は重要な土地だから、彼も念を入れて資料の戸数を見たであろうからだ。

しかし、ここを『魏略』の通りに「一万余戸」とすれば、前述の如く、狗邪韓国から不弥国までが合計「三万戸」にならなくなる。三万九千戸になってしまう。すなわち、三万、五万、七万という五行思想の数字につくるためには、伊都国の一万を一千に改めなければならなかった。陳寿の誤写ではなく、彼の改竄である。

同様のことは里数についてもいえる。通説のように魏使が伊都国以遠には行ってないとすると、これは投馬国や邪馬台国の場合と同じく、魏人は倭人から行程を日数で聞いたのであるから、奴国も不弥国も日数で聞いているはずである。ところが、伊都・奴の間は百里、不弥の間も百里と里数で表わしている。これは不合理ではないか。行かなかったのならなぜ日数で表示しないのか。

これについて榎説は、「不弥国・奴国に至る百里は魏使の実査した所といふよりは、寧ろ倭人から聞いた日数（恐らくは二日）を里数に換算したものであらう」（榎「邪馬台国の方位について」『オリエンタリカ』第一号）という。

ふしぎな説である。陸行の日数が一日五十里と分っているなら、なぜ、伊都国・邪馬台国の陸行一月も、陳寿はこの流儀でズバリと千五百里として書かなかったのであろうか。

しかも、榎説は『魏志』「倭人伝」に郡より倭までの距離が「万二千里」と書かれてあるので、郡より狗邪韓国の七千里、対馬までの千里、一支国までの千里、末盧までの千里、伊都国までの五百里を合算すると（放射線式だから、不弥国、投馬国は入ってない）一万五百里になる。これに邪馬台国までの陸行一月の里数換算千五百里を加えると、まさに一万二千里となって、原文との帳ジリが合うといっている（前掲書。榎『邪馬台国』）。

では、陳寿はなぜ陸行一月などと持ってまわった日数を書き、陸行千五百里と換算して書かなかったのか。水行の場合と違い、倭人から聞いた日数で里数が容易に魏人に換算できたのなら、苦労はいらなかったはずだからである。げんに、帯方郡から倭（榎説では邪馬台国）までは「万二千余里」と原文に出ているではないか。榎は陸行千五百里を合計して一万二千余里となるといっているではないか。

陳寿は、不弥国から以遠邪馬台国までを里数で表示できなかったのである。そうしなければ水行三十日（二十日＋十日）・陸行三十日の数字が崩れてしまうからだ。また、末踏査の伊都・奴・不弥間を「恐らくは二日」（榎の推理）ずつ要したのも、日数では書けなかったのである。

ここはどうしても合計二百里と里数で出し、末盧から伊都までの五百里を加えなければ、前記のように七百里とならず、それに末盧・伊都の単独五百里という数字、または、倭の「周旋五千余里」、それに帯方郡・狗邪韓国の七千里、狗邪韓国・末盧までの三千里という、三、五、七の数字ずくめにはならないのである。

万二千里の虚数

だいたい、帯方郡から倭までの「万二千余里」という数字もいい加減なものだと私は思う。

はじめに書抜きしたように、『魏志』「鮮卑伝」のところでは「東西万二千余里」となっている。これは『魏略』の引用文にあるから、魚豢が書いたものだ。また牧説が引用した

『前漢書』「西域伝」の「大宛国。王は貴山城に治む。長安を去る万二千五百五十里」とあるのも、五百五十里という端数を書き換えると「万二千余里」となる。

いま、『前漢書』「西域伝」についてみると、「万二千里」の数は貴山城のほかにも出てくる。

○「烏弋山離国。長安を去る万二千二百里。都護に属さず」

○「安息国。王は番兜城に治む。長安を去る万一千六百里。都護に属さず」

○「大月氏国。王は監氏城に治む。長安を去る万一千六百里。都護に属さず」

○「康居国。長安を去る万二千三百里。都護に属さず」

いずれも端数を四捨五入すると「万二千里」である。そして、どれもが都護（前漢以後、唐代にかけて辺境諸蕃の慰撫征討を掌った官）に属さない僻遠の蛮地である。端数の里数があるので測定でもしているようにみえるが、粉飾であることはいうまでもない。つまり、「万二千里」という数は、首都より雲烟の彼方にある蛮地の距離を表現する事例なのである。

なお、これらの国々はいずれも中央アジアにある。大宛国はタクラマカン砂漠の西にあり、康居国はさらにその北に当る。烏弋山離国は西パキスタンの地に当り、大月氏国はアフガニスタンにほぼ当り、安息国はイランの地に当るといわれている。まさに長安からは雲烟の彼方である。

魚豢・陳寿は、『前漢書』のこの書例を踏み、帯方郡より遥かなる女王国までを「万二千余里」で表現したのである。それを榎・牧説が「都より伊都国までの一万五百里に、陸行一ヵ月の換算里数千五百里を加えて一万二千里」としたのは、その苦心は分るとしても、その合計数字は偶然であり、虚数に虚数を加えた蜃気楼的タシ算というほかはない。

以上のように解釈してみると、『魏志』「倭人伝」の里数、日数はまことにナンセンスなものである。

卑弥呼とはだれか

邪馬台国はどこか

「邪馬台国」という国名は『魏志』「倭人伝」にたった一ヵ所しか出ていない。すなわち投馬国を挙げた次に「南、邪馬台国に至る、女王の都する所、水行十日陸行一月」のくだりである。あとは「女王国」や「倭」が頻繁に出てくる。

この「女王国」が邪馬台国そのものの代名詞なのか、それとも女王の統属する国々の連合体を指しているのかは学説の分れるところだが、私は後者の意に解したい。邪馬台国は女王の都する一地方だと思うのである。この「都する」という文字が問題なのだ。

女王国がもし邪馬台国の代名詞なら、もっと邪馬台国の文字が『魏志』「倭人伝」の中に使用されていていいはずである。これが投馬国や不弥国なみに一ヵ所しか出されていないのは、やはり地方名であるからだろう。

ところが、『魏志』「倭人伝」が卑弥呼を「女王」と記し、北九州諸国の連合体を「女王国」と呼んだところに、邪馬台国の解釈の混乱が起こったと思われる。「女王国」の範囲や、ひいては難問の「一大率」を解釈するには、まず「卑弥呼」の正体を考えなければならない。

『魏志』「倭人伝」における卑弥呼の記事は次の通りである。

「其の国、本《もと》亦男子を以って王と為《な》し、住《とど》まること七、八十年。倭国乱れ、相攻伐すること歴年、乃ち共に一女子を立てて王と為す。名づけて卑弥呼と曰う。鬼道に事《つか》え、能《よ》く衆を惑わす。年已《すで》に長大なるも、夫壻《せい》無く、男弟有り、佐《たす》けて国を治む。……」

「其の国」とは邪馬台国を指すというのが通説のようだが、私は女王国という連合体の総称だと思う。共に一女子を立てて王としたというのは、連合体の「国」のことで、はじめは男王だったから、「男王国」だったのである。その男王の時代に「倭国」に戦闘が起こって攻防数年、女王が出現したというのだ。ただし、この「女王」の意味はあとで述べる。

この点は「狗奴国」も同じで、「狗奴国」も南九州にさまざまな小さな「国」をもつ連合体であったろう。『魏志』「倭人伝」は狗奴国の構成に全くふれてないのだが、やはり、多くの小国に分れていて、その連合体の宗主が男王「卑弥弓呼」だったのであろう。

なお、右の文中「住七八十年」は、これまでの通説に従って、「住《とど》まること七、八十年」と読み下したが、この「住」は「これよりさき」の意に読むべきだという東大教授井上光貞の説（「邪馬台国の政治構造」『シンポジウム邪馬台国』）がある。すなわち『後漢書』にある後漢の桓帝（一四七―一六七）から霊帝（一六八―一八二）の間、倭国が大いに乱れたという記事と一致するからだという。

この大乱を北九州圏内、すなわち、のちの女王国内の出来事のように説く人もあるが、「倭国」と明記しているように、これは九州全体の中に起こった争いを指しているので、私は北九州勢力と南九州勢力との抗争と思う。

この戦闘は長い間に亙ったが、その間に当時の北九州勢力の宗主だった男王が死んだ。病死か戦死かは分らないが、とにかく「狗奴国」を退けたが、男王が亡くなっていた。そこで、連合体国の各首長は協議して一女子を立てた。そう考えなければ「共に一女子を立てて」の字義が生きてこない。邪馬台国の人民が卑弥呼を共立したとは考えられない。

では、男王に代って一女子を「王」にしなければならなかった理由は何なのか。

一つには、前の男王を継ぐだけの人物が男子にいなかったからだろう。強敵狗奴国はいつ再び侵略してくるか分らないので、この強敵国に当るにはよほどの人物でなければならない。万人の推す男王はいなかった。候補者はあっただろうが、いずれもドン栗の背くらべで傑出した者はなかった。無理をすれば勢力争いとなって、それこそ内乱が起きそうである。そこで「鬼道に事える」ことを能くした邪馬台国の一女子がかつがれたのであろう。「王と為《な》す」という表現が中国式なので誤解を生じるが、この王は、われわれの観念にある「王」ではなく、いわば連合体の宗主という意味であったと思う。但し、卑弥呼の場合はもっと特殊な説明を要するので、あとで書く。

朝鮮の鬼神

卑弥呼は鬼道に事える女だが、これがシャーマニズムであることはいうまでもない。ところがこの鬼道は当時の朝鮮にもあった。倭の女王国だけ切りはなさず、朝鮮と比較して見なければならない。同じく『魏志』の「東夷伝」から関係記事を抜いてみよう。

○烏丸。「鬼神を敬い、天地日月星辰山川を祠《まつ》る」（『魏略』所引）
○夫余。「正月、天を祭り、国中大いに会し、連日飲食歌舞す、名づけて迎鼓という」
○高句麗。「居る所の左右に大屋《たいおく》を立て、鬼神を祭る。又、霊星社稷《しゃしょく》を祀る」
○涓奴。「十月に天を祭り、国中大いに会す、名づけて東盟という。その国の東に大穴有り、隧穴《すいけつ》と名づく。十月、国中大いに会して隧神を迎う」
○濊《わい》。「常に十月節を用いて天を祭る。昼夜飲食歌舞、これを名づけて舞天となす」
○馬韓。「鬼神を信ず。国邑各一人を立て、天神を祭らしむ。これを名づけて天君という。又、諸国各別邑あり、これを名づけて蘇塗という。大木に鈴鼓を懸け、鬼神に事う」

以上を見れば、『魏志』に書かれた朝鮮各地に「鬼神」を祀る風習があり、十月に祭があって人々が集って飲食歌舞をしていたことが分る。ついでにいえば「鬼神」といっても「鬼」のことではない。不可思議な力のあるものを総称して「鬼神」といった。厳密にいえば鬼は陰性で主として地に潜むもの、神は陽性で天上にあるもの。祈禱の対象が神で、災いをはらう対象が鬼である。十月に祭があるのは穀類の収穫を祝うのであり、天を祭るのはこの収穫を得たことへの感謝であろう。そうすると、これは稲作が部落集団単位に行なわれた時代で、国も同様な稲作条件の状態であったと思われる。十月の収穫期に人々が集って祝うのは、たとえば後世のわが国の新嘗祭を想わせるものがあるし、人々が大いに会して飲食歌舞するのは、『記・紀』に伝える天安河原で神々が集う天岩戸の場面が連想される。

この朝鮮の「鬼神」とは、天であり、細分すれば、日月星辰風雨であった。その人智不可解な支配力に彼らはSpirit（霊魂）を認め、それへの尊敬と畏怖とを覚えた。こうした天を祭る習俗は北方からシベリア、蒙古、満州、朝鮮、日本に入ってきたのだろう。このルートは、ウラル・アルタイ系のツングース語文法の道と一致する。朝鮮語、日本語はいうまでもなく、主語・述語・助詞がタレ流しの順となっていて、ヨーロッパ語の文法に属する中国語は全くこれとは別である。ウラル・アルタイ語とこの原始宗教とは同伴した。

この時代の朝鮮に「鬼神」を祭る巫《みこ》のような者がいたらしいことは、前記馬韓の条に、「国邑各一人を立て、天神を祭らしめ、その者を天君とよんだ」とあるのでも分る。馬韓が国邑に一人を立ててその祭司に当らせ、天君といったというのは、邪馬台の「卑弥呼」を考える上で甚だ示唆的である。馬韓のそれが女（漢字の巫）か男（漢字の覡）かは分らないが、おそらく女だったのだろう。こうした神秘的原始宗教に仕えるものは精神錯乱的な性格を必要とするからである。そして、この「鬼神に事える」者はおそらくは専従化された存在だったと思われる。それは馬韓では各国邑に一人を立てたということでもうかがえる。

中国でいう「鬼」とは「人死せば鬼という」とあるように、人の幽霊、すなわちデモンを指すが、朝鮮の鬼神は右に述べた意味である。

――シャーマニズムの宗教的特徴は、シャーマンが平常と異なる精神状態となって神霊と直接交通し、いわゆる神がかりとなって神霊界に接近するところにあり、原始的神秘主義である。

シャーマンの性向としては、神経質で感受性が強く、夢見がちであり、癲癇性をもつなど、一種の精神病を基礎とする巫病がみられる。シベリア諸族のシャーマニズムの研究をしたG・ニオランジェによると、この巫病は苦しい病的な心身の悩みを受けるもので、しばしば食欲を全く欠き、人を遠ざけ、神経過敏となり、山野河辺に走り出て、時としては雪中に眠り、神霊と神秘な会話をなすという。

アルタイ族では、シャーマンの能力は生得的であると考えられ、しばしば精神錯乱に陥る少年少女は将来シャーマンとなる運命を理解しはじめる。巫病にかかった者は教育のために先任シャーマンのところに送られるが、それまで身体をしばって巫病の苦痛にたえるという。

朝鮮ではシャーマンになるには幼少のころ一種の精神病にかかることからはじまる。早いものは五、六歳、おそいものは十五、六歳、男子では十八、九歳くらいの思春期に当る間がもっとも多くかかるという。この精神病の初期にはいずれも食欲がなく、遊戯をこのまず、人を避けて一室に閉じこもるを原則とし、偏食に陥り、身体がやせ衰え、なかには身体を起こすことさえ不活潑な消極的生活に入るが、一方では眼光鋭く、顔面はすご味を帯びて異常な精神状態にかたむき、その揚句、突如として家をとび出し、赤裸のままに雪中を走ったり、山野をさまよって狂乱し、われを忘れて異常な言葉を口走り、ついには卒倒するものが多い。

こうして長い間抑圧された憂鬱不活潑な陰性状態から急に解放された爆発的活動は、陽性状態となり、巫事を行なうことで癒るという。この巫行をロシヤの女流民族学者ツァップリカは北極ヒステリーと命名しているという。

シャーマンは精神医学的にみれば単なる病気であるが、これに宗教的意義が付加せられるときには神霊がついたという解釈がなされるわけで、山野をさまようのは一種の苦行と解され、突然口走る言葉は神託とされるのである。このような宗教的意義づけが行なわれてシャーマンは宗教的職能者となり、シャーマニズムは一種の宗教となり、民衆は神と直接交通したと信ぜられるシャーマンから宗教的指示を受け、あるいは、害悪を与える神霊を遠ざけてもらうのである。これを単なる欺瞞とみる人もあるが、巫自身に欺瞞の心があるわけではなく、巫はラドルフの言葉をかりるならば、「ロシヤの力を以ってしても、コザックの力を以ってしても」如何ともしがたい内的な力によって動かされている。

シャーマンになるには世襲によるのが普通である。ラップ族、オスチャック族、朝鮮などが世襲が多い。しかし、単なる外的な世襲や、シャーマン行事の外面的な模倣を行なう仮巫が重んぜられることは決してない。たとえ世襲であっても、シャーマンはシャーマン的な性向を示さなければならない。世襲シャーマンが多いのは家系に精神病的な症状のあるためだが、その家系でも、そうでない者があればシャーマンにはなり得ないのである。

——

以上は棚瀬襄爾の解説に従った。

日本の古代信教がシャーマニズムだったことは今日では疑いないことになっているが、これに関連して藤間生大は、シャーマンというのは満州にすむツングース族の言葉で、司祭兼医師を指し、その信仰によると、この宇宙は、天界、人間界、地下界の三つの世界から成り立ち、天の神がこの世を明るくおさめようとしているのに、地下の悪神は悪霊を動かして人々に禍害を与えようとしているので、人々は神々と霊との中間に立って両者の連絡をとるシャーマンに頼んで、祈禱をささげ、その予言をきいて禍いや病気をなおさねばならぬと考えている、と説く。さらに氏は、鳥居龍蔵の説をひいて、これら三つの世界が

『古事記』にあらわれている高天原《たかまがはら》・中津国《なかつくに》・根の国にそれぞれ相当することは、古くからいわれていることである、という（藤間生大『埋もれた金印』）。

シャーマンに関するこれまでのところを整理してみると、次のように要約されるだろう。

①シャーマンに従う巫は一種の精神病者で、その恍惚状態が神との交霊を意味し、その口走るウワゴトが一種の神託となり、予言となる。

②シャーマンは職能的だが、この資格を得るためには特別な訓練が必要で、それには苦行を経なければならない。一室に閉じこもり、他人の眼を避け、食を絶する。または山野をひとりで走り回るなどする。

③シャーマンは女が多く、早くて五、六歳、おそくとも十五、六歳のころから訓練させられる。

④精神病の血統をひくため、シャーマンは世襲が多い。しかし、その資質のないものはシャーマンにはなれない。この場合は、他の資格のある者が択ばれる。

⑤シャーマニズムでは、この世は天、現、地の三つの世界で成立していると考えられ、巫は地下の悪霊の禍いを呪術で封じこめられるとされていた。

これらのことは、卑弥呼の「鬼道」を考える上にかなり役に立ちそうに思われる。

シャーマン卑弥呼

『魏志』「倭人伝」のつたえるところに従えば、卑弥呼は「年已に長大なるも」壻《むこ》がなかった。彼女が王になってから、彼女を見た者は非常に少ない。ただ一人の男が彼女のために飲食物を運んで給仕し、彼女の言葉を外の者に取次ぎ、彼女の居所に出入した、とある。

卑弥呼が何歳くらいのときに「王」になったかは分らないが、その鬼道に従っていたのは少女のころからと思われるし、その鬼道をよくする故に共立されて王となったのは若い時であったと思われる。「年已に長大なるも」というのは、かなりな年齢《とし》になっていたとも解されるし婚期に達していたと解してもよい。いずれにしても、鬼道に従う女として結婚はしていなかったのであろう。

伝説上の神功皇后を卑弥呼に当てることは、この点だけでも不適当である。卑弥呼に「男弟」があったという記事によって、それを巫《みこ》と覡《かんなぎ》の間柄とし、両者の関係は神功皇后と武内宿禰の関係と同じであろうという白鳥庫吉の説は、二重の誤りであるようだ。

卑弥呼が王となって以来、彼女を見た者がない、というのも、彼女がシャーマンであって、さきに挙げた朝鮮の巫が人を遠ざけたことと、卑弥呼が一室に閉じこもってこれを見るものが少なかったという記事と、だいたい一致する。「婢千人を以って侍らした」という千人の数字は例によって誇大な抽象表現だが、とにかくかなりの婢がいたのであろう。

この中のいく人かは卑弥呼に従ってシャーマンの補助をつとめていたのかもしれない。

ただ、注目していいのは、「ただ一人の男がいて、卑弥呼に飲食を給し、その言うところを他の者に伝えるために卑弥呼の居所に出入した」とある記載である。

飲食を給するだけなら、婢（侍女）がそれに当りそうなものである。また、卑弥呼がいわゆる神がかりの状態で口走った「神託」が、普通では理解できない譫言《うわごと》のようなものであって、それを翻訳する役だったら、侍女の中にいそうなものである。外から何かの吉凶を占ってもらうために卑弥呼に取次ぎをたのむ場合も同じだ。神道が当時のシャーマニズムの変形だとすれば、卑弥呼が「一人の男子」を自由に居室に出入りさせたという記事の解釈が厄介となる。これについて従来学説があまりふれるところがないのもふしぎである。

この「唯有男子一人」の男子の役目は何であったろうか。あるいは彼が卑弥呼の公式でない配偶者ではなかったかとも思う。正式な夫でなかったのは彼女の祭司的立場からきているようにも思われる。

ついでながら、倭人の結婚風習は『魏志』「倭人伝」には書かれていないが、同書「高句麗伝」には、

「婚姻の俗がある。その約束ができると、女は大屋《たいおく》の後に小屋《しょうおく》をつくる。名づけて壻屋という。暮れてから壻は女家に行き、戸外で名乗って跪拝し、女に宿を乞う。かくすること再三、女は父母の許しを得て、男を小屋の中に泊らしむ。傍に銭帛を頓《ととのえ》る。生まれた

子が大きくなれば、妻は生家に帰る。その俗は淫である」とある。これは招婿婚である。わが国の婚《よばい》にも似たような婚姻風習があったのではなかろうか。そして、この文章では、最初がよばい婚であり、終りは女からの離婚、子は夫に帰属というかたちになっている。

ここで思い出されるのは『古事記』のイザナギノミコト、イザナミノミコトの話、ホホデミノミコトとトヨタマヒメの話である。前者ではイザナミの死によって妻からの離婚を暗示している。後者はもっと明瞭で、トヨタマヒメが産屋をのぞかれたのを咎め、夫のホホデミを拒絶し、子のウガヤフキアエズノミコトを夫に置いて去ってしまう。トヨタマヒメの神話は南方系といわれているが、北方の高句麗系の説話も入っているようにも私には思われる。

それはともかく、卑弥呼の居室に自由に出入りするただ一人の男子が、彼女の婿でないことは分るのだが、彼女の「内縁の婿」のような存在だとすれば、シャーマニズムの上からも神道の上からも不自然である。しかし、彼が「内縁の婿」的人物だとすると宗女の台《と》与《よ》（原文、読史）の存在理由がはっきりしてくる。「夫婿無」き卑弥呼に女《むすめ》があるはずはないからである。

多くの学者は「宗女」を「宗室の女子の義」（たとえば内藤湖南「卑弥呼考」『読史叢録』）と解しているが、無理に養女として宗室を嗣いだように解釈しなくても、「男子一人」の説明の仕方によっては卑弥呼の実子と考えることも可能ではなかろうかと思うが、私の解釈はあとで述べる。

シャーマンは既記のように一種の精神病者であるから、遺伝的にいっても血統をひいた者が最もその症状になりやすいのである。そのことはツングース族のシャーマンのところですでにみてきた。

内藤湖南は、卑弥呼を天照大神の命を受けて伊勢にその御魂を祭司した倭姫（景行天皇の妹、ヤマトタケルノミコトの伯母）に当てているが、これは神功皇后とするよりも妥当である。しかし、それは神功皇后よりもという比較であって、倭姫自体が妥当というのではない。内藤は、そのために宗女台与を豊鍬入姫《とよすきいりひめ》に比定したが、国史では、豊鍬入姫のほうが先に天照大神の祭主となり、次に倭姫がついだことになっているので、『倭人伝』にては倭姫命の前に祭主ありしさまに見えざれば、豊鍬入姫の方を第二代と誤り伝へたるならん」（「卑弥呼考」）という無理をしなければならなかった。

白鳥庫吉は、このようなシャーマニズム的鬼神信仰は、当時倭人の間に一般に行なわれた信仰で、特に邪馬台国の卑弥呼が敬重されたのは、卑弥呼の巫祝としての性格能力が他に比して頗る卓越せるためであったと考えられ、さらに、そのあとを承《う》けた宗女の台与が同族の子か実子かは不明だが、これと類似の性格能力をもっていたものであろうと思われると述べている（『東洋史上より観たる日本上古史研究』）。

白鳥説のほうが、卑弥呼を倭姫その他『記・紀』所伝の人物に比定しないだけに、内藤よりは自然で論理的である。

女王の称号

そのころの北九州地方には、こうした卑弥呼的な巫が数人いたように思われる。「景行紀」には、九州征伐にきた景行天皇を、賢木《さかき》の上枝に剣を、中枝に鏡を、下枝に瓊《たま》をかげた船で迎えにきたという豊国の神夏磯媛《かむかしひめ》をはじめ、速見《はやみ》邑の速津《はやつ》媛、諸県《もろあがた》の泉媛、水《み》沼《ぬま》の八女津媛、豊前の田油津媛などの名が見えるから、北九州にはそうした女酋がのちまでも多かったに違いない。このことは北九州だけの特徴で、邪馬台国が北九州にあったと考えるのに有力である。

《九州論者がよく例に引く景行紀などに出てくる神夏磯媛とか田油津媛とかは多くの徒衆をひきい、一国の魁師であったとあるが、それはひとり古代九州にかぎらず、全国的な現象であったと見られる。つまり景行天皇から攻撃されるというような危急の際には、人々は結局神に祈って戦ったので、そうした際には神に仕える女性がいわば神の代理として人々の願をきき、また神の意志を伝えるようにしたのであろう。このように考えると日本の古代にも聞得大君に類する女性があったことを想像してよいし、それがヤマトヒメとよばれたとしても差支えなさそうに思うがどうであろうか》（古代史談話会『邪馬台国』）

という肥後和男の意見もあるが、こういう女酋が古代九州だけでなく「全国的な現象であった」という形跡は『記・紀』に見られないし、説明が弱い。

「女酋」という語はいろいろな本に出ているが、果して巫女が女酋といえたかどうかは疑問である。女酋といえば、そこに一種の女治制度がなくてはならない。巫女である彼女らがそうした女権統治を行なっていたとは考えられない。橋本増吉は卑弥呼をもって当時女治制度があったように見ている（『東洋史上より観たる日本上古史研究』）が、これは多分に、『魏志』「倭人伝」が卑弥呼を「女王」としたので、その文字に錯覚させられたのであろう。『魏志』「倭人伝」の記述は全く中国風の表現であるから、それをそのまま当時の倭国に当てはめると間違いが起こりやすい。

私は、前記のように北九州に小国から成る一種の連合国体があり、また南九州にも狗奴国と称する小国連合国体があったと考える。この南北二つの圏は、だいたい肥後あたりを境として長い間抗争をつづけていたと考えている。その北部連合国体が、史学者の説くようにかなりルーズな結合で、内紛が起こりやすかったとしても、ひとたび南の狗奴国圏との紛争を起こした場合は、共同の敵に対して団結したであろう。強敵を退け、勝利を得るために呪術を必要とし、卑弥呼のような有能な巫女が連合体の各国の意志で一種の護符として擁立されたのであろう。この場合も、彼女は何の政治権も持たなかった。

魏使は伊都国に駐《とど》まって邪馬台国には行かなかった。魏使ははるばると洛陽や帯方郡から天子の使として倭国にきたのであるから、卑弥呼に謁見しなければならないのに、邪馬台には入っていない。彼女に与える天子の詔書や賜物は、伊都国にいる一大率が女王のもとに送っている。つまり、一大率がそのアレンジをしていたと思われる。このことはのちに考えるとしたい。

次に、卑弥呼が女王となってからは彼女に会う者が少なかったという記事もまた、それをうなずかせる。彼女に女王としての権力があれば、こんな神秘的な隠れかたは許されないであろう。この記事は明らかに彼女が巫女の職能に限られていたことを示している。

女王と邪馬台国

それでは、邪馬台国というのはどういう国だったのだろうか。

国といっても、もちろん、一地方である。「馬韓伝」に出ている「国邑」もそうだ。「韓伝」に挙げられた七十余国や『魏志』「倭人伝」の三十国などをみても分るように、地方といっても大小さまざまで、なかにはのちの村にしか当らないような小区域もあった。邪馬台国がどれほどの大きさをもっていたかはよく分らないが、かなりの地域であったろうことは想像される。もっとも、戸数七万戸を擁していたというのは、前にも述べたように虚数であるから当てにならないが、まず、小さなほうではなかったであろう。

「馬韓伝」には、各国邑に鬼神に仕える者がいたとある。倭でも鬼道に仕える者の居所は特殊な施設がなされていたであろう。「韓伝」には「祠二祭鬼神一、有二異施一」とあるように、そこだけは他とは異った施設があり、これを「蘇塗」と名づけていた。橋本増吉は、「蘇塗」は日本の「神籬《ひもろぎ》」に類似したものだろうといっている。要するに、各国邑には、そうした巫女がシャーマンを行なう特殊な霊域をもっていたのである。邪馬台国も卑弥呼の居る所はそのような特殊地域であったに違いない。

では、なぜ巫女の卑弥呼を「女王」の名で呼んだのだろうか。これは全く『魏志』「倭人伝」が『前漢書』「西域伝」の書例を踏襲したがためである。

「西域伝」によると、その西域蛮夷の国々にはみな「王」があったように書かれている。

「もと三十六国、その後やや分れて五十余国」の大半に「王」が存在していた。

「鄯善《ぜんぜん》国本名楼蘭。王は扜泥城に治む。陽関を去る千六百里、長安を去る六千一百里」にはじまる西域諸国は、且末国、小宛国、精絶国、戎盧国、扜弥国、渠勒国、于闐国、以下みんな「王の治むる城」がある。

殊に、万二千余里の数字の出ている国々は、

○「安息国。王は番兜城に治む」

○「大月氏国。王は監氏城に治む」

○「大宛国。王は貴山城に治む」

○「休循国。王は鳥飛谷に治む」

とあり、そのほか、「莎車国＝莎車城」「疏勒国＝疏勒城」「烏孫国＝赤谷城」「姑墨国＝南城」「温宿国＝温宿城」「尉犂国＝尉犂城」「焉耆国＝員渠城」「烏貪訾離国＝婁谷」「単桓国＝単桓城」などとキリがない。これらにはすべて「王」がいたと書かれている。

いうまでもなく、前漢のころに、これらの西域の諸国がどれだけ正確に長安に知れていたかは甚だ不明である。これらの地名を現在のどの地に求めるかは学者間でも推定の域を出ないが、いずれにしても、ソ連領の南部、ネパール、アフガニスタン、イランの諸国に亙る中央アジアに散在していた「国」であった。長安からすれば雲烟の彼方である。

だが、「国」といっても中国流の表現で、実際は集落にすぎないものもあったろう。しかし、それらを「国」とすれば「王」を付けなければならないことになり、「王」が居れば、その「居城」が必要となってくる。これらは『前漢書』の体裁である。

実際は、各地に部族的な集団があり、それを統率する首長がいて、その根拠地もあったであろう。だが、その部族的な集団地域を「国」とし、首長を「王」とし、「根拠地」を「王城」と表現するなら、この文字から受けとるニュアンスは違ったものになる。それは、事実よりははるかに政治的な「国家」の印象となるのである。

『前漢書』は、その中華思想で四囲の地域を蛮夷としながらも、一方では「国家」として表現した。これはあまりに未開な蛮地にしては、それらに君臨する中国の権威をうすめると考えたからである。

『魏志』「東夷伝」がこの『前漢書』「西域伝」の書き方に倣っていることは歴然としている。したがって、北九州にも「王」がいたことにしなければならず、その「居城」を創作しなければならない。たまたま、巫女として部族に信仰されている卑弥呼を「女王」とし、その「城」を邪馬台国としたのである。

もし、これを『前漢書』の表現通りの文章にすれば、

「倭国女王治邪馬台城去帯方郡万二千余里」

ということになろう。「女王国」は倭国の卑弥呼の「統治」する地域の別称である。

要するに、「女王」も「邪馬台国」も、そこにある「宮室、楼観、城柵」の設備された「城」も、「倭人伝」の編者陳寿が『前漢書』の撰者班固の書法に従って書いたまでである。

ただ、誤解のないようにいっておきたいのは、魏人が、「卑弥呼」というヒビキをもつ名の巫女のあることを知っていたように、「邪馬台」もその発声に近い地域の名が存在していたことは事実であろう。そして、おそらくはそこに卑弥呼がいたのであろう。

このように『魏志』「倭人伝」が、『前漢書』の書例に倣って巫女の卑弥呼を「女王」としたことから、のちの解釈の混乱がはじまったのである。卑弥呼が北九州連合国の盟主のごとき印象をうけた魏使が、彼女に名づけるに「女王」を以ってしたとか、巫女としての彼女の盛名が北九州連合体全体を蔽っていたので、あたかも彼女が女統治者として魏人の眼にうつって、「女王」という文字を当てたというのも当らない。「女王」と名づけたのは、

後年の「倭人伝」の編者である。

『魏志』「倭人伝」の編者が巫女の卑弥呼を「女王」とする以上、彼女の居る特殊な場所を「都する」としなければならなくなり、その都したところが「宮室、楼観、城柵厳かに設け、常に人有り、兵を持して守衛す」という中国風の空想的な表現に発展したのは当然である。が、これはもとより、文字通り「空中楼閣」であって、三世紀前半の弥生式時代の日本国内にこのようなものがあるわけはない。これは魏使が、そこに行ったように見せかけるための架空の「実見」なのである。

景初三年（原文には二年とあるが、誤り）六月に、倭国から大夫難升米等が使者として帯方郡を経て洛陽に朝献したとき、魏の天子は「倭の女王」宛の親書を出し、

「親魏倭王卑弥呼に制詔す。帯方の太守劉夏、使を遣わし汝の大夫難升米・次使都市牛利を送り、汝献ずる所の男生口四人・女生口六人・班布二匹二丈を奉り以って到る。汝が在る所踰《はる》かに遠きも、乃ち使を遣わして貢献す。是れ汝の忠孝、我れ甚だ汝を哀れむ。今汝を以って親魏倭王と為し、金印紫綬《しじゅ》を仮し、装封して帯方の太守に付し仮授せしむ。汝、其れ種人《くみひと》を綏撫《すいぶ》し、勉めて孝順を為せ。汝が来使難升米・牛利、遠きを渉り、道路勤労す。今、難升米を以って率善中郎将と為し、牛利を率善校尉と為し、銀印青綬を仮し、引見労賜し遣わし還す。……」

として、いろいろな下賜品を与えたとある。

だが、この「親書」のくだりもおそらく史書の体裁を整えるための陳寿の創作であろう。これをもって、当時の倭人には漢字が読めたかもしれないという想像はナンセンスである。あるいは倭の使が奉った「上表文」は、帯方郡の役人か倭の伊都国に駐留していた魏使の代筆かであろうと考えるほうは、倭人が漢字を解したというよりも自然であるが、それよりも、魏の天子の「親書」も、女王の「上表文」も全部陳寿の虚構としたほうが当っているのではなかろうか。ただし、かたちを整えるために、双方から文書の往復くらいはあったかもしれないが、陳寿の述べるように、キチンとした立派な文章だったかどうかはすこぶる怪しいのである。

前にもふれたように、中国では、四囲の後進国を自己の統治国または宗主権の届かない支配国と考えていた。それで、どのような蛮夷の国でもそれぞれに「王」がいるようにしなければ属国の体裁が整わなかった。この王というのも中国流の考えかたで、狭い地域の酋長でも『魏志』は「王」の名を与えた。「東夷伝」では、扶余、鮮卑、高句麗、韓、いずれも多くの小国があって、それぞれに「王」があったことになっている。

しかも、その国名にはすべて鳥や獣の名前をつけて極度に蔑視観念をあらわしている。「邪」「卑」「鬼」といった字も好んで当てている。「倭」にしてもそうで、倭の呼び名は、前にもふれたと思うが、これは日本人が初めて中国に行ったとき名前を訊かれ、「われは」といったので倭の字を当てたということになっている（卜部懐賢・松下見林説）。なんだか落しばなしのように思っていたところ、天理大学教授中村栄孝の『日本と朝鮮』をよんで、参考になった。中村説は云う。

《倭人の中国文献での初見は、王充（二八—一〇〇ごろ）の『論衡』に、周のはじめ、倭人が鬯《ちょう》草を貢したとあるのが、はやい例であろう。鬯は、暢とも書き、香草の名で、鬱《うつ》に通じ、鬱金《うこん》とよばれる黄金染料ともなるが、古くはクロキビで醸造した酒にひたして、祭祀のときに用いた。この香草を貢した倭人は、東のはて、日出所の夷であった。倭の音は、薉《わい》に通じ、汚職、腐臭の人をよぶ名である。これは『淮南子《えなんじ》』『礼記《らいき》』『周書』『爾雅《じが》』など、前後に出てきた本の所見を傍証として考えられるところである》

さて、倭の小国にも、そうした「王」がいたなら、北九州連合国体に宗教的影響を与えていた卑弥呼にも「女王」の名称が与えられるのは当然である。彼女が「女王」として『魏志』「倭人伝」に書かれているために、いわゆる祭政一致の女王のように説く学者があるが、これは中国文書の様式を誤って日本の上代に当てて解釈したものと思われる。

北九州連合国

こうなると、邪馬台国の性格を見きわめる必要がある。邪馬台国が北九州連合国体の宗主国であったかのように思われ、事実そう解釈されて、「邪馬台連合国」という文字が諸書の中に使われている。しかし、一方には「伊都国」という対外的にも対内的にも政治の中心地みたいな国があるので少し厄介になる。

問題になるのは、前に出したように、「其の国、本亦男子を以って王と為し、住《とど》まること七、八十年。倭国乱れ、相攻伐すること歴年、乃ち共に一女子を立てて王と為す。名づけて卑弥呼と曰う」というくだりである。

ここに書かれた「其の国」が、邪馬台国を指しているのか、あるいは邪馬台国を含めた数国の連合体を指しているのか、その主体が原文では曖昧だが、私はすでに書いたように、これを北九州連合国体と考えている。

ところが、京都大学教授上田正昭は、『魏志』「倭人伝」に書かれた「倭国の乱」は、「住まること七、八十年」の解釈から、それは「其の国、本亦男子を以って王と為し」の男王時代より七、八十年の意味だといい、次いでこう述べている。

《ここで〈其の国〉の内容があらためて考えられねばならぬ。内藤説は、〈其の国〉というのは一〇七年の「倭国王」の入貢をさし、それより七、八〇年と解した。さらにこれを裏づけるものとして、『梁書』や宋版の『太平御覧』に「住まること七、八十年」を「漢の霊帝・光和中」としていることが次第に判明してきた。後漢の霊帝光和年中といえば、一七八年―一八三年であり、一〇七年より、七、八〇年といえば光和中にほぼ合致する。『魏略』逸文にはそのところを欠いているので、光和中というのが『魏志』の原本にあったかどうか推定の域をでぬが、注目すべき学説である。そこで九州説の多くの人々は、

〈其の国〉は、倭国＝面土国＝伊都国であって、〈其の国〉は伊都国などをさすとした。しかしこれは、面土国が『後漢書』の原本にあったとするあくまでも仮定のうえにたつ説であって、〈倭国王〉と通行本通りに解するほうがむしろ素直である。してみると、〈其の国〉が〈倭国王〉入貢をうけるものとすれば、どうなるか。『魏志』の文は「其の国、本亦男子を以って王と為し、住まること七、八十年、倭国乱れ、相攻伐すること歴年、乃ち共に一女子を立てて王と為す」としている。つまり、邪馬台国女王の共立の前置きとしての〈其の国〉であり、〈其の国〉は文意通りに解すると邪馬台国となる。……

いずれにしても、卑弥呼はその動乱の後に宗主権をつぎ、三世紀のはじめに在位したのであるから、この乱が二世紀末であることは動かぬところである。そしてかりに〈倭国〉が〈面土国〉であり、北九州の国王であると百歩譲るにしても、女王以前に男王が存在したことは、記載を信用する限り、だれもが認めねばならぬところである》（日本史研究会編『講座日本文化史』第一巻）

要するに上田説では「其の国」とは邪馬台国をさすといい、その乱とは、邪馬台国を中心とする国々の争いだと解し、卑弥呼の共立も「邪馬台国内部ないしはその周辺の諸国によるところの共立と解すべきである」という。そして、この邪馬台国は他の諸国（二十八ヵ国）を統属するより優位の国であったと解し、その時期に邪馬台国のような強大国が「大和盆地にあったとしても、けっして不思議ではない」というのである。

畿内邪馬台論である上田説もまた、「邪馬台国」が二十八ヵ国を統属した一種の「邪馬台連合国体」を考えているが、邪馬台国がそのように「強大国」と映ったのは、やはり『魏志』「倭人伝」の「女王の都するところ」という書きぶりを過大視して解釈したためであろう。

さらに上田説では、卑弥呼の職業的なシャーマンは家族的なそれではなく、部族的なそれであって、その部族的なシャーマンが権力構造に結合した時の姿が、『魏志』の語る女治にほかならない、といっている。私はこの部分には賛成であるが、それは『魏志』の語る「女治」の内容が中国的考えとは違っていたこと、つまり卑弥呼自身には政治的権力はなかったという前提を置いてである。この部分は上田説と分れる。

上田説では邪馬台国が「強大国」であったという傍証として、女王の男弟や、邪馬台国の官名が他の国より充実していることや、伊都国にいた「一大率」が邪馬台国の派遣官であるらしいことなどを挙げている。これは大事な点だが、それはあとで述べることにする。

次は「卑弥呼」の名である。

卑弥呼は通説としてヒメコと読まれている。上代の漢字の読み方からいっても無理がないので疑問をはさむ者はいない。

このヒメコを姫命、姫尊の略と解する者、姫児、または姫子とする者、または新井白石のように日御子とする畿内邪馬台説学者と、火戸幡、姫長をはじめ、田油津媛の先代とする説、また熊襲や隼人族の女酋とする説などの九州邪馬台説とがある。

しかし、姫命のつづまりや、姫児とするのは、五百年ものちの奈良朝期の文献の名を根拠にしたもので、どうも弱い気がする。もし、そうだとすれば、姫や姫児は固有名詞ではないのであるから、次を嗣いだ台与（トヨと読むのが通説）がなぜ姫児といわれなかったのかという疑問が起こってくる。卑弥呼と台与ではずいぶん違うのである。

しかも、かえって敵国狗奴国の男王のほうが「卑弥弓呼」といわれて、卑弥呼と類似の名前になっている。これはどうしたわけだろう。

卑弥呼のよみ方

卑弥呼をヒメコと訓むことには、文学博士坂本太郎もそれに賛同している。

《卑弥呼がヒミコの音の写しであることは、各々の字音からいっていちおう自然である。ただ後に説くように弥の古音はメであったという事実が知られているので、ヒミコが唯一の訓み方でないことは認めねばならぬ。そしてヒミコであった場合、その意義は何とすべきであろうか》

と坂本説は設問して、旧説では姫尊（ヒメミコト）の略であるとか、日御子（ヒミコ）の意味であるとかいうが、姫尊という言葉はもちろん存在したが、それを略した形としてのヒミコという言葉は古文献にはないとし、また日の御子という言葉はあるが、「の」を略して日御子という例は知らない、と述べたのち、「弥」の古音はメ音に用いた例が、次のように古い文献に多いから、卑弥呼はやはりヒメコの音の写しであろうという。

①等已弥居加斯夜比弥乃弥己等《トヨミケカシヤヒメノミコト》
②止与弥挙奇斯岐移比弥《トヨミケカシキヤヒメ》天皇
③吉多斯比弥乃弥己等《キタシヒメノミコト》
④等已弥居加斯支移比弥乃弥己等《トヨミケカシキヤヒメノミコト》
⑤践坂大中比弥《ホムサカオオナカツヒメ》王
⑥田宮中比弥《タミヤナカヒメ》
⑦阿那爾比弥《アナニヒメ》
⑧布利比弥命《フリヒメノミコト》
⑨阿波国波爾移麻比弥《ハニヤマヒメ》神社。

そして、坂本説は、弥は『魏志』「倭人伝」に「弥弥」とか「弥弥那利」とか「弥馬升」とか（いずれも官名）あるようにミと訓んだほうが意義が解しやすいが、「姫を表わす場合に限ってメ音に弥字を用いた」という。しかし、なぜ姫のメに弥字が用いられたかという理由の説明になると、《音韻の知識のないわたくしには的確な解答は出てこない。姫を意味する「ヒメ」の「メ」は、何らかの理由で普通のメ音とは異って発音された時代があって、それは弥字によって表わすのが妥当とされたが、のちに普通のメ音と同じ音になってからも、その文字の用法の伝統が残ったものであろうか。理由はしばらくこれを措くも、とにかく以上の原則的な事実から『魏志倭人伝』の弥字の訓み方も類推されよう》といっている。だいたい、右の坂本説が現在の卑弥呼の訓み方に対する最大公約数だと思われる。

なお、『魏志』「倭人伝」の漢字の訓み方は、八世紀末にできた『記・紀』『万葉』の用例に従ったもので、もちろん、三世紀前半に書かれた『魏志』「倭人伝」の使用文字に無いものが多い。卑弥呼は、この八世紀にできた文献の訓に従えば、「ひみヲ」または「ひびヲ」になるというのが大森志郎の説だ。平仮名で表わしたのが甲類で、片仮名は乙類である。すなわち、呼の字は、万葉仮名に用いた例は「ヲ」だけだという。だから、万葉仮名では、「ヒミコ」とは訓めないわけだ。しかし、大森説は、「子という意味のコは、ここでは甲類コである。したがって、コと訓むならば、ヒメコ、ヒミコ、いずれも訓むことが出来るが、姫子と解することも日御子と解することも自由なように見えるが、日本の上代の用語と対応してヒメコと訓んで姫子の意味に解するのが穏当であろう」といっている。

しかし、その説に忠実ならば、「呼」を「コと訓むならば」という大森説の仮定は成立しないわけである。「子という意味のコは国語では甲類コである」といっても、原典は「呼」であって、のちの国語の「子という意味」にスリかえてはならない。「呼」は、彼自身が言うように「ヒミヲ」または「ヒビヲ」以外には呼びようのないものである。上代の万葉仮名に厳密な大森が、ここで「コと訓むならば」という仮定を用いたのは、やはり学者に通弊の自説に都合のいい解釈としか思えない。

以上、卑弥呼の訓み方についてかなり長い学説の引用をしたのは、現在「ヒメコ」と訓むのが一つの通説になっているからである。だがその通説を仔細に見ると、それが決定的ではないことも読者に分ってもらいたいからだ。

だいたい、卑弥呼を姫子と訓むと、大和説にはきわめて都合がよくなる。なぜなら、それが姫子であるならば、前に出した坂本説の文献例や、内藤博士が比定した倭姫命や、本居宣長が考えた火之戸幡姫児千々姫命、万幡姫児玉依姫命などになるからである。これらはいずれも畿内関係の人名ばかりだ。九州のほうには無関係である。

私は卑弥呼を「ヒミコ」または「ヒメコ」としか訓みようがないということに疑問を感じている。「ヒミコ」または「ヒメコ」と訓むのが以上述べたように根拠の弱いものであるから、ほかに訓み方が考えられていいのではないかと思う。

人名と官名

卑弥呼を姫子と訓む傍証として学者によく出されるのは、狗奴国の官である「狗古智卑狗」が菊池彦の音訳であるという説だ。つまり、八世紀の身分のある女性に対する「姫」と、男性のそれに対する「彦」と並列されるから、卑弥呼を姫子とするのはきわめて自然な解釈だというのである。

だが、もしそうだとすれば、『魏志』「倭人伝」には「卑狗」（ヒコ）「卑弥」（ヒメ）と書かれるべきで、卑弥に「呼」をつけたのではおかしくなるではないか。げんに、奈良時代にはヒメを表わすのに「比弥」の字をあてている。

一体、「卑狗」を「ヒコ」と訓むのが妥当かどうか、これまた疑問である。万葉仮名には「狗」を「コ」と訓む用例がない。したがって、厳密に万葉仮名に従うなら、大森説のように「ヒ狗」と書くほかはない。この「狗」を「コ」と解釈するのは、菊池彦の場合のように、そう訓んだほうが日本の音として通りがいいからである。

だが、卑狗の官名は『魏志』「倭人伝」には三ヵ所に出ている。その一つは対馬国で「その大官を卑狗と曰い、副を卑奴母離と曰う」とあり、次は一支国で「官を亦卑狗と曰い、副を卑奴母離と曰う」とあるところだ。そして最後が狗奴国である。

ところが、この対馬国も一支国も女王国の統属した国だが、狗奴国は女王国と敵対関係にあった国である。ここに矛盾が見える。その矛盾とは、学界の通説に従うと、卑狗は副の卑奴母離と共に女王国より派遣した官名となっている。その同じ官名が敵対国の狗奴国にもあるというのは妙に理屈が合わなくなってくるのではなかろうか。

もっとも、狗古智卑狗は官名ではなく人名であると白鳥庫吉あたりはいっているが、いずれにしても『魏志』「倭人伝」の原文には、狗奴国に男王があって、「その官に狗古智卑狗有り」と見えているから、一応官名と見ても差支えはなかろう。

ことに女王国が大和であるとする畿内論者にとって、対馬国や一支国に派遣した大官名の「卑狗」と同じ官名が、女王国に属さない狗奴国にあったのでは都合が悪くなるではないか。これについて私の見る限り学者の説明はない。このへんも不利な点は不問に付している学者の態度が見られる。

さらに、邪馬台国を畿内とする論者も狗奴国を現在の肥後地方と解し、狗古智卑狗を菊池彦にあてている。熊本県には現在でも菊池郡の地名があり、建武中興の功臣菊池武則を祀った菊池神社も同所にある。したがって、三世紀前半に菊池と呼ばれる官名または人名の人物がいたと推測しているようである。

しかし、これは邪馬台国を大和とする論者には甚だ都合の悪いことであって、狗奴国は女王国の南にあるのだから、肥後地方にすると解釈にズレが出てしまう。いくら狗奴国を熊野地方に考える学者でも狗古智卑狗（菊池彦）のところになると困惑する。

したがって、畿内論者の総帥であった内藤湖南は、狗奴国だけを九州の肥後地方にして、「狗古智は即ち肥後国菊池郡にして、菊池の古名は久々智なり。菊池彦は城の郷即ち狗奴国にある古族にして熊襲に属する者なるべし」と、あっさり方角の矛盾は頬かぶりした。

坂本太郎は、狗古智卑狗を菊池彦という訓み方のほかに、「景行紀」に出てくる熊県の熊津彦ではないかという。

《『魏志』の狗古智卑狗の古は『魏略』では右字に作っていて、文字の異同があるようであるから、かりに古が奴、または万の譌《あやまり》であったとすると、狗奴国にはクナツヒコまたはクマツヒコがいたことになり、それは書紀の熊津彦とも連絡できるものとなる》（古代史談話会『邪馬台国』）

橋本増吉は、坂本のクナツヒコという訓み方は、一説として考慮の価値がある、といっているが、それでも、これを「彦」と解していることには変りはない。

しかし、奈良朝時代に用いられた「姫」「彦」という言葉が三世紀前半の倭国に存在していたかどうかは甚だ疑問である。

当時の倭に階級ができていたことは『魏志』「倭人伝」を読んでも知られる。たとえば、大人、下戸という字があるし、大人はみな四、五人の婦をもつが、下戸は二、三人しかないとあったり、尊卑おのおの差序があって、下戸が道路で大人と出遇うと、逡巡して草の中に入って言葉を伝えたり、あるいは、うずくまって両手を地につき恭敬の意を表するとかあるのがそれである。卑弥呼のごときは千人の碑を従えていたとあるくらいだ。

しかし、それだからといって、当時の「大人」に属する男を「彦」と称し、女を「姫」と言ったかどうかは分らない。奈良朝時代の「彦」「姫」は人名の末尾につく美称であって、特定の固有名詞ではない。それは前記の倭姫をはじめ、姫という字のつく字の固有名詞を見ても分る。もし、倭に滞在した魏人がそれを記録にとどめるとしたら、姫よりもむしろ、その上につく固有名詞の一部でも書き止めたはずではないか。『魏志』「倭人伝」が「姫子」の音を写したという解釈はさらに不自然である。

それとも、三世紀には「姫子」といっていたが、八世紀末には子が除《と》れて「姫」になったとでもいうのであろうか。これにふれた説明を私は聞かない。

次に、卑弥呼の宗女の台与の訓み方であるが、通説は「トヨ」に一致している（既述のように、原文の壱与は『梁書』と『北史』を参照して誤りとされている）。この台与は「豊」の音の写しということになっている。

例によって内藤湖南の説。

《我が国史にては崇神天皇の皇女、豊鍬入姫（豊耜姫命）、の豊《とよ》といへるに近し、……『倭人伝』にては倭姫命の前に祭主ありしさまに見えざれば、豊鍬入姫の方を第二代と誤り伝へたるならん》（「卑弥呼考」『読史叢録』）

これが台与の通説になっている。そして、このように解することによって、「姫子」と同じく、畿内説に有利である。

しかし、ここにもまたそれ自体の矛盾がある。「豊」もまた固有名詞ではなく、人名の接頭語または美称である。魏人は何故に一方において「姫」という末尾の美称だけを記録し、一方で「豊」という接頭語だけを記録したのか。同じ記録するなら、「豊」もまた前記のように姫という末尾の美称を有するので、「姫」とつけるべきだろう。それが「姫子」

と呼ばれる人物の名と紛わしかったら、それぞれの固有名詞の一部でも採るはずである。ここにもまた従来の学説の至らないところがありはしないか。

私は、この「豊」という美称も、三世紀半の倭国に果して存在していたかどうか、「姫」と同じく大いに疑問とするところだ。およそ『魏志』「倭人伝」に書かれた人名や官名を、あまりにのちの『記・紀』に囚われすぎて解釈しているようなところがある。両者の間には五百年も隔たりがあるのだから、奈良朝時代の文献をもって当てはめていいかどうか、大いに考えなければならないところだ。

現に『魏志』「倭人伝」に書かれた官名、人名で、『記・紀』の文献や万葉仮名では訓みようのないものがいっぱい出ている。

爾支。泄謨觚、柄渠觚、兕馬觚。多模。弥弥、弥弥那利。伊支馬、弥馬升、弥馬獲支、奴佳鞮。難升米。伊声耆。掖邪狗。都市牛利。載斯烏越。

こうした名は内藤湖南などによって一応解釈されているが、ずいぶん無理なこじつけがある。要するに、訓みようがないからである。

以上、私の要点は、三世紀前半に「姫子」または「彦」あるいは「豊」といった人名があったとは思えないというのにある。

卑弥弓呼

次は、狗奴国の国王の名「卑弥弓呼」である。難解なのは弓という字だ。『万葉集』には「弓」の用例がなく、古来、学者の難解とするところである。内藤湖南は、『魏志』「倭人伝」の原文にある、

「倭女王卑弥呼与狗奴国男王卑弥弓呼素不和」

を、従来のように、「倭の女王卑弥呼、狗奴国男王卑弥弓呼素《もと》より和せずと」とは読まずに、「素」までを人名に入れて「卑弥弓呼素」としてヒメコソと訓んだ。旧説では弥と弓とが転倒して書き写されたとし、本当は「卑弓弥呼」が正しく、ヒコミコトとよんでいた。すなわち、「彦命」の意と解したのだ。しかし、それは卑弥呼を姫命と解したことに関連するので、卑弥呼がヒメコなら、その解釈も違ってこなければならない。そこで内藤説の改訂となったのであろう。

内藤は、それについてこういっている。

《卑弥弓呼素。従来此の人名を読むに、多くは素の字をモトヨリの義として、下の不和につけて読めども、余は之を上につけて人名の中に入れたり。呼素はコソと訓むべく、国造本紀に見えたる凡河内国造彦己曽保理命の己曽、孝徳紀に見えたる神社《カミコソノ》福草の社、神名帳に見えたる摂津国東生郡比売許曽神社の許曽、垂仁紀二年の註に見えたる難波と豊国国前

郡と二処の比売語曽神社の語曽などのコソと同じ様に用ひられし者なるべく、比売語曽といへば女性を見《あら》はすに対して卑弥弓といへば男性を見はすにもやあらん。卑弥呼と故さらに一字を違へたるもヒメコの意にあらざるが為か。国造本紀には又山背国造に曽能振命ありて、彦己曽保理命とは異人なれども、命名の義は似通ひたるより思ふに、己曽といへるも曽といへるも本義には差なくして此の呼素も襲国の酋長などをや指しけん》

内藤は畿内論者だが、九州説の坂本太郎も右の内藤に倣って次のようにいっている。

《わたくしは字順は元のままとし、卑弥弓呼の下の素字までを名とし、ヒメコソの音を写したものではないかと考える。コソは後世まで用いられて、人を尊んだり重点を置いたりする場合に人や物の下につける接尾語である。ヒメコソという言葉も古い。垂仁紀には難波と豊後に比売語曽《ヒメコソ》の社のあったことを記し、肥前風土記や和名抄には肥前基肄郡に姫社《ヒメコソ》郷のあったことを記している》

さらに多少内藤とは違った解釈として、

《『魏志』の場合も男王とヒメコソとを関連づけたのは誤りであろうが、別に王の名としてヒメコソの名称はあってもよさそうである。狗奴国にもいつの日にかヒメコソと称せられた王のいた時代があり、その名が実体の変ったのちまでも伝えられ、『魏志』の編者に採られたのではあるまいか》

といっている。

これに対して橋本増吉は、

《しかし、「卑弥弓呼素」の音はヒメココソで、ヒメコソではなく、後者から前者の訳語が生じたと見ることは無理であろう》

と批判した。そして、彼は白鳥博士の説をうけて、

《また「弥」では常にミとメとの両者が写されているのであり、この場合、女王に対する男王の意なることは、これを並び記していることからも明らかであるから、姫命に対する彦命の音訳として見るに何らの困難も存しない。男王を意味する語にヒメという日本語を付することは我等の全く知らざるところである。したがって、卑弥弓呼は卑弓弥呼の誤記なるべしとして見ることはまた当然の帰結ではあるまいか》

といっている。

たしかに内藤も坂本も卑弥弓呼素をヒメコソと訓んで、弓の字の訓みを飛ばしている。内藤が、「弓」の字を入れたことによって「男王の意を表わしたのだろう」という推定も根拠が弱い。橋本にこの点を衝かれても仕方がない。

また、ヒメコソとは女性の名であり、姫社神社の祭神は新羅よりきた童女のことになっている。だから、その人称からしても、地理上からいっても狗奴国王の名として「ヒメコソ」は不合理になる。坂本は「『魏志』の場合も男王とヒメコソとを関連づけたのは誤りであろうが、別に王の名としてヒメコソの名称はあってもよさそうである」というが、あ

ってもよさそうであるというのは坂本説の希望的独断、これも都合のいい想像というほかはない。あってもよさそうだという傍証が無いからである。

また、前にもちょっとふれたが、女王国が卑弥呼で、それと対立する狗奴国王の名が卑弥弓呼と弓の字一つ多いだけで同じというのも妙な話ではないか。これは前述の「卑狗」の場合以上に奇妙といわなければならない。『魏志』「倭人伝」には、女王国である北九州圏（畿内説では大和地方）と狗奴国の南九州圏とは、政治の点でも風俗の点でも違っているように書かれているから、その女王、国王と大官の名が両圏とも共通的な類似をもつというのは不可解だ。むしろ、卑弥呼の宗女台与のほうが遥かに離れた人名となっている。

この現象はどのように解釈したらいいだろうか。

これについて、いささかの参考になるのは『魏志』「倭人伝」の官名の解釈である。断っておくが、官名の解読は至難の業《わざ》で、その読解にはあまり意味がない。それで私も重要視していないのだが、とにかく一通り出してみよう。煩雑を避けるため、岩波文庫版の『魏志倭人伝』（和田清・石原道博編訳）の「訳註」から摘記する。

○伊都国の官「爾支」＝ニキ　稲置（内藤湖南博士）。あるいは主（ヌシ・ニシ）、県主であろうか（山田孝雄博士）。不詳。

○伊都国の副「泄謨觚・柄渠觚」＝シマコ〔セモコ〕島子（内藤）。イモコ　妹子（山田）。不詳。

○不弥国の官「多模」＝タマ　玉・魂か（内藤）。トモ（伴造）か（山田）。不詳。
○投馬国の官「彌彌」＝ミミ　耳か。美々（内藤）。御身（山田）。不詳。
○投馬国の副「彌彌那利」＝ミミナリ（耳成）・ミミタリ（耳垂）の類か。不詳。
○邪馬台の官「伊支馬」＝伊古麻、生駒、活目か。不詳。大和の伊古麻都比古神社の卜部《うらべ》の官（内藤）。
○同「彌馬升」＝観松彦香殖稲（孝昭天皇）の名代か（内藤）。不詳。
○同「彌馬獲支」＝御間城《みまき》か。不詳。御間城入彦五十瓊殖（崇神天皇）の名代か（内藤）。
○同「奴佳鞮」＝中臣、または中跡か。不詳。
○倭女王の使「難升米」＝田道間守（内藤）。
○倭女王の次使「都市牛利」＝但馬のイヅシ（出石）に関係ありとする（内藤）。
○倭女王の使「伊声耆」、次使「掖邪狗」＝同一人で出雲国造の祖伊佐我命か（内藤）。出雲郡に伊佐我、伊佐波、伊佐賀神社がある。イソシ（伊蘇志）イサコ（少子？）（藤田元春博士）。
○倭女王の使「載斯烏越」＝出雲の須佐神社、佐世神社の地にいた名族か（内藤）。イヅシ（出石）イソシ（伊蘇志）か（藤田）。

いずれも語呂合わせのような解読になっているが、苦心のほどが知られる。しかし、この苦心もいたずらに徒労だと分ってか、内藤、山田両博士以後はこの擬定考証を行なう学者はあまりいない。

ところで、私がいささかの参考になるといったのは、右の官名読解でも地名に関係している部分が多いことである。地名が人名の発生になっていることは普通の例だし、殊に古代はそうだったのであろう。なお、難解の「奴佳鞮」も、上の一字の脱落とみて「□奴佳鞮」と考え、欠字のところに「弥」を補えば、ミヌカテ＝胸肩、のちの宗像神社のある地名になる。いや、これは私が内藤湖南にならっての戯れであるが。

そこで、私は「卑弥呼」も「台与」も、「卑弥弓呼素」（そう読むとして）も、やはり地名からきている名ではないかと思うのである。

そう考えるなら、卑弥呼は「ヒミカ」と訓んでもよさそうである。

前記のように「呼」は万葉仮名として使用されていないので、正確な訓みようはない。大森説では前記のように「ヲ」をあげているが、八世紀の読み方を私はあまり信用しない。通説では「コ」と訓んでいるが、あるいは「カ」という音を写した文字かも分らないのである。「ヒミカ」と訓んでも「ヒミコ」と訓んでも同じような気がする。

もし、「ヒミカ」なら、すなわち「ヒムカ」（日向）になる。つまり、卑弥呼は日向にいた巫女かもしれないのである。

「ヒムカ」といっても八世紀に区分された日向国ではない。当時の九州のどこかにヒミカといわれる土地があったのではあるまいか。

そのヒミカには巫女の集団が住んでいたのかもしれない。卑弥呼に侍していた「婢千人」が、ただの婢ではなく、それぞれが鬼道に従っていた女たちであったろうことは史学者もいっていることである。「千人」は既記の如く多数という意味である。鬼神に事《つか》え、鬼道に従う者が単数でなかったことはいうまでもない。

このことは、『古事記』を口で伝承したという稗田の阿礼が、単独ではなく、一種の職能的団体を持っていたと思われることに関連しないこともない。

ヒミカに住んでいた巫女グループが邪馬台国に特殊な場所（「韓伝」にいう蘇塗の如きもの）を与えられて、そこに移ってきたから、彼女たちはヒミカと呼ばれたのではあるまいか。その音を魏人が卑弥呼と文字に写したのではないかと思う。

邪馬台国の中には、もともとそういう巫女は住んでいなかった。邪馬台国をふくめた北九州連合国体が、強敵の狗奴国との戦闘で非常事態になったとき、彼らは呪術を能くする巫女を必要とした。そこでヒミカにいる彼女らを邪馬台国に迎え入れたのではないかと思う。

もとより、巫女グループにはその首長がいた。それがいわゆる「女王」であって、この「女王」は当時の中国的な文字の表現である。あるいは、見聞の魏使が「鬼道に事え、能く衆を惑わす」巫女を、あたかも権力者のように錯覚して報告したのかもしれない。『魏志』は中国の観念で体裁を整えているので、その表現を以って当時の倭国の実態と解すると錯誤が生じる。

卑弥呼は死んだ。ヒミカの巫女グループからはその跡目になるものが出なかった。男王を立てたが、国中服せず、争乱が起こった。この男王を邪馬台国の男王と解する学説もあるが、私は連合国体の宗主＝男王と考えたい。したがって、国中とは邪馬台国内のことではなく、連合国体内部を意味していると思う。国中服せず、とは連合国体の各国が新しい宗主ではおさまらなかったというわけだろう。一種の権力闘争が起こったのかもしれぬ。

そこで、再び巫女の起用となった。ヒミカのグループはその指導者の死で声望を失っていた。新しく邪馬台国に迎え入れられたのが、トヨという土地に住む巫女グループであった。このグループでは十三になる少女が最も呪術に長けていた。魏人はトヨを「台与」の文字に当てた。

この新しい巫女のグループの出現を、『魏志』は「女王」の王位継承と考えた。したがって継承する者を「宗女」と表現したのである。これまた当時の中国的な観念からであった。私はそういうふうに考えるのである。

卑弥呼論

ヒムカとトヨ

卑弥呼をヒミコ、またはヒメコと訓《よ》まずに、ヒミカ＝ヒムカの音をうつしたものではないかという私の仮説は、かなり蛮勇のようだが、「呼」は既記のように万葉仮名としてはヲとよむというが、通説のコとよむほか、カとよんでもさしつかえなかろう。「姫命」「姫児」だけに拘束されることはあるまい。

こうしなければ宗女の「台与」の解釈がつかない。「台与」は八世紀の記録に出てくる「豊」に違いないが、三世紀の前半ごろに「姫命」の尊称があったとすれば、これも「豊姫命」として、「台与卑弥呼」と写さなければならないはずだ。もし、『魏志』「倭人伝」が「豊姫命」の下を省略したとすれば、卑弥呼も何とかの姫命であるはずであるから、当然、その頭部の名をうつさなければならぬ。たとえば、倭姫命（内藤湖南説）、倭迹々日百襲姫命（笠井新也説）、万幡姫児玉依姫命（本居宣長説）だと、それぞれの頭の名を記さなければならぬ。

私は卑弥呼をヒミカとし、台与をトヨとして、この二つとも北九州のいずれかにあった地名とし、二人の巫女はそこより邪馬台国に呪術者として迎え入れられたという考え方もあっていいと思う。そこに住む土地の人間が、その地名で呼ばれたのは人名の古いかたちであろう。

こう書くと、『魏志』「倭人伝」には、ヒミカもトヨも地名として出ていないではないかという反論があるかもしれない。しかし、この二つの地名は『魏志』「倭人伝」が「国」として挙げるほどの土地ではなかったかもしれないし、『魏志』「倭人伝」が倭の地名のことごとくを正確に採り得たとは思えないのである。

ヒミカを「日向」の字に当て、トヨを「豊」の字に当てて書いたのは、日本に漢字が入った六、七世紀のころであろう。そのころになると、「日向」と「豊」の地名は九州の東部のかなり広い地域の総称になっていた。「日向」「豊前・豊後」というような行政区域に分けられたのは、周知のように七世紀の半ばだが、それまでは、もっと曖昧に、もっと広域にヒミカとトヨが地名となっていたのであろう。しかしだいたい、のちの「日向」と「豊」の国の範囲は基本的には違わず、大化改新のときに規模が縮小されたり、分割されたのだと思う。「日向」を日の出る方角に向った国だからそう名付けたという地名起原式の説明（吉田東伍その他）は、もとより問題にもならない。

ここで中田薫の『古代日韓交渉史断片考』は大きな示唆を与えている。

中田薫説によると、『魏志』「馬韓伝」に「卑弥国」の名が出ているので、卑弥呼はこの「卑弥（Pimi）国」の出自の巫女ではないかという。「呼」は「児」で、すなわち「卑弥族の児」という意味だと推定する。この解釈は面白い。拙稿でも、前に「卑弥国」の存在を注意しておいた。

では、卑弥弓呼はどうか。中田説は「素」を従来通り「素ヨリ和セズ」とする。卑弥弓呼は韓音で読めばPimi-Kung-hen（ho, ha）となり、Kungha（Ka）は、Köir-Ka（n）即ち「大干」（主長の意）に比定し得るから「卑弥族の大干（酋長）」という名義である。それで、「狗奴国男王が南九州に独立国を建て、女王国に服しなかった所以は、もと卑弥族の『大干』として、巫出身の妖女の治下に立つことを潔としなかったためかも知れぬ。女王が彼と『素不和』なりし所以も亦《また》是にありと云うべきか」という結論になる。

この卑弥弓呼に関する中田説に私は同意しかねる。しかし、卑弥呼を「姫命」「姫児」などといわず、卑弥弓呼を「彦命」「比売語曽《ひめこそ》」などともせず、地名に由来した名前だと解釈している点は、大いに賛成である。

卑弥呼は、その呪術を能《よ》くするために、北九州連合体の衆望を負うてヒムカの土地から邪馬台国に迎え入れられたとすれば、邪馬台国にはもともと国王がいたわけである。しかし、魏使の報告《レポート》の作為か、あるいは編者陳寿の造作か、多分は後者に違いないと思われるが、卑弥呼を「女王」としたために、本来の国王を格下げしなければならなくなった。それが『魏志』「倭人伝」にいう「男弟」である。

同書によると、こうある。

「其の国、本《もと》亦男子を以って王と為《な》し、住《とど》まること七、八十年。倭国乱れ、相攻伐すること歴年、乃ち共に一女子を立てて王と為す。名づけて卑弥呼と曰《い》う。鬼道に事《つか》え、能《よ》く衆を惑わす。年已《すで》に長大なるも、夫壻《せい》無く、男弟有り、佐《たす》けて国を治む」

ここでは、卑弥呼は鬼道専門、「男弟」は統治専門と職分が区別されてある。「佐けて」というのは文章上のアヤである。これにまどわされて、卑弥呼と男弟の間に、あたかも天照大神と天児屋根命・建御雷神、神功皇后と武内宿禰、推古天皇と聖徳太子、斉明天皇と中大兄皇子などの関係と同じという説を吐く白鳥庫吉、内藤湖南などの説を、ここに詳しく紹介する必要はあるまい。

しかし、これは『魏志』「倭人伝」が卑弥呼を「女王」とするため、二王あっては困るので「男王」のほうを抹消したのである。実際は依然として男王は邪馬台国王として存続していたのである。「夫壻無」き「女王」のために陳寿が男王を「男弟」としたまでである。

したがって、宗女の台与が女王となったときも、やはり男王はいたと考えられる。『魏志』「倭人伝」は、卑弥呼の死後、

「更に男王を立てしも、国中服せず。更ゝ《こもごも》相誅殺し、当時千余人を殺す。復た卑弥呼の宗女台与年十三なるを立てて王と為し、国中遂に定まる」と記しているが、この記述は、偉大なる巫女卑弥呼がいなくなって北九州連合諸国が呪術的な信仰を失い、男王の指導力に権威を認めなかったため、混乱と争闘が起こったとみるべきである。「国中」とは、邪馬台国内のことではなく、いわゆる女王連合国の中のことである。

すなわち、卑弥呼の神憑りの言葉には連合体の首長も服した。それだけに彼女の巫言は狗奴国対策には有利に展開していたものであろう。しかし、彼女の死後、男王が統率してみたが、この「人間的」な命令には各首長も心服しなかった。おそらく、男王の統制よろしきを得ず、対狗奴国作戦にも失敗や誤りがあったに違いない。そこで大きな混乱が起こった。多分は連合体の代表である邪馬台国王に反逆する権力争いに発展していたのであろう。

そこで、たまたま洛陽からきて伊都国に滞留していた魏使の張政の肝煎りで、もう一度巫女を起用しようということになり、トヨの地の巫女グループから十三の少女「台与」を邪馬台国の祭祀場所（『魏志』「韓伝」にみえる蘇塗に似ていたかもしれぬ）に連れてきた。グループできたから卑弥呼と同じように台与にも「婢千人」が侍したことだろう。「宗女」としたのも、陳寿の筆飾であって、実子や血縁の者ではなかった。養女と解すれば、もっと素直である。

女王と男王

台与に「男弟」がいたとは『魏志』「倭人伝」に明記してない。しかし、十三の少女が祭政ともに行なえるはずはないから、男弟の存在を陳寿が省略したことは確かだ。それは記述の文脈を見れば分る。台与のときにも、男弟、すなわち国王は存在していたのである。

これについて、早稲田大学教授栗原朋信の「邪馬台国と大和朝廷」という論は甚だ示唆的だ。栗原説はいう。

卑弥呼が共立されて王となったとき『魏志』「倭人伝」は、「其の国、本亦《もと》男子を以って王と為す」と記しているが、ここにいう「本亦」とは、現在も男王であるが、本もまた男王であったという意味で、陳寿の執筆した時点を中心として記してある文章に相違ない。つまり、台与（栗原説では壱与）が死んだのちに男王が立っていた時点だという。

《倭の女王壱与が死んで次の男王が立てられたのが何時であったかは不明であるけれども、元康七年に陳寿が死んだときよりも前に、男王の時代となっていたのであり、この男王時代に魏志が書かれ、陳寿は倭の王がすでに男王に代って（復帰して）いたことを承知のうえで執筆したはずである》（『史観』第七〇冊）

もっとも、栗原説を私なりの図式にすると、「男王——卑弥呼——男王——台与——男王」というふうになって、「中間に異例の女王二人がいた」となる。

この点が私の考えとは違うところで、右にならって私見を図式にすると、

男王 ―― 卑弥呼 ―― 台与 ―― 男王

ということになろう。右の「男王」が同一人物ではなく代替りしていたのは断るまでもない。男王と女王とを直系的に交替させたところが栗原説に賛成しかねる点だ。

ところで、陳寿はどうして卑弥呼や台与を「女王」にしなければならなかったかだ。まず、当時、卑弥呼は北九州連合国の宗教的偶像になっていたから、外国人の陳寿にはもの珍しく映って「女王」と書いたのであろう。この巫女が連合国の諸首長の要望で巫女の座についていたのは知っていたから、陳寿はそれを「乃ち共に一女子を立てて王と為す」と表現したのである。

しかし、諸学者の説はこれを原文通り「共立」と解して、そのような字句を使っている。「共立」と書けば政治的に強いニュアンスとなる。もともとは、みんなの要望で、というほどの意味であろう。

卑弥呼を国王としたのは、倭から朝貢をうけ、またこれに下賜品を与える「外臣」国としての体裁上、倭があまり野蛮国であっては魏自体の権威にかかわるという中国の事大思

想から、倭国を「国家」と見なし、「官僚制度」も整っているような後進国に仕立てたため、「女王」をつくったのである。このように私には考えられる。「女王」としたことが陳寿にはよほど興味をおぼえさせたらしく、「邪馬台国」の名は『魏志』「倭人伝」にたった一ヵ所しか出てこないが、「女王」「女王国」の名は合計十七ヵ所も出てくる。この字句の頻出度と陳寿の異国興味とは正比例する。もちろん、それまでの中国歴代の王朝には女王はひとりもいない。

　私は、陳寿が倭国に筆の上で「官僚制度」を創作したように書いた。これは中国の歴史書の編纂態度に由来すると考えるが、別項にゆずることにする。したがって、『魏志』「倭人伝」に記されたもろもろの官名や、難問の「一大率」や「大倭」のこともその項で考えるのが便利である。

　あまり、一つところに彽徊しているようだから、「女王国」の敵国である「狗奴国」に移りたい。

「狗奴国」の官名は「狗古智卑狗」であり、男王名は「卑弥弓呼素」（このように素までを人名に入れたわけは前に述べた）である。「狗古智卑狗」は通常、「菊池彦」と解されている。この「卑狗」が『紀』に書かれた「彦」に相当するのだろうが、三世紀のヒクまたはヒコと、八世紀の文献の「彦」という漢字とは印象がかなり違う。

　それはあとでふれるとして、前に書いたようにこの「卑狗」は対馬、壱岐国の官名だ。

つまり、「女王国」圏の官名だが、それが政治も文化も風俗も種族も異《ちが》うらしい敵国の官名にも同じ「卑狗」がついているとはどういうわけだろう。むしろ、「狗古智」だけにしたほうが、すっきりしている。

男王「卑弥弓呼素」にしてもそうで、あまりにも女王「卑弥呼」に似すぎているではないか。こういう疑点について、私の狭い知見の限りでは学説のふれたものを知らない。

これも、どうやら陳寿の創作臭いのである。『魏志』「倭人伝」は狗奴国について何一つ書いていない。この国は「女王の境界の尽くるところの、其の南に有る」というだけで、里数や日数も分らない。戸数も知れない。チンプンカンプンである。風俗について儋耳《たんじ》・朱崖《しゅがい》（海南島）と同じような南方風習が述べられているが、これは狗奴国のようでもあり、倭国全体のようでもある。

なぜ、狗奴国のことが判然としないかというと、敵国であるから、その内側のことはこっち側にはよく分らないという理由が立てられよう。まさに、鉄か竹か知らないが、その境界には厚いカーテンが閉されているかのようである。

もっとも、脅威の敵国だから、ある意味では敵情をさぐっているはずだが、三世紀の対立国では情報の蒐集はあまりしなかったものらしい。それとも、倭人から聞いてはいたが、魏に従わない狗奴国を陳寿が中国の威信上無視したのか、女王国に遠慮して叙述を回避したのか、そのへんのところは分らない。狗奴国には、魏と対立していた南方の呉のあと押しがあるらしいという説もあるが、証拠はない。もし、それならば、陳寿はよけいに狗奴国のことを書くのをイヤがったかもしれぬ。

しかし、そんな深読みはやめて、ここでは狗奴国のことは何一つ、中国側には知られていなかったとしたほうが素直であろう。

狗奴の国王

さて、卑弥弓呼素の名に移る。

このよみ方については、ヒメコソ＝比売語《ひめこ》（許）曽《そ》（神社）の内藤湖南説があることは前にもふれたが、ほかには見当らない。

卑弥呼に弓の字が入りこんでいるのが難解だが、その下の素は曽ではなかろうか。のちの「襲《そ》」「噌唹《そお》」の国である。この地方一帯を当時も「ソ」とよんでいたのであろう。

そうすると、かりに弓の一字をはずしてみると、「卑弥呼素」となって、「ヒミカ・ソ」となる。すなわち、「日向の襲」かもしれない。

日向の地が東九州地方にあったとすれば、その地につながる襲を接続してよんだのか、日向の地域を広く考えて、その中の襲というように書いたのかもしれない。

弓の字が挿入されているのは、「比売語曽といへば女性を見《あら》はすに対して卑弥弓といへば男性を見はすにもやあらん」と内藤湖南はいっている。しかし、内藤説では、コソは呼素であるから弓は字余りになってくる。原文通りに訓めば、ヒメココソとなるのである。もう一つのよみ方、弓と弥は順が逆になっているとみなして、ヒコミコ（彦命）の説を私が採らないことは前に述べた通りだ。

では、ヒミクマソの音をうつしたのではないかとも私は考えてみた。この男王の統治するのは狗奴国だ。狗奴は通説通り、クマ（熊・球磨）であろう。クマとソが一つになってクマソになったのであろうとするのも通説になっている。熊襲の字が当てられたのは八世紀ごろらしいが、三世紀のはじめごろにはすでにクマソと呼ばれていたのかもしれない。そうでないという証拠もない。

そうすると、卑弥弓呼素を「卑弥弓呼素《ひみくまそ》」と仮りによむとする。ヒミカクマソ（日向熊襲）であったのが、カ行の音が重なって、ヒミクマソになったのかも分らぬ。「弓」はコよりもクがよいだろう。

だが、「呼」をマとよむのは至難のようである。コ、カのほか万葉仮名ではヲであるというが、マとはどうしてもよめそうにない。マを表わす漢字は、『魏志』「倭人伝」では、馬・末だけである。げんに私も卑弥呼をヒミカとよんでいる。

ここで、卑弥弓呼素の「呼」は、あるいはマの字を表わす他の文字の誤記か誤写ではないかと思えてくるのだが、原文をなるべく変えない（一支国が一大国となったり、台与が壱与になったりしている明らかな誤りは別として）のが本文の主旨だから、この通りに据え置いて、当時の魏人が倭人の発音をこのように耳に聞いて漢字に写したとしておこう。
狗奴国男王の名は、『魏志』の筆者陳寿が邪馬台国の「女王・卑弥呼」「男王・卑弥弓呼素」と対称させて書いたと考えられる。

なお、官名の卑狗も、のちの『古事記』にある「日子」や、『書紀』の「彦」に当る名であろう。しかし、八世紀の漢字によって眩惑されてはならない。ヒクまたはヒコという名があって、それを漢字に当てはめたのだから、「日子」「彦」と漢字でよむと印象のニュアンスが違ってくる。ヒクまたはヒコの語源は分らない。古い朝鮮語からきているのかもしれないが私には知識がない。

この卑狗という官は、対馬国と一支国とにしかいない。九州の本土に全然ないのはどうしたことだろうか。朝鮮に最も近接している対馬と壱岐のみにあった特殊な名だったかもしれないのである。『魏志』「倭人伝」が「官を卑狗と曰《い》い」と書いているので、官名のようにみえるが、あるいは、それは魏使の思い違いで、卑狗という二島の首長かもしれない。もし、卑狗が地方に派遣されている官名なら、九州本土の、いわゆる女王国圏の国々にも、その名が見えていなければならないのである。

卑奴母離

同じことは副の卑奴母離についてもいえる。これも卑狗という官のいる対馬国と一支国とだけにある。九州本土には見えない。

ほとんどの学説は、卑奴母離を『記・紀』に散見する「夷守《ひなもり》」と解している。そして、のちの辺境防備の「防人《さきもり》」と同じだといっている。

言葉の上では抵抗なく呑みこめそうだが、それならば、卑奴母離が対馬と一支だけにいて、なぜ、末盧などその他の本土海辺にいなかったのだろうか。

私には、三世紀の前半に大陸や半島からの侵攻に備えて、対馬、壱岐に防守のような役人が配置されていたとは思えないのである。防守が大和朝廷から配備されたのは、七世紀の後半と思われる。夷守が防守になったというのならば、どうしてヒナモリといわなかったのだろうか。ヒナモリがサキモリと変化したとは考えられない。

また、三世紀の前半に、日本語に「夷《ひな》」という言葉があったかどうか疑問であろう。ヒナとは田舎ということだろうが、当時、ミヤコに対するヒナという八世紀的な言葉が使われていたとは思えない。

「守《もり》」も同様で、これものちの記録からくる考えのようである。母離《もり》はむしろ朝鮮語のムレと考えられ、ムレ（牟礼）、ムラ（村）と日本化した原形であろう。これは集落という意味だという。

そうすると、ヒナも朝鮮語という可能性が強いわけだが、古代朝鮮語は湮滅《いんめつ》しているものが多いから、ヒクまたはヒコとともに、いまは原義のたずねようがなくなったと思う。

したがって、ヒコと、ヒナモリという二つの首長の名がいっしょにあったことになる。私はどっちかが呪術的な祭主だったのではないかと思うのだが、もし、そうだとすれば卑狗は案外、宗教的な地名ではなかろうか。女王の卑弥呼の例からそう考えてもいいと思う。卑奴母離は集落に住んでいた首長である。卑狗を官とし、卑奴母離を副とする順位も、女王と男弟の地位の書法に通じている。

こうすれば、対馬、一支の二島は共通の用語、習慣があったので、それぞれヒコ、ヒナモリが在るのは自然となる。

それを『魏志』「倭人伝」が、官とか副という冠詞を付け、二島とも同名なので、あたかも中央政庁から派遣した官名のように、現在では解釈されてきたのだろう。

狗奴国の「官」に古狗智卑狗とヒコをつけたのは、それを官名らしくするための陳寿の造作であろう。古狗智も、また、人名ではなく地名に違いない。卑狗が、のちに残って「日子」「彦」という男子の美称や尊称に転化したのではなかろうか。

卑奴母離についても同様で、それが「夷守」となって九州の地名に拡散したのであろう。夷守は『和名抄』では筑前にも日向にもある。美濃にも越後にもある。それが防守のような官職名だったら、こんな拡散の仕方はしないだろう。これは、あとでも書くが、地名の東遷とは質的に違うのである。『和名抄』にみえる丹後や陸奥の「日沼《ひぬま》」もヒナモリの転訛かもしれない。

ここで、伊都国に置かれた「一大率」や、「大倭」のことにふれなければならないが、叙述の便宜上、通説上の狗奴国の背後勢力と想像されている呉との関係を考えることにしたい。

しかし、それには一応、当時の中国の情勢に眼を走らせなければならない。

前漢と倭

邪馬台国が『魏志』「倭人伝」に伝えられた三世紀の前半は、日本では弥生式末期に当る。

北九州の弥生前期の遺跡からは細型銅剣・銅鉾の発掘があり、中期になると伴出する鏡には前漢鏡が現われる。細型銅剣・銅鉾というのは、のちに儀式用の広幅型になる以前の実用的なものだ。北九州の弥生後期には後漢鏡を伴う例があるが、その次の魏の時代の鏡と目される出土の例はない。こうしてみると、日本の弥生文化の年代は、中国でいうと、ほぼ前漢、後漢から三国時代の初めにかけたころに当ることは確実のようだ。

周末に周王朝の勢力が弱くなって、春秋戦国時代の乱世になったが、このころ諸侯が互いに激しく争って、北方の今の北京附近に本拠をおいた燕が強くなった。燕は周王室の一族だが、この燕のときに熱河から南満州の遼河下流までが平定された。遼東郡という。当時、燕の勢力は鴨緑江を越えて朝鮮の北部まで伸びたが、このため満州から朝鮮方面

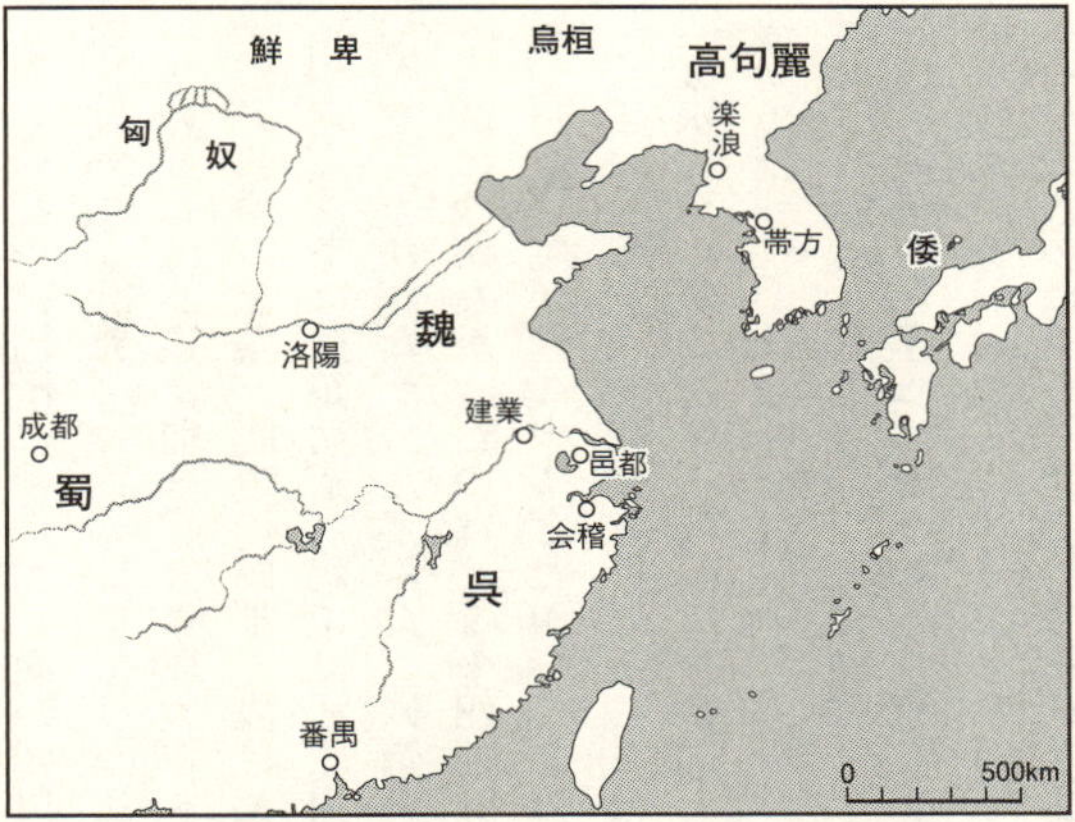

の民族の配置は大動揺をきたした。満州のツングース族が朝鮮に入って先住民族を東南に追い払ったのもこのころで、漢民族である燕人の東への移動が次第に多くなった。中国の戦国時代の明刀銭が朝鮮の平安北道方面に多く分布し、それが南朝鮮から日本まで及んでいることはその証拠である。『山海経』に「倭は燕に属す」とあるのは、そのころ燕人と倭人の間に交渉があったことを示すようだ。

その後、中国では秦の始皇帝が天下を統一したが、秦は十五年間で滅び、漢の世となる。

そのころ燕王の一族の衛満が東に走って朝鮮に入り、今の大同江のほとりに衛氏の朝鮮国を建てた。衛氏はさらに大同江の下流の平壌附近まで進み、早くからその地にいた箕準の朝鮮国を倒した。この箕準は殷の王室の一族で、殷が滅んだとき逃げてきた箕子の子孫だと伝えられる。

箕準は東南に逃げた。その後、衛氏の朝鮮国と漢との関係は円滑にゆかず、漢が韓民族を臣下とみなしたにも拘らず、韓民族は漢の王室に従わなかった。

漢の武帝は、遂に前一〇九年に大軍を発して衛氏の朝鮮を攻め、これを滅ぼし、そこに楽浪、真番、玄菟、臨屯の四郡を設けた。楽浪は主として平安南道、黄海道、真番は京畿道以南、玄菟は咸鏡南道、臨屯は江原道方面であった。しかし、真番郡と臨屯郡は漢の統治がうまくゆかなかったとみえ、武帝が死ぬと、この二つの郡を廃止した。漢の政治がスムーズにゆかなかったのは、この四郡が設けられてから東アジアの諸民族が大いに刺戟され、自立運動が起こってきたからである。

楽浪には漢の文化が栄えた。そのころの、『前漢書』の「地理志」には、

「楽浪の海中倭人有り、分れて百余国と為る、歳時を以って来り献見すと云う」

という記事が見える。

倭国が漢人の注目をひいて、東洋史の上に文献として姿を現わす最初である。

漢の武帝のときには大いにその勢威を四辺にふるい、それまで歴代が悩まされていた北方遊牧民の匈奴を封じこめるために西域と東方経略に成功して、匈奴の東西からの脅威を断った。さらに南方に進出し、朝鮮半島にも侵攻した。

なぜ、漢がこのように強かったかというと、主として鉄製の武器や利器を用いたためである。そのころ、周辺の民族や少数民族はまだ石器を使用し、青銅器や鉄器を使うもののも

その初期の段階にすぎなかった。しかし、漢は早くから東アジアの中で鉄器を開発し、これを独占した。

鉄器の前の青銅器は殷や周の時代に兵器として用いられたが、鉄はまだ出現していなかった。戦国時代に入ると、農具や工具には多少鉄が使われるようになったけれど、剣、鉾などといった武器はまだ青銅器だった。

漢代に入ると、青銅の利器が急速に廃れて鉄製品に代る。武器だけでなく、農具、工具も製作された。漢代には完全に鉄器時代に入ったとみていい。

こうして戦国時代に武器として使われた青銅器は廃れて、鉄にその位置を譲ったのだが、青銅は武器以外には銅器、鏡、貨幣などの材料としてつづいた。殊に鏡は錫分の多い白銅で造られ、前漢の中ごろには内行花文鏡、重圏文鏡、王莽時代の前後には方格四神鏡があり、後漢に入ると獣帯鏡、神獣鏡、獣首鏡など多彩なものが造られ、これらが日本にも渡って北九州から出土しているのはよく知られている通りだ。

また、漢代の末（一世紀ごろ）になると鉄製器具は農具にも使われ、水田を何千何万町歩と開き、米作地帯の大規模な開発が行なわれている。しかし、日本に鉄が武器として入ってくるのは、青銅器とほとんど同時であるとされている。石器からすぐに鉄器時代に直結したといってもよい。日本では青銅器時代はなかったといわれている。

さて、眼を中国に戻して前のつづきを見よう。

漢の朝廷は紀元七年に王莽のために奪われたが、この新しい国は僅か十五年にして滅び、後漢の光武帝が即位した。光武帝は英邁であったから、その勢威を望んで周囲の民族から続々後漢の朝廷に朝貢してきた。

『後漢書』の「東夷伝」に、

「倭は韓の東南大海中に有り、山島によって居を為す、およそ百余国、武帝の朝鮮を滅ぼしてより漢に使駅を通ずるもの三十許国、国みな王を称す……建武中元二年（五七）、倭の奴国、貢を奉りて朝賀す、使人自ら大夫と称す、倭国の極南界なり、光武、賜うに印綬を以ってす」

とある。

江戸時代の天明四年に博多湾を隔てた志賀島から発見された金印が、この光武帝から倭国王がもらった印綬だとされており、この金印に「漢委奴国王」の文字があるのはよく知られている通りだ。一時、偽物説があったが、今では衰えている。

後漢の末に中国が乱れて王朝の勢力が衰え、遼東の太守だった公孫氏という者が自立して楽浪郡の地まで併呑してしまった。この公孫氏の子が楽浪郡の南部を分割して新たに帯方郡を置いた。これが紀元一九六年から二一九年の間のことである。帯方郡は今の黄海道の南部、京畿道の全部、忠清北道の北部である。だいたい、今のソウル附近が中心と思えばよい。

一体、韓民族がどんな系統の民族であるか、どこから半島にやってきたのか、詳細なことは分らない。だが、前記のように周末からの民族の移動で、この種族が北から南に圧迫されて下ってきたことは容易に想像できる。漢、韓はいずれもカンであり、北部民族の汗もそうである。朝鮮の古代史は伝説も多いが、その民族移動を語っている。

さて、帯方郡を設けた公孫氏は、兵を起こして韓を攻撃したので、それからのちは韓は帯方郡に服従するようになった。

一方、中国のほうでは後漢が滅び、魏、蜀、呉の三国に分れた。このうち、洛陽に都を置いた北部の魏が東方の朝鮮と倭にもっとも近い関係をもつ。

魏と半島

魏は半島の諸民族に宥和政策をとり、明帝の景初年間（二三七―二三九）に楽浪と帯方の二郡に太守を置き、諸韓国の臣智（酋長のもっとも勢力の強い者の自称）に印綬を与えた。しかし、その後、魏は辰韓八国を割いて楽浪に帰属させようとしたので、臣智らが怒り、帯方郡を攻めた。だが、敗退の結果に終ったので、以後は二郡のもとに屈伏した。倭も中国への朝貢には帯方郡経由をとっている。このころは、魏の植民地統治も帯方郡が中心だったので、楽浪郡のほうは凋落したらしい。

こうしてみると、中国の東方政策は、韓民族の勢力が自立意識のもとに強くなるにつれて苦渋が増してきていることが分る。殊に、魏は南方の呉と対立していたので、半島民族を手なずけることに苦労している。このことは、さらにその東方の海上にある倭に対しても同様で、魏が卑弥呼に「親魏倭王」の印綬を与えたり、その使いに魏の高官の名称を付したり、倭からの貧弱な貢に対して贅沢な品物を贈ったりしているのは、倭の懐柔策である。魏は、これらの国々が呉に付くことを極度に恐れていたようである。

当時の韓族のことは『魏志』の「東夷伝」に書かれている。これでみると半島の北部と東辺は未開で、西南部に文化がすすんでいたことが分る。これはこの地方に楽浪や帯方郡を通じて文化が伝わり、また漢人の流入によって文化技術がもたらされたからであろう。すでに農業が行なわれ、森林の開墾や、田畑の耕作がなされている。桑を植え、蚕を養い、絹や布を織っていた。

『魏志』によると、辰韓では、

「国中鉄を産出し、韓、濊、倭従ってこれを取る。諸《もろもろ》の市賈《しこ》は皆鉄を用うること、中国の鉄を用うる如し」

とある。

文化や生産の発達の原因が鉄にあったことはいうまでもない。

当時の半島は部族国家で、『魏志』によれば馬韓が五十余国、弁韓、辰韓が各十二国に分れていたとあるのは、本稿でさきにみた通りである。この馬韓の地方からのちに百済が興り、辰韓から新羅が生まれた。

こうした韓民族と倭の交渉は、あとでも見ることにして、その前に、『魏志』「倭人伝」にある女王国の敵国「狗奴国」の後押しを呉がしていたと想像される説について考えたい。

稲の戦い

稲の伝播

卑弥呼が生きていた時代は弥生式文化の後期である。稲作の時代であることはいうまでもない。『魏志』「倭人伝」にも「禾稲《かとう》・紵麻《ちょま》を種《う》え」とある。禾は栽培された穀物の意だから、この「禾稲」は水田による耕作であった。静岡県の登呂遺跡でも分るように、すでに卑弥呼の時代の三世紀前半に、水田耕作は当時辺陬《へんすう》の地であった中部地方にまで及んでいた。この米の栽培法が九州から東漸したのは疑いない。

『魏志』「倭人伝」は、北九州においてどのような水田稲作が行なわれていたかを明白に書いてないから、正確に知ることができないにしても、北九州には、前一世紀ごろに渡来したという説が有力である。そうすると、卑弥呼の時代には栽培技術もよほど進んでいたとみなければならない。いわゆる「女王国」の北九州には、筑紫平野、肥前平野などがあり、特に筑後川河口一帯の筑後平野は広い沖積地帯で、今でも水田耕作にはもっとも適している。

この米の栽培法がどこから日本にきたかということは、「邪馬台国」問題を解く上に一つの手がかりとなろう。

稲の原産地はベトナム地方だともいうし、インドだともいうし、あるいは黄河の上流ではないかともいう。ここでは通説となっているインド原産説をとってみると、稲はインドからインドシナ、中国の江南地方に渡り、それから中国北部に及んだといわれている。黄河下流地方の仰韶《ヤンシャオ》地方出土の彩色土器（新石器時代遺跡）には籾殻の圧痕が認められたといわれている。しかし、ここで稲の栽培がはじまったとは思われないから、やはりインドからひろがってきたものであろうと推定されている。

なお、古代の日本に野生の稲があったとは考えられていない。また、陸稲が水稲の前に渡来していたかどうかは決った説がない。麦（現在の小麦ではなく、大麦。小麦はずっとのちになって現われた）は小アジア地方から渡来したものといわれ、粟はインドの西北パキスタン東部の乾燥地帯が原産地という。これがインドで栽培化され、かなり速い速度で中国北部に移り、そして、このへんで稲、粟、黍が一つの副業的な農耕として栄えたといわれている。これは仰韶文化のはじまる少し前であった。

いろいろの説

では、稲は、その中国からどのようにして日本に渡ってきたのだろうか。

安藤広太郎の『日本古代稲作史研究』では、南方説と北方説とに分れる。南方説は、南のほうから黒潮の流れに乗って九州の南端に漂着した民族によってもたらされたというのである。それは日本の古代稲作の風習に南方色が極めて強く、かつ、南方語で解釈できる言葉が農作に関して多いというにある。この日本に稲を持ってきた民族はインドシナに居住した苗族ともいい、インドネシア諸島の種族ともいう。これは吉田東伍が唱えたところで、支持者には鳥居龍蔵、西村真次などのほか、田中節三郎、菅菊太郎などの農学者がいる。

北方説には、農学博士小野武夫の『日本農業起源論』がある。小野によると、弥生式民は大陸から文化を移植した文化人であり、彼らの使用した土器に稲籾の附着するものが多く、それが九州以東中部日本にまで普及していたことが明確にされた以上、稲はもっぱらこの弥生式民がシナ大陸から朝鮮半島を経て輸入したものと解釈してよいという。そして日本の水稲の起源については、稲作文化と思われる銅鐸が北アジアの弥生式文化の一部にすぎないことが分った今では、稲の南方渡来説は認めにくく、北シナ地方起源説がより有力と思われるといっている。

また喜田貞吉は、銅鐸はシナ秦人がもたらしたもので、元来弥生式民は北アジア地方の原人であって、それが朝鮮半島を経て渡来する際に、すでに北アジア地方に普及していた稲をもたらしたものだという。

そのほか、その後の日本産の米は日本型ともいうべき特質があって、インド型とは著しく差異があることが分った。栽培学的な立場から、日本の陸稲中にはインド型に属するものが少なくないが、日本と朝鮮の水稲は大部分日本型であるほか、また中国の南部と中部の各地から得た八十五種について実験した結果、北支と中支の稲は日本型と同じ曲線を示すため、日本型の祖先は、こうした北支、中支であろうと推定する学者もいる。その考えによると、広東や江南などの中国南部は著しくインド型の特徴の品種をもっているので、結論としては、中国北部、朝鮮にひろがった稲が日本にきて、水・陸稲の大部分に発達したと考えられるという。

文学博士樋口清之は、単純に一方からきたとはいえず、南北両方の道をとって日本にきたという、いわゆる南北二元説を唱えている。

《日本の稲は北シナ系に近いことを農学上指摘する説があるが、また一方には、南方文化要素と考へられるものが、わが古代農耕文化に普遍的に伴つてゐる事実である。稲の渡来が南方より行はれたものもあるといふ事実を今日否定し去ることはできない。自分は昭和十七、八年頃、薩摩半島南部地方で、比較的古い弥生式土器に籾跡を印した事実を確認することができたし、またそれらに、水田耕作に必要と思はれる大型打製石鋤が伴つてゐる事実から、今なほ南来説をも北来説と同時に、すなはち南北二元説として支持しなければならないと考へてゐる》(『日本古代産業史』)

こうした立場に立つ樋口説は、北シナ系統の稲が北九州や山陰地方に渡来する一方、中国大陸に足場をもたない稲の伝播が、日本海流によって南九州もしくは東海道筋などに直接行なわれたと見ている。この南方から直接伝播したものが、主として南方暖帯系の農耕文化をもたらしたものと推定する。

以上、稲が日本に伝播する経過について諸説を少しくどく紹介したが、「稲」の問題は『魏志』「倭人伝」を解く一つの手がかりと思うのであえて紙数を費した。

稲と邪馬台国

では、それはどう邪馬台国問題に影響しているか。これに関して安藤説は興味がある。大要はこうである。

――古くから江南地方で稲作をいとなんでいた漢民族でない南方系民族が日本に稲を伝えたのは、漁夫などの漂流によるのではなく、稲作民族が幾つかの団体となって渡来したのであろう。この民族は日本の存在を知って計画的にきたのではない。彼らは、次に述べるように、彼ら一団の安全を図るために海洋に逃れ出て、あるいは南方地域に行こうと企てたのが、海上の風向きにより東方に流され、対馬海流に乗って北九州または南朝鮮に漂流したのであろう。江南地方の稲作民族は漢民族ではなく、苗族など南方系の民族であった。

戦国時代では、荆楚、句語、置越の諸国は、当時の中国、すなわち漢民族から蛮夷と呼ばれた異民族で、その国王たちもこれを認めていた。秦の始皇帝がシナ全土を統一して以来、漢民族の勢力が拡大されると共に漢民族の南下する者が多くなった。秦の始皇帝が権力をもって漢民族を南下せしめたほかにも南方に移住した者は多かったであろうし、これによって南方地方は次第に漢民族の文化をとり入れ、また漢民族と江南民族の間に結婚が行なわれ、漸次開発されてきたことであろう。

しかし、江南民族の中には、漢民族の圧迫に耐えず、また漢時代の呉楚七国の乱において破れ、また民族間の闘争などのために民族が団体で逃亡を企てたものも少なくなかったに違いない。これらの民族団体は山地に逃れた者もあり、海に浮んだ者もあったであろう。海に逃れたことの少なくなかったことは、『魏志』「東夷伝」や『史記』の各列伝中に、その記事がみえる。

このように漢民族の圧迫を避けるため、あるいは敗戦の結果海へ逃れた数団の江南民族は、船中に、食糧はもとより、逃亡先で農耕をいとなむため種子を携えていたであろう。この海上に浮んだ江南稲作民族の一部が風のために東方に漂流し、対馬海流中に入って、北九州または南朝鮮の沿岸に到着し、そこではじめて稲を先住民族である倭人に伝えたのであろうと考えられる。このことは、『魏志』「倭人伝」に倭人の風俗が儋耳・朱崖（ともに海南島）と同じだと記されていることも有力な傍証になる。——

以上が安藤広太郎説の要約である。

呉楚七国の乱というのは、周知のように前一五四年ごろに起こった。漢の景帝のとき、諸侯の勢力を殺ぐためその封土を削ろうとした。当時、景帝の側近に、諸侯王の土地をあまり肥らせると将来叛乱が起こる、しかし、土地を削っても必ず叛するであろう、ただ、いまの間に削ればその禍いは小さくて済むと建議する者があった。

そこで景帝は、呉や楚のような多くの土地、人民をもっている大国に対して土地の削除を行なおうとした。果して呉王は、その二郡が削られるに当って兵を挙げて叛いた。呉と共に楚をはじめ六国がこれに加わった。しかし、漢の討伐軍は呉楚の糧道を絶ち、大いにこれを破った。また、その他の諸国の軍も敗北した。こうしてとにかく漢は幸いに諸国の叛乱を鎮定することができたのである。これが呉楚七国の乱である。

安藤広太郎の説は、こうした呉の敗亡によって江南の稲作民族が海洋に逃亡し、それが対馬海流に乗り、北九州や南朝鮮の沿岸に到着して稲作を伝えたというのである。もちろん、これらの稲作民族は、その前から南下した漢民族に圧迫されてきていたので、呉楚七国の乱以前からも同じケースで北九州にきていたのではないか。そして、彼らが前から住んでいた倭人に稲作の技術を教えたのだろうという。安藤説は、江南民が航海の術に長じていたことをも挙げる。

二つの圏

ここで、『魏志』「倭人伝」に書かれた女王国に対立する狗奴国の背後に、呉の勢力の応援があったかどうかの問題に立ち戻らねばならない。もちろん、このときの呉は漢時代の呉ではなく、三国時代、二三〇年ごろの呉である。呉ははじめ蜀と連合して魏に当ろうとした。ここに三国志的な戦国絵巻を書く余裕はないが、要するに、諸葛亮を失った蜀の勢力が急速に衰え、呉と魏の対決となった。

それより前、呉は魏をおびやかすために、遼東の支配者、公孫淵を手なずけている。遼東の公孫淵も魏の勢威に曝されていたので遠交策をとり、呉にしばしば使者を出している。だが、いかんせん、呉はあまりに遼東より遠かった。遂に魏の司馬懿が遼東を攻めても呉はどうすることもできず、公孫淵の滅亡を傍観しなければならなかった。魏が、朝鮮の楽浪、帯方の二郡を手に入れたのはそのあとである。この魏の朝鮮経営によって、卑弥呼の魏への朝貢がはじまったのは、前に述べた通りである。

こうした状態でも分る通り、呉は遼東の公孫淵を援助しようとしても、その軍を送ることはできなかったのである。もし、呉が援軍を送るとすれば海路だが、中国沿岸ぞいに北東に行くことすら不可能だったのに、どうして狗奴国に呉の支援ができたであろうか。呉から南九州の薩摩半島あたりに行くには、途中、東シナ海を横断しなければならない。沿岸ぞいや島伝いに遼東に行くよりははるかに困難な条件である。しかも当時、呉は魏の脅威があって牽制されていたのだ。

学者のなかには、当時、魏の景帝は倭国を侵攻する意図があったとするものがある。韓族を降伏させ、高句麗を取り、挹婁、夫余（満州）を経略した魏が（この侵略によってこれらの地の事情が分り、「東夷伝」が書かれた）、さらに辰韓と一衣帯水にある倭の攻略を考えていたとは、いかにもありそうなことである。ところが、それを遂行できなかったのは、側近が呉に衝かれることをおそれて景帝を諫止《かんし》したからだという。もし、そうだとすれば、呉がはるかに遠隔の狗奴国に軍事援助をするのは危険になるはずだ。いわんや、女王国には張政などという魏の大使格の男が滞在して、内政まで見ていたふしがあるくらいに連絡が緊密だった。狗奴国と呉との交渉にはそんな密着はなかったようだから、なおさらだ。もっとも、「なかったようだ」といったのは『魏志』「倭人伝」にその記載がないという意味で、実際にあったとすれば話は別である。しかし、次に書くように、そのような連絡があったとは私には思えない。

通説では、北九州の女王国が魏を恃《たの》んでいるのに対し、狗奴国は呉の援助を受けていたという想像だが、海路の至難な交通を考えればその臆測は成り立たない。九州を南北に二分して、北半分が魏、南半分が呉の勢力圏というのは面白い想像には違いないが、根拠にうすい。たとえば、邪馬台国の場合をみると、魏の都に行くのに、壱岐、対馬、狗邪韓国すなわち朝鮮の西沿岸を航行して帯方郡を中継地としている。ところが、狗奴国と呉との交通には寄るべき島もなければ帯方郡のような中継地もない。仮りに琉球列島の飛石伝いにしても、東シナ海の横断はやはり至難である。もっとも、呉は朱崖や夷州（台湾）まで手に収めていたというから、夷州経由の航路が考えられないでもないが、果して当時、遠路そのような支援が送られたであろうか。邪馬台国―帯方郡―魏というコースに比較すると、呉と南九州の直接コースははるかに長距離で、はるかに至難な航行である。これでは、たとえ呉からの声援があったにしても迫力はあるまい。

しかし、そうした軍事的な援助ではなく、安藤説がいうように、紀元前二世紀か三世紀ごろから、すでに中国の南方民族が九州にきていたであろうことは容易に肯定できる。ただし、安藤説では、もっぱら南方民族が沿岸伝いに北上し、朝鮮に移り、さらに北九州にきたようになっているが、ルートはもう一つの直接的なコース、すなわち、いまの揚子江河口地方から東シナ海を渡り、琉球列島を島伝いに南九州に上陸したであろうことも十分に考えてよい。すなわち、私もまたその渡来には二元説をとるものである。

もともと、北九州、朝鮮のコースは間に壱岐、対馬があって、非常に早くから開けていたと思われる。学者によっては、このコースを北方路と名づけている人もある。だが、中国南部から南九州に直行するコースももっと考えてよいのではないか。だいたい、こうしたコースは、潮流のほかに、当時の渡海術の上では風が大きな要素となっている。

たとえば、秋から冬のはじめにかけては、東シナ海には、西、または西北の季節風が吹く。この季節風に送られると、中国の中部や江南地方から東シナ海を横断するのは比較的に楽である。のちの奈良朝時代の遣唐使が帰国の際、現在の楊州あたりから船出して鹿児島県の坊ノ津に着いたのも、この季節風を利用したためである。それはたいてい薩摩に着いている。ただし、季節風に乗りそこなうとえらい目に遭う。遣唐使の船が安南や南海の賊地に漂着したのも、僧鑑真が遭難して明州や海南島に漂着したのも、この晩秋の季節風に乗りそこねたためである。危険はまた、そのころ襲来してくる颱風によっても加わった。

このように見てくると、稲作の技術を知っていた江南民族が、北方路だけでなく東シナ海横断の南方路をとって、数次に亙って南九州に上陸していたであろうことは容易に想像がつく。理学博士荒川秀俊（気象研究所所長）の『日本人漂流記』によると、文化・文政期に中国の広東、上海、蘇州、呉淞、山東を船出した漂流船は、薩摩、大隅に十二例、肥前の五島列島に五例、対馬、壱岐、土佐、紀伊に一例ずつ漂着している。もって、圧倒的に大隅、薩摩に到着した例の多いことが分ろう。しかし、それだからといって、三国時代の呉が遥かな狗奴国に支援を送っていたとは考えられず、むしろ危険を強く想像するだけである。

くどくいう通り、はるかにやさしい沿岸ぞいの航行で遼東すら救えなかった呉が、どうして東シナ海を渡る冒険を敢えてすることができたであろうか。また、そのような可能性がない限り、狗奴国は呉の支援を受けていたとはいえないのである。

諸学者の説は、狗奴国の方向、存在については詳しく論じられているが、狗奴国の実体については立ち入って書くところが少ない。これは『魏志』「倭人伝」に、その記述が全然ふれられていないために、拠るべき資料が全く無いからであろう。卑弥呼が死んだのも狗奴国との戦乱のさなかであったから、彼女は狗奴国の攻撃のために戦死したという説もある。たとえば、法学博士中田薫の『古代日韓交渉史断片考』には、「栄枯盛衰は歴史の必然的運命である。十数ヵ国の盟主として卑弥呼女王下に統合された北九州の一大帝国も、女王統御七十四年の末期には、南九州より突如侵入してきた倭人の別種『狗奴』国王の強烈なる攻撃に遭い、そのさなかに女王は歿し、忽ち衰滅の兆を呈するに至った」と書いている。ここでは狗奴は倭人の別種として取り扱われているが、その詳しい記述はない。

異種の風俗

安藤広太郎は、『魏志』「倭人伝」に倭人が男子は大小となくみな黥面《いれずみ》をし、身体には朱を塗り、着物はいわゆる貫頭衣であったという記事に関連して、

《南方系の民族でない倭人の風俗が、このやうに江南海岸地方住民のそれと同じであることは何故であらうか。これは倭人が、文化の稍高く、且稲作民族である江南人に倣ったにほかならない。倭人が遥かに海を隔てた江南人の風俗を模倣するには、両者が互ひに邂逅する機会が多きことを要するのであるが、当時倭人と江南地方との交通があったとは思はれないから、むしろ江南海岸の住民が何かの事情で団体的に倭国海岸に漂着したことによるものである公算が多い。この漂着した江南人の団体は、倭人よりも稍高い文化をもって居り、且稲作民族であったから、これが倭人の尊敬を集め、その風俗が倭人の間に伝播して、魏志編纂の頃まで一般民衆の風俗であったのであらう》(『日本古代稲作史研究』)としている。

この『魏志』「倭人伝」の風俗に関する記事はしばしば問題になるところで、南方の風俗がとり入れられているところから、あるいは編者の陳寿が別な資料を紛れこましたのであろうといい、あるいは勝手に倭人の風俗を南方のそれと思いこんで書いたのであろうといい、異論まちまちである。だが、この安藤説はかなり重要な意見として聞くべきではなかろうか。

たしかに、そのころ江南民族の渡来があれば、それより先の土着倭人がその影響を受けたと思われないでもない。しかしながら、これが九州全部、すなわち、北九州にまでその風俗が行なわれていたとは考えられない。それは当然に狗奴国が強い影響をうけていた。

だが、風俗は政治圏を越えて北九州にも浸透するから、魏使がその見聞を持ち帰り、陳寿がこれを珍しいこととして採録したのかもしれぬ。

もともと、陳寿は倭国を大そう珍しい国として取り扱っている。巫女の卑弥呼を「女王」としたり、その連合国形体を「女王国」と名づけたりしてしきりと異国趣味を出している。この点は、魏がその勢力を伸張して実際に兵力を朝鮮半島や南満州にまで動かし、その実地の見聞に基づく「東夷伝」の記載とはだいぶん違うのである。魏使は僅かに伊都国に駐《とど》まっていただけだ。したがって、倭の風習を「儋耳・朱崖」と同じと書いたのも敢えてふしぎではないと思う。

しかし、『魏志』「倭人伝」を読んでも、狗奴国の種族と、いわゆる女王国の種族とは、政治的にも生活的にも違うことが察せられる。この性格の相違をもう少し突っ込んで考えなければならない。倭人が九州の南北二つに分れて勢力争いをしたというよりも、種族的な争闘と考えたほうが妥当のようである。女王連合国が一体となって狗奴国に当ったのも、その意味のようである。

それでは、狗奴国の種族とはどういうものであったか、私はやはり南九州に拠った民族こそ、前から南方航路によって集団的に渡ってきていた江南民族が、そこで一つの種族国家を形成していたのだと考えている。それを解く一つの手がかりが「米」の問題だと思うのである。

縄文式時代に米の農耕があったかどうかの問題は一部では疑われているが、しかし、泥炭層中の炭化した植物の中からヒエ、ムギなどの畑地耕作の穀物が発見されていること、前期縄文式土器に耕作穀物のヒエの圧痕があること、打製石斧の刃部が耕作に便利なように半円形になっていて、しかも耕作によって磨滅していることなどのほか、今日では、米粒の炭化したもの、稲の泥炭化したものや、籾痕を持つ後期縄文式土器などが全国的に発見され、縄文式時代にも稲の栽培があったことが推定されている。だが、この時代の稲は、おそらく畑地耕作による陸稲であって、中国、朝鮮より輸入された技術のいわゆる焼畑耕作であったろう。早期弥生式土器（遠賀川式）にはもちろん籾痕のあるのが発見されているが、このころから比較的高地の耕作だった陸稲は、低地、特に沖積地の縁辺に下りて水田耕作に移行したものと思われる。

インド型と日本型

米に、日本型とインド型とがあるのは前にふれた。その品種に細別があるとしても、この二種類に大きく分けられる。日本型は、現在われわれが常食しているのと同じもので、まるみを帯びて、粘りがある。中国の古文献に「粳」とあるのがそれである。これに反し、インド型は細長くて、粘りがない。品種改良前の台湾米に近いと思えばよい。

古代中国の米は、安藤説その他によると、江南でも北部でも、朝鮮でも、日本型であったという。ところが、植物学的な考察では、現在、広東、湖南地方などの中国南部では日本型の品種もあるが、著しくインド型の特徴ある多くの品種を見出すという。そうすると、古代のこの地方にはもっとインド型の米が多かったに違いない。

原産地のインド型の米が、中国の中、北部、朝鮮に行くにつれて、どうして日本型に変ったかというと、温帯地方から寒地に伝播するに従い、その土地に適するように栽培耕作の工夫がなされ、自然と品種の改良を伴ったからであろう。

学者の説くところによれば、米はインドから、

①ビルマ経由で雲南または四川、貴州方面に伝播した。

②タイ、ラオス、ベトナムなど旧印度支那半島より東北上し、広東、福建、台湾に行った。

③そこから浙江地方を経て揚子江上流に向ったのと、黄河の流域に落ちついて中心地を形成した、のとある。これがさらに朝鮮に遷ったのだという。

この史的考察は、おそらく誰もがうなずくことだろう。

そうすると、問題は、①②のグループと③とは気候の分岐するところであるから、前者は、熱帯地方としてインド型の米が残り、③の場合は、温帯、寒帯に適合するよう栽培の苦心が重ねられた結果、日本種になったことと思う。

元来が熱帯植物の米（インドでは野生稲がある。そのため原産地とみられているのである）を中国北部や朝鮮などの寒冷の地に育てるのだから、その栽培の苦心たるや思いやられる。

げんに、古文献の『周礼』、後魏の『斉民要術』は別としても、明の『農業全書』さえ稲作の苦労が説かれているという。とにかく、こうした温暖・寒冷地帯向きの苦心栽培方法によって、自然に日本型の米になったのであろう。日本の上古時代に稲作のみのりを祝う行事が行なわれていたのも、風害や水害からのがれ得た安心からだけではなく、それ以前の問題、つまり寒害からまもり得たことのよろこびだったと解したほうが当っている。

北方からきた稲の栽培法は、苗床《なえどこ》をつくる苗植法であったに違いない。この苗床の方法こそ、熱帯性のものを寒地性のものに変えた秘訣だったと思う。

直播だと種子が出水で田から流出する。苗植だとそれが防げるほか、苗代の浅い水が太陽によってぬくめられ、それによって種子が発芽して伸び、苗にして親田に植えることで栽培が能率的になる。これがくり返されるうち、その適応性によって自然に品種の改良ができたのである。苗代は祭祀的な意味も加わって、丘陵の裾に近いところに置かれ、谷川の水や湧水をひいているのが普通だが、これは後世に稲が冷水に耐えられるくらいに品種が改良されたからで、そのはじめは、やはり親田に移す前、苗代の浅い水で温度を保たせ、苗を成育させたのであろう。

インドやビルマなどの熱帯地方では直播でよい。しかし、中国の中・北部や朝鮮、日本などの温暖帯では苗を育てる「温床」が必要であった。

苗による田植だと、水田を深く耕さなければならない。鉄器の出現によって、その農具が深耕法を促したことは勿論である。

黒潮の運搬

ここで、いよいよ本論の「女王国」と「狗奴国」との争乱を、この米の問題からみてゆくことにする。

仮説だが、三世紀の前半には、南九州にインド型の米が多くつくられていたのではなかろうか。特に薩摩、大隅地方は亜熱帯に近い気候である。また、江南民族が黒潮に乗り、台湾や琉球の島づたいに移動して上陸し、その地方に定着したとすれば、彼らが定住後の生活を考えて携えてきた米の種子はインド型だったに違いない。南九州地方の亜熱帯気候は、さほどの困難もなく直播の植えつけに成功したであろう。別に苗代の必要もなかったから、この地方ではインド型の米栽培が相当長期間残されていたと思われる。

南九州の先住倭人は、これらの江南民族の影響で文化的に同化した。しかも、外来民族は長期間に亙って渡来がつづけられたので、米の栽培はもとより、その服装、習慣など著しく南方化した。この南方化の要素の一つには江南民族のほかに、東南アジアからの直接の渡来も加わっているに違いない。もともと、江南民族は非漢民族で、東南アジア系だから、同種の文化系統である。彼らの渡来には、フィリッピン諸島、台湾、沖縄、薩摩、日向、土佐、紀伊、三河、安房の沖を弓なりに北上する黒潮が重要な運搬手段を果している。

この仮説が容易に首肯されるには、南九州にインド型の米が存在していた証明がなければならない。しかし、残念ながら、現在のところそれは考古学的にも薄弱である。

だが、次の樋口清之の説は注目してよいだろう。

《嘗て自分が蒐集した弥生式土器の中に於ける、籾殻の押型に就いて、その形態を注意した所、左表の如き形態の相違が存在する事を、大和・三河二種の例のものに見る事を得たのである（図表略）。

この表に示す所によれば、大和稲は平均竪三〇・五厘、横一一・八厘、三河の稲は平均竪二六・七厘、横一〇・七厘を有し、その竪横の平均比例は、大和は123：71，三河 5：2となる。この差を了解し易く表記すれば、

$$\frac{71}{123} : \frac{2}{5} \rightarrow \frac{355}{615} : \frac{246}{615}$$

となって、三河は大和に比して、著しく細長い品種である事を知る事が出来るのである。

これらは、軽率には断定しえない所ではあるが、稲の野生種に属するものが、殆ど今の燕麦の如く細長い籾を有するものであり、これが主として熱帯地方に栽培せられてゐる印度種（Oryza sativa L. Indica）系のものと関聯するのであるが、これに対して現代のは日本種（Oryza sativa L. Japonica）と云はれて、これらとは相当大きい相違をその間に持つてゐる。従つて、右の表に示した古代大和稲と古代三河稲との形態的特色は、古代大和稲

は全く、現代の日本種に等しいものであるが、これに比して古代三河稲は、猶印度種の特色を多分に有する稲であると看做されるのであつて、或は玆に我が国内に於ける稲伝播後の品種改良が、地方的に、相当進められた所と、進められなかつた所とが存在するとも考へられ、又他面、稲伝播の系統と年代とが、地方によつて相違してゐる事を示すもの、とも考へる事が出来るのである。若し想像が許されうるならば、近畿地方及び西日本に於いては、比較的早くこの温帯の気候風土に適応するやうに、稲の改良が行はれつゝあつたに対して、比較的後に南方より渡来した東海道筋の稲は、弥生式土器文化時代に於いては、猶充分なる改良を見るに至らなかつたとも考へられるのであつて、要するに、この推定の当否は別としても、我が古代稲の品種に、印度種に近いものの存在してゐる事は興味深い事である》(『日本古代産業史』)

右の樋口説では、三河発見の土器についた押痕の稲はインド種であり、それが「比較的後に南方より東海道筋に伝播した」と推定している。その説の背後には黒潮が運搬したことの示唆がみえる。

そうすると、この三河に到着したインド種は、比較的後であったということから、東南アジア方面から黒潮で直接に運ばれたというよりも、南九州のそれが海流に乗って三河に着いたと解したほうが自然であろう。同様のことは紀伊半島の南にもあったに違いない。現在までその発見がないだけであろう。

その傍証としては、紀州の熊野が、狗奴＝熊・隈《くま》・肥《くま》と同じクマの名であることだ。おそらく狗奴国種族の一群が海流に乗って、この半島の突端に漂着し、移住したのであろう。熊野は長い間、大和政権の反対勢力であった。神武が大阪湾から紀伊半島沖をわざわざ迂回して熊野を攻めたのも、この異種族を制圧したことを強調したいためにつくられた大和政権の説話に違いない。

クマがコメ（米）の名に由来しているのではないかという説は以前からあった。東南アジア諸島では、米をホメまたはオメという（都立大教授馬淵東一説）。クメ（久米）という地名は日本の各所に多いが、これも稲作民族の残した地名であろうというのが柳田国男説で、柳田は、久米部は大和朝廷の武人と同時に宮廷の食饌を調達する任務だったから、稲作民族に関係があるとし、その子孫が大嘗祭の式に「久米舞」を奏したのも、同じく米の農耕に由来していそうだという。

こうしてみると、あるいは、南九州に上陸した米は北方系の北九州より早かったかもしれないのである。ただ、現在の学説は北九州上陸を第一歩として、右の推定には冷たい。

というのは、前にもふれたように、南九州の亜熱帯性気候は、温暖・寒帯地方に適応させる苗代田の必要はなく、おそらく、インド型の種子はそのまま水田に直播できたであろうからである。日本統治以前の台湾の米は、完全にインド種であった。しかも、日本政府による品種改良がすすめられても、なおかつ、長い間「台湾米」という粘りのない、長い形の輸入米が日本人を悩ましていたことを思えば、台湾、沖縄と連絡する古代南九州の米が同種であったであろうことは想像できる。そして、この南九州のインド型米は、やがて国家の統一によって、栽培法も苗代をつくるものとなり、水田は深耕法となり、日本型の丸みを帯びた米に改良され同化されてしまったのであろう。

どうしてこんなことを長々と書いてきたか。すでに読者がお察しのように、いいたいのは狗奴国の住民が南方系（江南民族、インドネシア系民族）の種族――「長い米」を持った種族の集団であったであろうことだ。

大乱の動機

女王国（北九州）の住民がシベリア、中国北部、特に朝鮮系の文化を持ち、狗奴国のそれが南方系の文化を持ち、したがって、それぞれの文化をもたらした渡来人の定着がおのおのの政治、生活形態をつくっていたとすれば、この二つの不融和は当然であろう。そして、この対立が「大乱」を起こすことにも必然性がある。

しかし、両方の政治、生活文化圏の対立が、そのままでは「戦争」にならない。戦争になるには、もっと物質的な衝突がなければならない。いいかえれば、一方の勢力圏が政治的な侵略を欲望し、その行動に移ったときに起こる。対立に戦争の原因や要素はあっても、その衝動がなければ発生しない。

学界一部の暗黙の通説になっている女王国が魏の支援をうけ、狗奴国が呉の後押しをうけていたために「大乱」が起こったというなら、これはまるで現代の「代理戦争」である。海を越えて倭を去ること遥かに遠い中国の南北戦争のために、三世紀前半に「代理戦争」が行なわれたと解する者は一人もいまい。

では何が起こったのだろうか。

私は、最初は狗奴国が女王国に「戦争」をしかけたと思っている。『魏志』「倭人伝」の叙述をみると、女王国は狗奴国を恐れていたようであり、防御的な位置に立っているようなニュアンスがよみとれる。だからこそ、女王連合国が卑弥呼、台与という呪術者の超自然的な魔力を求め、その下に団結したのであろう。

狗奴国が女王国侵略の意図をもっていたとすれば、その原因はやはり「米」の問題であろう。つまり、米の生産地の拡張運動の結果だと思うのである。

当時の狗奴国がどれほどの人口を擁していたかは、もちろん分らない。『魏志』「倭人伝」記載の戸数をもって末盧から邪馬台国に至るまでの国々の人口を推定する説は、それが虚妄の数字の上に立っていることはすでに述べた。だが、数字はともかくとして、意外に人口が多かったであろうことは私も認めたいのである。おそらく、主として朝鮮から対馬、一支を経て地方の倭人に加わる数はあとを絶たず、年々増加していったに違いない。

耕作の地形

似たような現象は狗奴国――大隅、薩摩地方にも起こっていたであろう。もっとも、この方の渡来人の数は北九州よりずっと少なかったが、それでも女王国にくらべ、狭隘な地域に相当な人口を抱えていたと思われる。だいたい、日本の人口は古代から奈良朝時代まで が多く、それ以後は増加率が減少しているという説もある。私は、それを単に土地だけについていっているのではない。米の生産面積と生産手段をいうのである。

生産面積についていえば、薩隅地方の沖積期層はせまい。国分附近、大隅半島の肝属川流域、薩摩半島の加世田附近、川内川河口附近にわずかにみられる程度だ。したがって、北上したところにある菊池川流域の肥沃な肥後平野は狗奴国の穀倉地帯であったに違いない。すなわち、「女王国の境界の尽くる所」の接点だ。その国境線は東西に走る筑肥山脈――竹原峠、小栗峠、南関荒尾の線であったろう（明治十年の役には、この丘陵地脈が肥後平野を確保する西郷軍の官軍に対する第一防御線となっている）。

もちろん、肥後国はのちの行政区域の名だが、奈良朝時代には、この地域の住民を「肥《くま》人《ひと》」と呼んで、「熊襲」と同種族の異種族扱いにしている。早くから南九州一帯の住民が同一種族であったことがこれでも知れる。また、南方からの渡来地は薩摩に限らず、八代湾を入って肥後地方にも上陸したであろう。彼らが北九州に上れなかったのは、そこに先住民族の倭人がおり、北方系の種族で、その勢力に阻まれたためであろう。

この狗奴国圏の米作法は、おそらく江南や東南アジア諸島から台湾、沖縄列島を経て北上した直播であったという前提に立つと、気温、湿度はそれに適するにしても、一つの危険が想定される。それは排水の不十分と洪水による被害だ。

肥後平野を貫流する菊池川や白川は、この水田地帯にこよなき灌漑用水を与えたに違いないが、同時に大雨による冠水は排水が不完全なために、播いた種子を発芽のまま腐らせることもあったろう。ことに洪水は種子をおびただしく流失させる。

この地方に洪水が多かったであろう想像は、このへんがしばしば颱風のルートに当っていることだ。いま、この地方に颱風銀座の名がある通り、南方海上からの直撃コースになっている。その被害は、苗植よりも直播のほうが何倍か大きかったであろう。

もちろん、女王国の水田地帯も、同じように洪水、颱風の被害は受ける。しかし、苗植だと直播ほどには全滅的な打撃は受けない。それに、水田面積は、狗奴国の持つそれよりもはるかに広大なのである。

このようなことから、狗奴国の水田は荒廃し、筑肥山脈を越えた北側の女王国の筑後、筑前、肥前の広い水田地帯が狗奴国の住民の眼には宝庫のようにうつったのだろう。そして、この地帯への侵略、植民地化を考えて攻撃を起こしたのではあるまいか。

狗奴国人が小栗峠あたりに立って、女王国側の広い平野や水田を見わたしたとき、羨望と欲望が生じたに違いない。国見をしたわけだ。高所に立って土地を俯瞰し検分するのを『記・紀』では「国見」と書き、普通、これは戦略的に解釈されているが、むろん、居住環境と生産条件との調査を意味しているのである。

第二に考えられるのは、米作が連年ではなく、隔年、または数年間隔だったことである。安藤説によると、『周礼』の「稲人」にあるのでも隔年となっている。稲をつくるのは前の年の六月に水をやって草を腐らせ、雨がなくなったら乾くから、秋にこれを焼き、翌年水を張って田植をする。後魏の『斉民要術』には「稲は歳易を良とす」とあるという（『稲の日本史』第一集）。

つまり、一年間、田を休ませている間に、そこに生えた草を腐らせ、それをすき込んで肥料にする。あるいは、稲の株など腐らせて肥《こや》しにするのである。この腐った植物のアルカリ性が、土壌の酸性を中和して、稲作にいいようにするのだ。田に青草を入れて緑肥にするのも同じ理屈である。

一年なり二、三年間なり田を休ませておくと、その間の換地を他に求めなければならない。だから、この方法だとよほど広い土地がなければならない。栽培地が倍以上必要ということになる。狗奴国が女王国を侵略しようとしたのは、こうした理由もあったと思われる。

水田を交互に休ませて使用する耕作法があれば、大嘗祭の悠紀《ゆき》・主基《すき》もこの名残りではないかと私は想像している。悠紀（斎忌《ゆき》）の斎田は大嘗祭の国郡卜定の儀で定められるが、古くは尾張国、美濃国、ときには備前国があったが、のちには近江の諸郡となっている。主基は悠紀に対して補助的な意味という説と、悠紀が天神を祭り、主基が地神を祭るという説とがあるが、古い隔年耕作の遺習を稲作神事化したものと考えてもよかろう。

第三は、気候の問題がある。

たとえば、アメリカのR・W・フェアブリッジは、一種の作業仮説だと断って、海水準の変遷から、紀元一世紀ごろを北半球の気温の寒冷期の谷とし、これが三世紀の前半までつづいていると推定する。そして、六〇〇年ごろに再び寒冷期となり、一四〇〇年を次の寒冷期とする。

日本にはだいたい六〇〇年ごとに寒冷期がくるという説が行なわれている。この六〇〇周年説は、フェアブリッジの推定ともかなり合致する。寒冷だった六〇〇年ごろ、奈良の佐保川が氷結したという記録があるし、一四五九年の琵琶湖が氷結したという記録もフェアブリッジの寒冷期に照応するという。これは理学博士山本武夫（山口大学教授）の説だ。そういえば、天明の飢饉は寒害のためだが、これも一七八六年である。

三世紀前半の日本が寒冷期だったとすれば、「米」の問題で女王国と狗奴国が争乱を起こしたという推定に興味を加える。

この寒冷のために、狗奴国の米作は大きな打撃をうけたのではあるまいか。直播は熱帯性栽培法だから寒害にはもっとも弱い。それにくらべると、苗代田植はかなり寒害から救えるのである。もし、狗奴国がこうした状況から食糧不足に陥ったとすれば、女王国への侵略の理由は容易に考えられるのである。

狗奴国の敗退

その結果はどうなったか。ほとんどの学者の説は、女王国の敗退だとみている。だが、私はその反対だと思っている。

女王国が狗奴国に敗けたと考える説の根拠は、卑弥呼が「大乱」のさなかに死んだことから戦死したと思われること、あとには台与が立ったがその記事が消えていること、つまり、女王国の消失にあるらしい。

しかし、卑弥呼が死んだことは必ずしも戦死を意味するとは思えないし、病死かもしれないのである。また、たとえ戦死だったとしても、女王国の敗北とは限らない。彼女が戦闘に参加して直接指揮をとったわけではなく、あくまでも後方の宗教的な存在であったと思うし、戦闘の指揮者は『魏志』「倭人伝」に「男弟」と書かれている男王だったに違いない。

女王国や邪馬台国の名が中国文献に消えたのも、中国の動乱によって向うの記録が絶えたからである。

その後、倭の記事が中国史書に現われるのは『宋書』の「夷蛮伝」倭国の条で、四二〇年に倭の王の讃が南宋に「万里貢を修」めにきたとある。讃が死んだのち、その弟の珍が王となって同じく貢をおさめた。次に、済、興、武の代々の王が朝貢した。以上の王を「倭の五王」とよんでいるが、これが五世紀前半から後半にかけての出来事である。

倭の五王は、最初の「讃」が応神天皇とも、仁徳、履中とも比定されているが、いずれにしても、この時代の日本では大和政権が確立し、全国を統一していた。つまり、北九州に卑弥呼や台与の生きていた時から二百年ほど経った間に、倭ではこれだけの政治変化があったわけである。ただ、この約二百年間の倭の事情を伝える中国文献に欠けているから、われわれは想像で補わなければならないのである。

私の結論から先にいえば、女王国と狗奴国の大乱では女王国が勝ち、狗奴国は敗退した。しかし、狗奴国は全滅したのではない。女王国にはこれを全滅させるだけの力がなく、降服させただけであった。こうして九州には北九州政権ができて、しばらくつづいたが、やがてその中心は東方に遷って大和政権の基礎となった。東遷の理由は、はっきりしないが、推定はできる。それはあとで書くとする。

東に移動した北九州政権は、去ったあとに出張所のような統率代行機関を置いた。大宰府の前身みたいなものであろう。しかし、一旦、降服した狗奴国種族は、「女王国」中心勢力が東に去ったのをみて、叛乱に出た。それは北九州までひろがった。そのため、大和政権はしばしばこの討伐に向わなければならなかった。これが景行天皇西征の伝説になったのだと思う。

『書紀』によると、景行天皇は九州のほとんど全土を討伐に歩いているが、筑紫国だけは入っていない。これはどういうわけか。私は、筑紫には、前述の大和政権の出張所があったため、筑紫国だけは叛乱がなかったからだと思う。

だが、先を急ぐまい。次にはもう一度『魏志』「倭人伝」の「女王国」の形態を見つめ、それが大和政権に変ってゆく過程を見ることにする。

「一大率」「女王国以北」

「一大率」の解釈

『魏志』「倭人伝」の難問の一つは、次の叙述である。

「女王国から以北には特に一大率《いちだいそつ》を置いて諸国を検察せしめているが、諸国はこれを畏れ憚っている。伊都国には、いつも中国における刺史のような官吏がいる。王は使を出して京都（魏の都、洛陽）や帯方郡、諸韓国に行かせる。そして郡から倭国に使すると、皆津《しん》に臨みて捜露し、文書・賜遺の物を伝送して女王に詣らしめ、混乱することはない」

通説の訓みに従って、こう現代文に直してみたが、大切なところだから、原文も掲げておく。

「自女王国以北、特置一大率、検察諸国、諸国畏憚之、常治伊都国、於国中有如刺史、王遣使詣京都・帯方郡・諸韓国、及郡使倭国、皆臨津捜露、伝送文書・賜遺之物詣女王、不得差錯」

伊都国には「一大率」なる何やら権力をもったものが在って、諸国をおそれさせていたらしいのである。

この「一大率」をどう解釈するかで、「女王国」の実態解明がかなり異ってくると思う。まず、これについて在来の説の主なものを出してみよう。

坂本太郎は「魏志倭人伝考」（古代史談話会『邪馬台国』）で、こういっている。

《一大率は明らかに女王派遣の総督ともいうべき官である。その権限は女王国以北諸国の検察と倭国の外交事務の管掌とであり、諸国はその権威に恐れ憚ったという。すでにこの強力な官によって諸国が検察されるならば、更にその上に諸国に国王制御の為の官を送りこむ必要はなかったのではあるまいか。また伊都国だけについて考えても、一大率が常に伊都国にいれば、国内に女王国の監督は十分に行届くであろう。魏志にも国中で刺史のごとくであったと記していて、伊都国内での一大率の強い権限を認めている。それ故この国の官、爾支・泄謨觚・柄渠觚もまた女王国派遣のものであれば、女王の監督関係は二重になり、両者の権限の分界も定かでないという複雑な事態も起ったであろう。伊都の官はやはりその国固有の官であり、一大率の検察のもとにちぢみあがったものであると考えることが、遥に筋の通った解釈であろう》

坂本説は、邪馬台国九州説だから、「一大率」は邪馬台国の女王卑弥呼が「女王国以北」の諸国を統制するために伊都国に派遣した「総督」のような権限を持ったものだという。

この坂本説の限りでは、「女王国」と「女王国以北の諸国」との関係が、説明不足で曖昧である。この点は、あとでふれる。

千ページ以上にわたる厖大な著書『東洋史上より観たる日本上古史研究』を著わした同じく九州説の橋本増吉は、「一大率」について、こういっている。

伊都国駐在の一大率の任務は、「女王の都せる邪馬台国への使節往来の無事なる様、監視注意に力《つと》めたといふだけで」「決して女王国の政治上の中心であつた訳でもなく、また外交上の中心勢力であつた訳でもな」い。そして一大率は「女王に忠誠なるべき地位にあつた」。

橋本説は、魏使が邪馬台まで実際に行ったと解釈し、一大率の性格は、その魏使を伊都国で送迎する儀典長の如き任務のように規定しているのだ。従って、一大率が中国の刺史のような強大な権力を持っていて、諸国を畏怖させていたという点については、ふれるところがない。

九州論者では、牧健二説と井上光貞説を出したいが、ここで邪馬台国畿内論者が「一大率」をどう考えているかを先にみることにしよう。

畿内説の総帥内藤湖南は、一大率のことは全く無視して、その「卑弥呼考」には一行の記述もない。従って、内藤がどのような考えを抱いていたかは分らぬ。

志田不動麿は、その点をこう述べる。

《その次には「国には市というものがあって、有無を交易している。これを大倭というものをして監督せしめている」といっている。ついでに関係が深いと思うから、次の句もこゝに挙げておこうと思う。「女王国より以北には特別に一大率（いち・だい・そつ）というものを置いて、諸国を検察しているので、諸国ではこれを畏憚（い・たん）している。常に伊都国というところに駐在している。これは全く国中に於ける刺史（し・し）の如き役に当たる」という記事である。前方の句は、交易（貿易）の監理者である大倭というものゝ存在を挙げたのであって、その性質を明瞭にしないが、字句を読んで見ると、女王国の代理者が伊都国に常駐していて、諸国を取締っていたという説明になる。これを一大率とか刺史とか称していて、まぎれるかたなく中国的な思想である。女王国の監理権が諸国の上に及んでいたこと、女王国より以北という記事は一寸不可解になってくるが、女王国の代理人が常駐する伊都国の所在を示す言葉だと解すれば疑義が氷解する筈である。伊都国を我が筑前の怡土に当てることには何人にも異議なかろうから、これを怡土郡に当てるとすれば、その存在を知って畏憚したといわれる諸国というのは、怡土郡よりも北方に当たる末盧郡、一支島、対馬島などを称するものと思う。大倭が諸国の交易を監視したばかりか、諸国を畏憚せしめる程の勢力をもっていたというのは、女王国の命令を受けて外交事務を総監する者が怡土郡に常駐していたのであろう。後世の大宰府の前身と見ることには少しも異存はない》（志田不動麿『倭の女王』）

次は、同じく畿内論の石井良助の説。

《女王は刺史のような役人をこの国におき、王（伊都国王）が京都帯方郡や諸韓国に使を遣わしたり、郡使が倭国に使した場合には、津に臨んで捜露して、伝送文書や贈遺の物は間違いなく女王の前に届けさせたというから、王がその権限の行使にあたり女王の監督を受けていたことは確かである。この刺史のような役人はいわば外交監督官であったが、そのほかに、投馬以西の施政を監督させるために、「大率」という役人がおかれており、やはり伊都国に駐在していたのである。右のほか、国々の間に交易が行なわれ、これを監督する役人もいた》（「邪馬台国の位置と倭国の政治構造」『シンポジウム邪馬台国』）

前に出した志田の文章に「大倭」のことが出ているので、ついでにここにふれることにする。志田も書いているように、この一大率の記事の前には、

「国国有市、交易有無、使大倭監之」

という文字があるのである。これは、普通に、

「国国《くに》市《いち》あり。有無を交易し、大倭をして之を監せしむ」

と訓《よ》んでいる。

すなわち、各国にはそれぞれ物々交換の市場があって、それを「大倭」に監督させている、というのである。後代の、海柘榴《つばき》市とか二日市とか五日市とか、目印の樹のある処で行なったり、日を決めて行なった市の原型だったかもしれない。

この記事で、読者に留意していただきたいことが二つある。それは「大倭をして之を監せしむ」とあるが、一体、だれが大倭にそれを命じたのかというのが一つ、原文にその主語が曖昧になっていることから説が分れる。それに、「大倭」の性格も問題なのである。これは、「一大率」の私の解釈と関連してあとで書くから、今は、この二つの点に心をとめておいていただくことにする。

では、「一大率」にもどって、今度は畿内論の俊英上田正昭の説明を聞くことにしよう。

上田説はこう述べている。

《「一大率」は文意より推して(1)諸国の検察に当り、(2)郡使の常駐する伊都国で外交にも関与した官と思われるが、『魏志』の編者が、元封五年に設けられた郡国を刺挙し、政績を報告する刺史に対応させて述べているように、それは「共同体的な社会構成の一つの遺産」というよりは「諸国畏憚」する女王派遣官であることは、九州論者の多くもまた認めるところである。

この文の読み方も(1)「有下如二刺史一王上」とか「有レ如二刺史王一」とか、王までを含む訓法、(2)通説の如く「有レ如二刺史一」として「一大率」の説明ととる訓法、(3)「一大率」とは別個に「有レ如二刺史一」として下の文に続ける訓法など、細かくいえば種々に分れる。中国における刺史の職務内容よりして、「一大率」の説明とするのがよいか、あるいは一大率の下にある官とするのがよいか、この限りでは断定しにくいが、「国中」という文意よりすれば、一大率の下にある官の一種と解せないこともない。伊都国にある爾支などの官との関連が問題となるが『魏志』編者はそれらを念頭においていたかどうか判明し難い。いずれにしても「一大率」が外交文書などの管掌にも当ったとみられることは「伝送文書」などとあるところより推定できる。中には「特置一大率」の置く者の主体が明記されていないから、女王派遣官ではないとか、あるいは「王遣使」の王は伊都国の王であり、したがってその設置者は伊都国王であるとかいわれる人があるかも知れぬが、すでに橋本博士や三品博士の論証された如く、その記す「王」と設置の主体が女王国およびその王であることは認めてよいことであろう》（『日本古代国家成立史の研究』）

要するに、上田説では「一大率」は、女王国、あるいはその王卑弥呼が設置したものだというのである。そして上田説は、畿内に邪馬台やそれを含む女王国があったという考えだから、一大率は畿内大和から北九州に派遣された監督機関のようなものであり、のちの大宰府に似たようなものと推定するのである。

省略された主格

「一大率」を考える上に、邪馬台畿内論はまことに都合がよい。なぜなら、九州説だと女王国の首都邪馬台は現在の福岡県山門郡に考えられているから、一大率の駐在する伊都国（福岡県前原町附近）とは極めて近い距離にあって、そんな近いところにわざわざ諸国を監察し、畏憚させるような権限のある出先機関を置いたとは思われないからである。それでは卑弥呼や男弟の権力と一大率の権力とが狭い北九州地域に二重になってしまい、少少不合理だからである。それは前述の如く、九州論の坂本説も「両者の権限の分界も定かでないという複雑な事態も起ったであろう」といっている通りの不都合になる。

これに反し、女王国が畿内にあれば、こんな不合理は起こらない。大和にある首都から、北九州に出先機関を設置して、諸国を監察し、大和の権威を以って諸国を畏れさせ、かつ、帯方郡や魏からくる使節と交渉する外交官とすればよいからである。それこそ、のちの朝廷と大宰府との関係を思えば、合点がゆく。

だが、その畿内説にしても都合の悪い点がある。それは原典に、一大率は女王国の「以北」の伊都国に治す、と明記してあることだ。畿内説は、たびたびいうように、伊都国より邪馬台国に行く方向が、原典に「南」とあるのは「東」の誤りだと決めている。それ故に邪馬台国は大和なりとしているのだから、大和より「以北」だというと、京都か敦賀あたりになる。畿内論者も、伊都国の位置が福岡県の深江よりほかに動かしようがないと分っているから、これでは「以北」を、本居宣長のように「以西」の誤りだとして、西の北九州に逆戻りさせざるを得なくなる。うまくゆかないものである。

私には、畿内論者のいうように、三世紀の前半に、大和において、はるか北九州まで統轄できるような強力な統一政権が存在していたとは考えられないのである。それは五世紀前半の応神朝以後だと思っている。

この疑問に対して石井説は次の解答を用意する。

《当時において、はたして、大和にある邪馬台国が北九州を支配することが可能だったかという疑問が生ずるかも知れない。しかし、わたくしの考えでは、こういう支配は十分ありえたのである。北九州と大和というと、大変離れているように見えるけれども、瀬戸内海の東西の距離は、朝鮮・対馬両海峡の距離の二倍半ほどに過ぎない。玄海灘の荒波をすら渡っていった日本人が、潮流こそ急であるが、わずかその二倍半の距離しかない波静かな瀬戸内海の航行に困難を感じたとは考えられない。ことにそのほぼ中間に中継基地である鞆があるにおいてをやである。もちろん、瀬戸内海沿岸の国々が全部邪馬台国の統合下に入ったわけではないであろうから、その意味で点と線の支配的なものであったかも知れないが、最重要な中継基地である鞆を押え、内海航行権を確保するだけの水軍を持っていれば、大和から北九州を支配することも困難ではなかったのである。ことに卑弥呼が伊都国に常置した前記「大率」のごときは、きわめて強力であって、諸国はこれを「畏憚」したというくらいであるから、邪馬台国は遠くに離れていても、実効的支配を行なうことができたのである》(前掲書)

石井説が鞆(広島県)を重視するのは、ここを『魏志』「倭人伝」の「投馬国」に擬定しているからである。

しかし、この説には賛成できない。瀬戸内海の東西の距離は、朝鮮・対馬海峡の二倍半に過ぎないというけれど、二倍半とはたいそうな距離で、過ぎないどころではないのである。およそ航海のことをいうとき、海上の距離だけをみるべきでなく、航行路が開けていたかどうか、海上交通が通常化していたかどうかの観点からいうべきだろう。朝鮮と北九州の航路は早くからひらけていて、交通も頻繁であった。「玄海灘の荒波」を強調するのはおかしい。再びいうと、当時、北九州諸国を恐れさせるような監察機関を持つ強大な政権が大和に存在していたとは、私にはとうてい思えないのである。かりに百歩ゆずって、もしそうだとすれば、「一大率」は畿内から兵力をもって伊都国に駐留していなければならない。それなくしては、諸国を「畏憚」させる威力はなかろう。『魏志』「倭人伝」からはそのような推定はできない。まして、後世の大宰府のように、単独の監察機関が置けるほどの威力をもつ政権が畿内に在ったとは考えられないのである。

さて、一大率を九州邪馬台国説、畿内邪馬台国説の両方からみてきた。要約すれば、九州説だと一大率の置かれた伊都国と女王の住む邪馬台国とがあまりに近すぎ、畿内説だとあまりに遠すぎて、邪馬台権力からの威力が及ばない、という両方の欠陥があるのである。

私の考えはどうか。

この個所の『魏志』「倭人伝」の記事をふりかえると、

「自女王国以北、特置一大率」（女王国より以北には、特に一大率を置き）

とある。気づくのは、この文句に主格が見えてないことだ。一体、誰が一大率を置いたのか、はっきりしないのである。

だが、漢文には、しばしば主格が省略される。それで、ときには意味をとるのにまどわされるわけだが、右の文句の場合も同様で、この主格の曖昧さが解釈に混乱をきたしているのだ。

もっとも、解釈の混乱とは、私からいうことで、従来、大和説も九州説も、省略された主格は邪馬台国の女王だという点で一致している。ただ、両説では、それぞれ前述の疑問が出てくるわけである。

帯方郡からの軍政官

私は「一大率」は、魏の命令をうけ帯方郡より派遣されてきた女王国以北の軍政官と考える。つまり、省かれた主格は「魏＝帯方郡」である。

「倭人伝」に述べられた「一大率」の権威からみて、それは大使をかねた軍政官に近い地位にあったと思う。

『魏志』「倭人伝」はいうまでもなく『三国志』の一巻である。殊に『魏志』「東夷伝」は中国の立場より東方の夷国の事情を観たものだ。されば、編者、陳寿の観念は絶えず自国を主体とし、そこからの視点になっていた。右の文句に主格が省略されたのは、こうした潜在観念から出たものと思うのである。

このように解釈するなら、「一大率」を諸国が畏憚したことも十分に理解できるのだ。北九州の諸国は、伊都国に治すこの魏の監察機関を畏怖していたのである。帯方郡と伊都国との間の交通は定期航路みたいなものだから、畏怖は極めて実感として女王国にうけとられたであろう。

『魏志』「倭人伝」には、一大率は「常に伊都国に治す」と記している。従来の学説では「治す」を「常駐する」というふうにとっている。だが、「治す」とはこの場合、文字通り、「治《おさ》める」の義である。一大率を派遣したのが魏の出先機関帯方郡であれば、まさに「治す」の性格を表現している。

そして、「一大率」は同時に邪馬台国の女王に対しては、「魏＝帯方郡」の全権大使みたいな役をも果していたであろう。この場合は「駐する」でよい。つまり、大使として「駐在」すると共に、その特殊地域を「治す」軍政官という二重の性格であった。

刺史は警察官

一大率の次に「国中に於いて刺史の如き有り」という文章がある。

刺史とは、「郡国を刺挙し、その政績を奏報する官。前漢武帝の元封五年（前一〇六）に始めておかれた」（岩波文庫、和田清・石原道博編訳『魏志倭人伝』訳註）という。

これは難解な文章だが、「郡や国などの上に州の刺史（地方長官）が置かれたように、諸国の上に一大率を置く」という那珂説が妥当であろう。井上光貞説もこれに従っている（『日本国家の起源』岩波新書）。すなわち、「国中」とは陳寿の自国のことである。「おれの国のように」という意味だ。ここにも、陳寿の視点がはっきりと出ている。一大率を特に置く主格と一致する。

「一大率」が、魏の命によって帯方郡から派遣された女王国北部の統治官だとすると、同時に隣接の女王国を監督する役目である（女王国と女王国以北の区別は後述する）。すなわち、魏の政府代表として現地に置かれた特設機関である。だからこそ、「特に置く」と書いたのである。「特に」という文字が、この場合、千鈞の重みをもつ。こう考えると、この機関が邪馬台に入らずに、南朝鮮と対い合う海岸地点の伊都国に設置された理由が分る。それは帯方郡との連絡の便利だけでなく、女王国全体を抑える要衝の地なのである。女王国の咽喉部を扼する所だ。だから、一大率は女王国にも内政干渉を行なった。

卑弥呼が死んだとき、張政が台与をあとに立てるように図ったり、檄をもって台与を告喩したりしているが、このような干渉は卑弥呼の在世当時から行なわれたと思われる。正始八年、卑弥呼は狗奴国と戦闘になったとき、使者載斯烏越等を帯方郡に詣らせ（詣り、という言葉が使われているのは、卑弥呼の従属関係を思わせる）、戦況を報告したところ、張政がきて「檄をつくり、之を告喩する」ところがあった。この場合の告喩は戦略、戦術の指導であろう。そのとき張政は「黄幢をもたらした」。「黄幢」は軍旗のことだから、軍旗を狗奴国との交戦中にくれた理由がいっそうはっきりする。この黄幢は二年前に帯方郡までできていたものである。

「一大率」は官名だが、同時に機関名にもなっていた。それは帯方郡からきた女王国の軍事顧問団でもあり、外交機関でもあり、内政監督機関でもあった。刺史はその下の警察官である。だから諸国はこれを恐れ憚ったのである。

「郡の倭国に使するや」とは、この「一大率」の外交面のことだ。「皆、津に臨みて捜露し、文書・賜遺の物を伝送して女王に詣らしめ、差錯するを得ず」は「一大率」の監察的任務のほうで、主格は女王ではなく、帯方郡の官庁である。帯方郡官庁はまた本国の洛陽からの受命なのである。この解釈については、もう一度あとで述べる。

張政はその時期に一大率をつとめていた。張政のほかに一大率の名前があげてないではないか、という反問があるかもしれないが、これは張政の任期中に、狗奴国との戦闘がはじまったり（そのために張政は赴任した）、卑弥呼の死、その後の内乱、台与の擁立という倭国の歴史的な事件が起こったので、それに関係した張政の名が出たまでである。何も特記することのないときに、個人名を出すことはない。それは、一大率だけでいいのである。

女王国以北の地域

次に、一大率の伊都国に「治した」ことと、その「諸国」のことを考えねばならない。
伊都国には「王」がいた。王がいるのに外国人が「治す」とはおかしいが、一大率の任務と性格を考えればふしぎではない。王は伊都国内の首長だが、一大率は伊都国にある帯方郡の特設機関である。したがって伊都国を中心とした隣接地域も、その「治下」におかなければならぬ。ここは女王が一大率の特権を認める特別地区であったろう。それだけの足場を確保しなければ、女王連合国を押えることはできない。

では、一大率の特別地域は何処だったのか。それは『魏志』「倭人伝」にいうところの「女王国以北」の、一大率に検察をうけていた「諸国」に当る。

「女王国以北」の解釈はいろいろあるが、私は牧健二説がもっとも妥当だと思われる。牧説はこういっている。

《「自㆓女王国㆒以北」の諸国がどこまで指すかは、おのずから明白であって、それは対馬から不弥に至るまでの諸国を指すのである。之に反して、投馬国と邪馬台国とは「自㆓女王国㆒以北」の中には属しない。

「自㆓女王国㆒以北」は不弥国までに限られ、投馬・邪馬台の二国はその中には属しなかったと見るとき、初めて原文の意味が正確につかめる》（『西田先生頌寿記念日本古代史論叢』）

もう少し、牧説の新しいところを出そう。

《女王国より以北の諸国はすべて倭国連邦の構成員たる諸国が有した自主の権を有しない。倭国の支配に服従するのみであった。伊都国王は名は国王であったが、実においては官と異ならなかったから、倭国の支那の諸国王のように倭国王を共に立てる権利はなかった。伊都国王だけが何故に王であったかというと、この国が先に述べたように、倭国成立の当初から、中国との交通上倭国のために必要な事務を行のうたからである。外交上の機関に栄称を与えておくことは、外国の使節と応対して事務を執行する上に便利であったと考えられる。女王国より以北はこのように女王国の属領地であったが、大陸の三韓の諸韓国や帯方郡に対しては、倭国の国防上の外壁であったからその警備を厳にした。故に各国の副官には卑奴母離《ヒナモリ》とよばれた警備の官をおき、更に伊都国には一大率をおいて、諸国を検察し取締を厳にした。それが極めて厳重だったので、諸国の官人も人民も一大率を畏れていた。殊に伊都国は外国の官人が駐留した所だったから検察は各方面に亘って厳しかった。伊都国王の外交事務も、一大率の検察を免れるものではなかった。帯方郡の使節たちは眼前にこれらの光景を見せつけられて驚いたようである》（「前漢書の書例に拠って解釈された邪馬台国・女王国・倭・倭国」『シンポジウム邪馬台国』）

牧説の鋭さは、「女王連合国」と、その「以北」の国々とを統治権の上で明確に分けたことである。すなわち、「以北」は、対馬、一支、末盧、伊都、奴、不弥の六国とし、これらの国々は、女王国連合体の構成の中に含まれず、女王国の「属領地」であったとする。なるほど、こうすると「次に斯馬国有り……次に奴国あり。此れ女王の境界の尽くる所なり」の三十国が女王国の構成であって、「女王国より以北」の以北という意味がはっきりする。

だが、私は今までこの牧説には賛成できなかった。

なぜかというと、ひろくもない北九州のほとんどが女王国連合体の中に入っていたのに、末盧から不弥までの狭隘な地区が、どうして女王国の構成からはずれているのか。女王国の勢力を以ってすれば、とっくに、連合体の中に組み入れられるべきだと思っていたからである。この「以北」地域だけが、どうして連合体でなく、その「属領地」だったのか。牧説の「属領」の意味も、必ずしも明確ではないのである。

牧説によると、女王国より以北の諸国は自主の権を有せず、「倭国（女王国）の支配に服従するのみであった。伊都国王は名は国王であったが、実においては官と異ならなかった」伊都国だけに王があったのは、以前から「中国との交通上倭国のために必要な事務を行のうたから」だ、というが、この理由だけでは弱い。

何故に以北の諸国が自主権を有しなかったのか。それならいっそ女王国の構成の中に入れたほうがよさそうなものである。三十国のなかには国王のいない国もあったはずだ（この三十国が虚数であるという私の考えは前に述べた）。中国との外交事務上で伊都国「王」の名をとどめたというなら、それは無意味というもので、魏は女王と外交していたのであるから、伊都国王の名を残す必然性はない。むしろ女王国の出先官吏を置いたほうがスッキリしたかたちになる。国王がいる以上、伊都国にも自主権（牧説にいう、女王国連邦の王を共立する権利を持つ）があったとみなければならない。以上の解明が牧説では必ずしも明瞭ではないのである。

それで、私は、牧説の「以北」論に賛同できなかったのだが、今度、「一大率」が魏＝帯方郡の出先機関だったと考えるに至って、牧説のいう「以北」の六国は、この特設機関の特別地区だと気づくようになったのである。

対馬、一支の二島が帯方郡より倭を抑える重要な要地だったことはいうまでもない。末盧から不弥まではことごとく朝鮮海峡に面した海岸線である（ことさらいうまでもなく、当時の海岸線は、現在より内陸に入りこんでいた）。魏＝帯方郡からいって、倭の戦略的な要地を抑えこんでいたのである。帯方郡が、この地を女王国の統治権から切りはなした治外法権的な特別地区にして、自己の政治支配を行なっていたとみるべきである。この関係は沖縄とアメリカ軍政のかたちに近い。但し、帯方都の圧力は背後の魏の威力だけで十分で、兵力を九州北部に持ってくる必要はなかった。ここの点が、大和説の威力とは異うのである。当時の大和には、北九州に兵の駐留なしにこれに圧力を加えるような強力な政権があったとは考えられない。

特別行政地帯

こう解釈するなら、この特別地区の中心の伊都国に一大率が「特に置」かれたことも分る。「治す」とはそのような、特別地区の支配のことである。伊都国王が存在したことも、現地人の首長として帯方郡には別に邪魔ではなかった（沖縄にも那覇市長がいる）。かえってその体裁で魏＝帯方郡は倭の独立自主権を重んじたように映る。つまり、この地域は女王国の政治の及ばない治外法権だったのだ。

くり返していえば、『魏志』「倭人伝」が「女王国より以北」と書いたのは魏の立場からであり、「特に一大率を置」かしめた主人は、魏＝帯方郡である。

このように解することで、牧説の弱点や、疑問の点は、かえって私の説の強化となる、と信ずる。一大率を諸国が畏怖した理由もこれではっきりするし、女王国の統治権と一大率の権力とが二重になるようにみえる混乱も、既記の坂本太郎説の自家撞着もこれで解消されると思う。

また、このように考えるなら、国々にある市に対し、「大倭をして之を監せし」めたのは誰かも容易に解ける。この主格も「一大率」である。

「大倭」は那珂通世や橋本増吉説に従って、「倭人中の大人」、すなわち、倭の官ではないが、それぞれの地方のボスか顔役というところだろうか。つまり、帯方郡からの政庁は現地人による自治を認めていたのである。「一大率」はそうした連中を使って、特別地区内の民政をさせていたのである。

このようなことは、軍政には普通にみられることで、現地の政府を認め、あるいはカイライ政権をつくり、自治行政をさせるのである。そのほうが面倒が起こらず、スムーズにゆく。

一大率の場合は、占領政策ではないが、魏＝帯方部の利益のために倭を直接操縦する必要上、威力機関を特に置いたのである。だからそれは、半ば占領政策といってもいい。

さらに想像をいえば、もし魏が呉と対立していなかったら、魏は「一大率」の地域を「第二の帯方郡」として、植民地にしてしまったかもしれないのである。これまでの学界の通説では、魏の女王国に対する親密ぶりを、呉を牽制する関係において見ているが、一面、それは準属国に対する友好関係であった。これでは、いつ魏が帯方郡を通じて植民地化しようとするか分らない危険をもっている。その予感があったからこそ、女王国はひたすら魏を恐れて、忠誠ぶりを示していたのであろう。

倭にとって幸いにも、魏は滅び、倭は植民地化からまぬがれた。魏の滅亡と同時に「一大率」もひき上げた。もちろん「女王国以北」の特別地域も消え、「女王国」の中に復帰した。

しかし、魏＝帯方郡の抱いていたこの意図は、魏の滅亡後、別なものによって受けつがれ、新しい現象をひき起こしたのである。

結語

推論の要約

これまで私は、一大率が女王国の卑弥呼から任命された官ではなく、魏の植民政庁のある帯方郡から派遣された官であろうと述べてきた。そのために女王国以北は女王国の行政地区に属さず、「一大率」の特別統治地帯であったろうと書いた。一大率を遣わした主格が魏＝帯方郡であると解釈した。

一大率が女王の官吏だとすると、どうもヘンだと早くも気がついたのが那珂通世であった。那珂は頭をかしげてこういっている。

「コノ処文勢稍《ヤヤ》穏カナラズ。恐ラクハ誤脱アラン」（『外交釈史』巻三）

普通、このところは、「王、使を遣わして京都、帯方郡、諸韓国に詣り、及び郡の倭国に使するや……」と読み下されている（たとえば、岩波文庫、和田清・石原道博編訳『魏志倭人伝』）。だが、私は、この原文を次のように読み下したい。

「王、使を遣わして京都・帯方郡・諸韓国に詣らしむ。郡使の倭国に及ぶや、皆津に臨みて捜露す……」

つまり、「諸韓国に詣らしむ」で一応切り、次の「及郡使倭国」を別な句《フレーズ》と見たいのである。そうすれば、那珂のいう如く脱落は考えられない。すなわち、「女王は洛陽や帯方郡や諸韓国に使を出していた。一方、倭国に来ている郡使は……」というふうに、ここは二つの句が並列的な叙述になっているのである。でなければ、通説のように「及び郡の倭国に使するや」の「及」が意味不明だし、那珂もこの「及」にひっかかって、どうもヘンだからその前に字句が脱けているのではないかと考えたのである。「及郡使」の「使」は、この場合、「使する」という動詞ではなく、「郡使」という二字結合の名詞なのである。ほかに「郡使の常に駐まる所」の用例がある。どうしてここだけ「郡の倭国に使するや」と読まなければいけないのか。「郡使の倭国に及ぶや」の「及ぶ」の文字に権力的な君臨が感じられるのである。

また、「国々に市あり、有無を交易し、大倭をして之を監せしむ」の「大倭」を畿内政権のことだとする解釈がある。これは大和説論者の説くところである。

しかし、『魏志』「倭人伝」の「大倭」が畿内政権のことで、三世紀のこのころに、その存在が魏に知られていたなら、「大倭」の記事はもっと多く見えなければならないのに、「大倭」はこの一ヵ所しかない。

もっとも、当時、邪馬台国が北九州と畿内大和と二つ存在していたという説がある。この説は、畿内にある勢力を「大倭」で表わし、九州の勢力を「女王国」とする解釈である。だが、畿内勢力の大倭がそれほど魏に知られていたなら、「倭人伝」に「大倭」の名がもっと出ていなければならない。地形的にも「女王国の東、海を渡る千余里、復た国有り、皆倭種なり」が大和地方、すなわち「大倭」の地に当るはずだから、その個所にも大倭の記事がなければならない。それは皆無だから、大倭＝大和政権説には説得性がない。

しかし、私も三世紀前半に北九州にだけ部族国家の連合体が存在していたとは思っていない。畿内地方にも強力な部族国家のような勢力が在ったと思っている。九州内でさえ、北の女王国と南の狗奴国とがあったくらいだ。畿内のみならず、中国地方にも四国にも、中部、関東、東北地方にもそれぞれ勢力をもつ部族連合体が存在していたに違いない。

特に九州と畿内のことは、銅剣・銅鉾と銅鐸の問題、鏡の問題、櫛目文土器の問題、また古墳時代に入ってからの文化形態の相違性などで推測できる。ただ魏＝帯方郡と直接交渉のあったのは、九州の女王国のみだったと考えるのである。

以上の考え方を左に要約してみる。

①邪馬台国がいずこに在るかという疑問に対しては、これを九州説とするのに賛成し、卑弥呼については、これを邪馬台国の巫女とする説をとり、あえて、これを土酋とか、あるいは大和朝廷の誰かに比定する必要を認めない。

②「倭人伝」の方向の記事は信じてよい。これは古代航海者の感覚をもとにしているから、方角を誤って書くことはあり得ない。
③里程や戸数の記載は、前述のように虚妄の数字である。
④卑弥呼の塚は必ずしも高塚と思われないから、高塚の出現地である古代大和でなければならぬという理由はない。卑弥呼の「宮室、楼観、城柵」とともに、その「径百余歩」の「冢《ちょう》」（塚）も、中国の風俗を写した陳寿の創作である。
⑤邪馬台国は銅剣・銅鉾文化圏において成立した国家であって、銅鐸文化圏にはまた別な国家が存在し、この両者はあたかも文化上において対立していた如く、政治上においても二大勢力として対立していたものと考えてよい。
⑥邪馬台国は筑後川下流流域の地にあったとみる筑後国山門郡の説に賛成したい。

右の結論は、だいたいにおいて水野祐説に共感するが、水野説で従えないのは、狗奴国についての記述である。

水野説は、狗奴国もまた魏に朝貢をしていたと推定している。その裏づけとしては、女王が狗奴国と相争っているとき、難升米をして帯方郡を経て魏の都に行かせ、その援助を乞うたところ、魏は帯方郡の兵を動かさなかったということを挙げている。すなわち、魏は卑弥呼に対して「親魏倭王」という印綬を渡しているくらいだから、女王国が苦戦の状を訴えれば、当然、帯方郡の兵を倭に動員させ、狗奴国と戦い、女王国軍を援けたであろう。だが、それはなかった。ただ、魏は張政をして調停の告喩をせしめただけだった。これは明らかに狗奴国も魏に朝貢していたからだ、というのである。

水野説では、狗奴国も魏の勢力を怖れて朝貢していたに違いないとし、それを右の事実によって立証しようとしている。だが、それなら、『魏志』「倭人伝」には狗奴国のことがもっと収録されていなければならない。狗奴国からも使者が洛陽に朝貢していたのだったら、女王国同様、その使者の名前（たとえば、難升米、都市牛利、載斯烏越、伊声耆、掖邪狗などの名）や、貢物の品々や、下賜品の種目が列記されていなければならない。狗奴については、僅かにその国名と、卑弥弓呼素、狗古智卑狗の名前が出ているだけで、女王国のように、各地名や、里数、日数や、戸数や、政治形態は何も書かれていない。『魏志』「倭人伝」の狗奴国は封鎖された国である。これは魏＝帯方郡が狗奴国と通交がないため、事情が分らなかったからであり、魏が女王国に味方して狗奴国を敵国視していたことを意味する。

狗奴国も魏に朝貢していたか

ところが、水野説によると、正始八年、帯方郡の太守は、狗奴国との苦戦の報告を卑弥呼の使者難升米から受けて困惑し、即刻、魏の都に到り、その交戦の状況や、倭国の当面している政情をつぶさに上申して中央政府の指示を願った、という。

《このことは即ち狗奴国が、女王国とは別途に魏に早くから朝貢していたことを意味する。もしそうしていなければ郡は何ら躊躇することなく、直ちに軍を派して女王を援け、共に狗奴国を攻略する手段をとった筈である。そうできなかったところに、狗奴国が単独に魏に入貢し、その冊を受けていた事実が証明されるわけである》（水野祐『日本古代国家』）

しかし、郡が兵力を女王国に送らなかったことが、直ちに狗奴国が魏の「冊を受けていた事実」の「証明」にはならない。帯方郡が兵力を女王国に即刻送れなかったのは、当時、魏は南方の呉と対立中であり、帯方郡もまた半島植民地の経営上、倭への派兵が困難であったとも解せられるからである（この説は多い）。もし、帯方郡から軍を女王国に送るとすれば、それは多数の兵力と軍船を要し、出費を必要とする。また郡から兵力を送れば、それだけ郡の兵備が手うすとなり、植民地周囲への威力をうすめる。帯方郡は魏の威力を背景にしていたものの、朝鮮周辺の諸国は虎視眈々として魏の植民地奪回を狙っていたのである。のち、魏が晉になり、帯方郡を失うに至ったが、それからの半島情勢をみれば歴然としている。魏も、郡の太守も、こんな危険な冒険をするはずはないのだ。

また卑弥呼の女王連合国にしても、帯方郡から外国兵力を送ってもらうのは必ずしも喜ぶべきことでなかった。なぜなら、そうなった場合、魏の軍隊によって女王国は半占領の状態におかれることが予想されるからである。郡の兵力が北九州に上陸し、首尾よく狗奴国を撃ち破ったとしても、そのあと、派遣した魏軍は口実を設けてそこに駐留をつづけるかもしれない。そうすると、女王国は軍事占領状態になる。

女王国は、伊都国に一大率という帯方都の総督の駐留と、その地域の「女王国以北」地帯の治外法権は力関係で止むなく許したが、全土の軍事占領となると別である。そこで、魏の派兵を極力断りつづけたであろう。

こうして見てくると、水野説のいうように、郡が女王国の窮状をみながらも兵力を送らなかったことが、狗奴国の魏の朝貢という推定をもたらすものとはならないのである。

また水野説では、魏が郡をして兵力を女王国に送らしめなかった代り、女王国と狗奴国に対し、仲裁の「告喩」を発したと説明している。

だが、この告喩は女王国のみに発せられたのである。狗奴国に向ってもなされたのではない。

「倭（の）載斯烏越等を遣わして郡に詣り、相攻撃する状を説く。塞曹掾史張政等を遣わし、因って詔書、黄幢を齎らし、難升米に拝仮せしめ、檄を為《つく》りて之を告喩す」

苦戦の状を訴えに郡に詣ったのは女王国の使者である。魏が張政などを介して詔書や黄幢を与え、檄を作って告喩したのは女王の使者難升米である。もし、水野説のように狗奴国にも告喩の檄が発せられたのなら、『魏志』「倭人伝」は狗奴国にもこの檄をつくりて告喩したと書いていなければならぬ。しかし、その記事はない。この告喩は卑弥呼に対する単なる激励であった。

作られている。

しかも、水野説の勇敢さは、その推測だけにとどまらず、告喩の文章まで推定によって作られている。

狗奴国がそれほど魏の告喩に威力を感じたのなら、邪馬台国と狗奴国の戦闘はぴたりと熄《や》むはずだが、その様子はなかった。むしろ、水野説では狗奴国が女王国を滅亡させたように書いてある。すなわち、魏の告喩によって両国の戦闘は一時休戦状態となったが、女王国内部に内紛が起こり、その結果、卑弥呼の宗女台与があとを継いだころに、魏の勢力が失われて帯方郡からの北九州への支配力が弱体化したため、狗奴国が女王国を敗北せしめたというのである。

水野説では、狗奴国は平時から戦闘的な組織をもった部族構成で、強力なディスポット的支配体制をもつものであったといい、女王国は逆に農業共同体的なもので、戦闘力は狗奴国より弱体であったとしている。この点は私も異議はない。『魏志』「倭人伝」の記述からみると、女王国は狗奴国に対して受身だったようである。女王国が農耕民的性格で、狗奴国が狩猟民的性格だったとすれば、戦闘力は狗奴国のほうに分《ぶ》があったろう。しかし、だからといって、倭国に関する記事が『魏志』「倭人伝」で絶え、次の『宋書』「倭国伝」に見えるまでの約百年間の空白中に、狗奴国が女王国を敗北させ九州一円を統一したという推定にはならない。

このことは日本の古代国家成立を考える上から重大である。

卑弥呼の使者載斯烏越等が狗奴国との苦戦を帯方郡に報じたのは正始八年だが、これは魏が半島にその勢力を最もふるったときである。魏は景初二年（二三八）に公孫淵を討って遼東を奪い、高句麗の首都丸都城を屠ったのが正始七年（二四六）である。ところが、それから約二十年を経た二六五年に魏は滅び、司馬炎が魏の宗室を奪って晉と称し、魏、呉、蜀の三国を統一して半島の楽浪、帯方の二郡を領したが、高句麗が再起して楽浪郡を奪われた。また帯方郡も百済のために滅ぼされた。すなわち、三一三年ごろには漢民族は南満と半島の勢力を全く失ったのである。

この半島における新しい政治情勢は、倭国に何らかの影響を与えずにはおかなかった。不幸にして、その間の事情を述べる史書は中国文献に存在していない。われわれが見るのは、『宋書』「倭国伝」にある「高祖の永初二年（四二一）に詔して曰く、倭讃、万里貢を修む。遠誠宜しく甄《あらわ》すべく除授を賜うべしと」という記事である。『魏志』「倭人伝」の記事からほぼ百年後に、突然、「倭の讃」という王が宋の武帝に朝貢したという記事にぶつかるのだ。

いうまでもなく、倭の讃は、いわゆる倭の五王の一人で、讃は履中天皇、仁徳天皇、応神天皇と三様に擬定する説がある。そして倭の五王は畿内大和の政権であるというのが、これまでの通説であった。

三世紀の前半、『魏志』「倭人伝」に記載された時代の倭は、畿内にも九州とは別な部族国家があったと推定されるが、讃王が履中、仁徳、応神のいずれであっても、それは大和地方の部族国家が発展して統一が成ったものか、あるいは、女王国または狗奴国が九州を収め、次いで東に遷り大和政権となったのだろうか。

このへんが日本古代国家の成立を考える上に重要なポイントで、畿内邪馬台国を考える論者は前者の見方をとり、九州論者は後者の見方をとる。

私は、九州政権が東遷して大和政権の母体になったと考えている。

しかし、これは狗奴国が女王国を滅ぼして九州を統一し、その後に東遷したのではなく、変質した女王国が狗奴国を屈伏させ、九州一円を統合したのちに東の畿内に遷ったと推定している。「変質」の意味はあとで述べる。

その理由は、「景行紀」にある熊襲討伐の説話である。「景行紀」に伝える「熊襲」は、狗奴国にいた部族の後裔であろう。もし、大和朝廷の主体が狗奴国部族だったとすると、熊襲が「まつろわぬ部民」として九州において大和朝廷に叛逆はしないだろう。中央も同じ部族だからである。景行はこの討伐に、筑前国をのぞいて九州一円を転戦しているのである。しかも、『書紀』は、景行のほかにヤマトタケルノミコトの説話を加え、熊襲討伐を強調している。このことから、女王国が狗奴国を一応屈伏させたのちに畿内に移ったと解し、そのために残存狗奴国勢力は絶えず九州で独立を図っていたと推定する。ヤマトタケルや景行はもとより説話に過ぎないが、その成立の背景はあったに違いないし、熊襲の叛乱も再三に亙ったことと思う。それが右の二つの説話に集約されたのであろう。

　次に、大和朝廷の儀式に南方系の習俗がほとんど見られないことである。南方系の習俗は主として民間である。狗奴国部族が東遷して大和朝廷の主体となったのなら、南方系の生活はもっと濃く祭事などに反映していなければなるまい。朝廷の慣習は、むしろ北方朝鮮系である。それは仔細に『魏志』「東夷伝」の「濊貊伝」から「三韓伝」までを読むと諒解されるだろう。

鮮卑伝の習俗

　この機会に、『魏志』「東夷伝」のうち「鮮卑伝」から、日本の上古史の風習と似通うものを随意に引いてみることにしよう。「東夷伝」のはじめに出てくる濊貊《わいばく》というのは、現在の松花江の上流域、鴨緑江流域、朝鮮半島の東北部に住む種族だが、その濊貊の項では、「疾病《しっぺい》死亡するものあれば、すなわち従来の泊宅を捐棄して、更に新居をつくるを例とす」

とある。

　日本でも奈良朝に入るまでは、天皇が死ぬごとにその住宅を変え、都を遷している。旧居は破壊した。これは記録上、天皇の住居のことしかないが、おそらく豪族の宅もそうであったろう。縄文・弥生時代の住居址には人骨が多く発見されるが、これは人が死ぬと、その住居を捨てて新しい住居に移ったからであろう。日本だけのもので、外国には例がない。

「暁に星宿をうかごうて、あらかじめ年歳の豊凶を知る。常々十月の節を用いて天を祭り、昼夜飲食歌舞し、これを名づけて舞天という」

秋、米の収穫を祝って天を祭るというのは「鮮卑伝」の各国に共通している。天を祭る、すなわち祭天のシャーマニズム習俗が日本の神道の祖型となっていることは、早くから久米邦武の「神道ハ祭天の古俗」に詳しい。

夫余（長春附近を中心とした松花江流域）では、

「兄死すれば嫂を妻とするは匈奴とその俗同じ」

とある。これも日本では、江戸時代から今日まで続いた風習である。

そして、これは、妻が夫の兄弟、夫が妻の姉妹を共有していた上代の族内婚と似ている。

「たとえば、奈良の籍帳をはじめ物語類や諸家日記などを見ると、弟が自分の姉を妹《いも》といったり、長姉を長兄と書いたり、そうかと思うと姉が自分の弟を兄《せ》といったり、妹を弟《おと》といったりしている。こうした類別的な親族呼称は、族内婚の頃に起源していると思う」

（高群逸枝『日本婚姻史』）

「また人を殺して殉葬し、多いものは百を数う」

というのは説明の要がない。

鴨緑江の上流地域にあった高句麗の項では、次の記事が散見している。

「国王があって、官には十数の階級があった。上層者は耕作せず、生食する者万余人。下層民が遠く、米、糧、魚、塩を担《にな》ってこれに供給した。国中の邑落では暮夜に男女群衆が集って歌戯する。人々は清潔を喜び、よい酒を醸《かも》して蔵している」

日本では歌垣、鎮守の祭の夜などに見られる。あとの記事も上古の風習に近い。

高句麗でも、毎年十月をもって天を祭るのは「鮮卑伝」の他の諸国と同じだが、

「国の東に大穴がある。これを隧穴《すいけつ》と名づける。十月、国中大いに会して、隧神を迎えて国の東に還り、これを祭る」

とある。

日本では昔から東のほうに向って礼拝する。これは日ノ出を拝むように思われているが、東への礼拝は、「高句麗伝」の「東にある隧穴」を跪拝するところからきているのかもしれない。

また、「隧神」が大穴にすむという観念が、日本では洞穴神聖視になったと考えられなくはない。全国の少し大きい洞窟の中には必ず祠がある。岩窟は浸蝕海岸に多いので、これが水の信仰、弁天や竜神の信仰に変るのである。

十月の国中大会には、隧神を迎え、東に還るのを祭る、とあるのは、神輿《みこし》の族を思わせる。

招壻婚

「女家《じょか》は小屋を大屋《たいおく》の後につくる。名づけて壻屋《せいおく》といい、壻《むこ》は暮に女家に至り、戸外から自ら名を云いて跪拝し、再三、女家に宿ることを乞う。女の父母すなわちこれをゆるし、小屋のうちに就《つ》かしむ。宿の傍に銭帛を頓《ととの》う」

上代の招壻婚とそっくりである。壻が相手方の家に「銭帛」を用意するというのも、後代の結納金の習慣を何となく想わせる。

次は三韓の一つ、馬韓の項である。

「五月をもって（米の）種をおろし、おわれば鬼神を祭り、群衆して歌舞飲食し、昼夜休むことがない。相応じて節奏するが、鐸舞に似ている。十月、農功畢《おわ》るときも、またかくの如く鬼神を信ずる」

これも日本の農耕風習と同じだ。

「国邑各々一人を立てて天神を祭らしむ。これを名づけて天君という。また、諸国各々、別邑があり、これを蘇塗と名づけ、大木を立てて鈴鼓を懸け、鬼神に事う」

という。

天神は善神、鬼神は災害の神で、これがシャーマニズムであることはいうまでもないが、それを司祭する「天君」である巫はシャーマンの性格である。ここでは男か女か分らぬが、卑弥呼のような巫女だったかもしれない。司祭する場所の「蘇塗」は、すなわち国邑（政治的な首都）とは別な村「別邑」とあるから、そこが「聖域」となっていると同時に、巫女の居住地でもあったのだろう。卑弥呼の「都する」邪馬台国もそれと考えられるのは前に述べた通りである。

辰韓の葬送と校倉造

辰韓は、北九州に近い南朝鮮で、金海附近である。「鮮卑伝」では、辰韓の言語は馬韓と同じでないといっているのは注目してよい。辰王は流浪の人とあるところから、北方からきた種族と思われ、これが江上波夫の「騎馬民族説」の根底の一つになっているのだが、すぐ隣の馬韓と言語が違っていたというのはそれを裏書しているようである。

「大鳥羽《とば》をもって死を送る、その意は死者をして飛揚せしめんと欲するのである。屋《おく》を作るには木を横に重ねてそれを為《つく》り、恰《あたか》も牢獄に似たるものがある」

鳥の羽根で団扇《うちわ》のようなものをつくり、死者を煽ぐというのは、日本の場合、土埴《はにわ》の中に団扇に似たものを持った人形があることでも分る。団扇をもって死者を煽ぐのは、一つは「魂呼《たま》び」の意味でもあったろう。魂呼びはシャーマニズムである。

また、家をつくるのに木を横に積み重ねたというのは校倉造《あぜくらづくり》の形式である。校倉造を南方系とのみ解釈するのは不適当で、シベリア方面から中国東北地方にかけては、現在も倉庫としてこの形式の建物がある。日本でも、正倉院をはじめ、東大寺などの経蔵の校倉は倉庫用である。ただ、床が高いのは南方の影響であろう。つまり、日本の習俗は北方系が主体で、それに部分的に南方系が参加し、混合していると思う。

弁韓の項では、

「衣服、居処は辰韓と同じで、言語、法俗も相似ているが、鬼神の祠祭は異っているところがある。竈は皆、家の西に据えてある。衣服は清潔で、髪は長く貯え、広幅の細布をつくる。法俗は特に厳峻である」

とある。こうしてみると、弁韓は辰韓の文化の影響をうけたというより、辰韓人が多く入っていたと考えられる。鬼神の祠祭が異っているのは、前からの伝統であろう。

――「鮮卑伝」に記された三世紀前半の風俗、習慣は、おどろくほど日本のそれに似ている。このことは、北九州で女王国を併呑し、狗奴国を敗退させて九州を統一した「第三勢力」が、朝鮮よりきた北方系であることを思わせるのである。

「倭人伝」をよむ場合、「鮮卑伝」の参照はもっとなされていいように思う。

地名の東漸

さて、九州政権の畿内移動は、地名の東漸のあとからもうかがえるだろう。

『魏志』「倭人伝」に書かれた「伊都国」は、筑前に伊覩、伊斗、怡土の名を残すが、東に行くと、播磨に伊刀島、紀伊に伊都郡、伊刀郡がある。伊勢もまた伊刀の変化かもしれない。伊勢はまた伊刀につくる。けだし、伊都部の旧邑であるといわれ、『古事記』には、垂仁天皇の皇子の伊登志和気王が伊都志部を定めたとある。ここに見える伊登志和気王の伊登は伊都国の変化とみてよかろう。また、伊豆の「伊東」や、対馬の「伊那」は、三河、信濃、武蔵、常陸、岩代、羽前と各地に点在している。

「奴国」は、筑前に「儺」国、「那津」「娜津」「那珂郷」などの名前を遺しているが、「那珂郷」は、讃岐、播磨、大和、美濃、越後、武蔵、下野、常陸などに遺り、「那賀郷」は、筑前、伊予、阿波、石見、紀伊、伊豆、武蔵、常陸などに移っている。以上、いずれも『和名抄』の名前である。これから変化したと思われる中里、中津などになると全国無数である。中津の古いところは豊前に「仲津」がある。

もし、投馬国をツマと読むとすれば、九州には日向の「妻」、筑後の「妻」、薩摩の「都万」（以上三つが投馬国に比定される論がある）、東に移っては播磨に「津万」「都麻」、紀伊に「津麻郷」がある。

すなわち、これらの地名は、北九州から畿内までの直線上にあり、東遷を見せている。この地名が畿内から発して西に遷ったといえる人はあるまい。また、以上をみても分るように、この地名は女王国圏内の北九州に限られ、狗奴国のものは見当らない。

ただ、「狗奴」は、「熊」「隈」となって南九州に残り、「熊野」は紀伊、出雲、但馬にあり、「久万」が土佐、伊予にある。南九州、土佐、紀伊の線は黒潮の影響を考えて分らぬでもないが、出雲の熊野と紀伊の連絡は後世の信仰の関係と思われる。大和には「クマ」の古い地名がない。

私は、前のところで、九州政権が東遷して大和政権の母体となったと書いたが、その九州政権とは狗奴国が女王国を屈伏させたのではない。また、「倭人伝」に記された女王国が狗奴国に勝利を得たのでもないのである。あれほど狗奴国に苦戦した女王国が、それだけの戦闘力を発揮したとは思えないからだ。

そこで、九州において第三の勢力が考えられてくる。この第三勢力が女王国を屈従させ、そこに政権を打ち樹てたと考えたい。つまり、女王国地域は、新しく第三勢力が統率したのである。前に「女王国の変質」といったのはそのような意味である。そして彼らは、狗奴国を服従させ、女王国地域の主力部隊を率いて畿内に移り、前から大和地方に存在していた部族国家を征服した。その上で全国統一の政権を打ち樹てたのであろう。

では、女王国を統率した第三勢力とは何か。

結論から先にいえば、それは帯方郡の滅亡後、朝鮮半島から北九州に上陸してきた北朝鮮や満州系の種族であったと考えている。彼らが女王国を呑み、狗奴国を敗亡させて北九州の統一をしたのは、その戦闘力からいって、容易なことであったろう。

北方からの渡来

ここで、われわれの眼に映ってくるのが、前東大教授江上波夫の、いわゆる「騎馬民族説」である。これは魅力ある説だった。昭和二十三年、石田英一郎、岡正雄、江上波夫、八幡一郎のシンポジウムは各方面に大きな話題をよんだ。しかし、学界は江上新説に意外に冷たく、江上もまた、当時、自説を十分に納得させる実証的展開に乏しかったから、その後二十年近くを経た昭和四十一年、その説を補強して述べた。『シンポジウム日本国家の起源』（石田英一郎、伊東信雄、井上光貞、江上波夫、小林行雄、関晃＝角川新書）がそれだ（昭和四十二年末に刊行された『騎馬民族国家』〔中公新書〕では、克明な比較史学の方法で、更にその説を発展させている）。

江上説は、この中で、日本国家の起源の問題について、三つの方面からのアプローチを試みている。江上自身もいう通り、江上説は、大正年間、喜田貞吉が『民族と歴史』誌に発表した「日鮮両民族同源論」を継承発展させたもので、三つの方面からのアプローチとは、①『記・紀』神話伝承を中心とした研究、②古墳とその出土品を中心とした研究、③中国史に記載されているこの時代の東アジアの形勢、特に日本、朝鮮の情勢を中心とした研究となっている。

簡単に紹介すると、江上は、前期古墳と後期古墳の相違点は、まず、その副葬品が前期古墳のは宝器的な、象徴的な、美術的な意義をもったものが多いのに、後期になると、その副葬品は実用的なもの、特に武器、馬具といった類が中心となってくる。棺なども大陸的な様相が強くなってくる。さらに、後期古墳の副葬品は、権力のあり方や、戦争のやり方といった面で、三世紀ごろから五世紀ごろにかけての中国の魏、晋、南北朝時代に満蒙や北シナ方面で大活躍した東北アジアの騎馬民族、いわゆる胡のあり方と全く同様である。したがって、当時、中国の漢族の文化が北シナ、満州方面で接触し、混合した結果、一体化してできあがり、中国化した騎馬民族文化、その混合文化の流れが朝鮮を経由して日本に入ってきたのであろうとし、それが後期古墳の始まる以前に北九州に上陸したのではないかと推論するのである。

その推定の根拠とするところは、前期古墳の文化と後期古墳の文化が性格的に非常に違っているだけでなく、その中間の推移がゆるやかでなく、急転的、突然変異的であることを指摘している。それにはどうしても、大陸から異質な文化が急激に且つ支配的に伝播してきたと考えるほうが自然であるし、また農耕民族的な弥生式時代の倭人が、後期古墳時代になって急激に極端な騎馬民族的、王侯貴族的な文化の持主になり得たとは思えないというのである。

そこで、「大陸から朝鮮半島を経由し、直接日本に侵入し、倭人を征服・支配したある有力な騎馬民族があり、その征服民族が、以上のような大陸北方系文化複合体をみずから帯同してきて、日本に普及させたと解釈するほうが、より自然であろうと考える」のである。それは考古学だけでなく、神話伝承の上からも、また四世紀前半の東亜の一般情勢からいっても、こういうふうに見たほうが問題を統一的に解釈できるという考えに立つ。

それでは、時期はいつごろかというと、古墳時代前期に遡らなければならないことになるが、考古学的には積極的にそれを立証されていない。しかし、北九州から畿内に至る地域の、形式的には後期とされている古墳のうちに、実年代では前期にまで遡るものがあるのではないか。それから、高句麗の中期や、百済の前期の古墳のような大陸系の古墳が、日本の古墳時代の前期に行なわれたことはないか。そういう後期古墳とは別系統の古墳をつくったものがあるのではないかという可能性を投げている。

したがって、江上説は、「東北アジア系の騎馬民族が、新鋭の武器と馬匹とをもって朝鮮半島を経由し、おそらく北九州か本州西端部に侵入してきて、四世紀末ころには畿内に進出し、そこに強大な勢力をもった大和朝廷を樹立して、日本統一国家の建設をいちおう成就した」のではないかということになり、それで、「応神・仁徳両陵に代表される、古墳時代後期の開幕」を「日本建国の創業の時期と認めるべきであろう」と考えるのである。そして、半島から北九州にきて、そこで、東漸の王朝をつくった征服者は崇神であろうという。

そして出雲と大和の関係は、日本へ半島から渡ってくる場合、地理的にも出雲は北九州と共に便利な土地だが、出雲に移民した半島系の人が先に日本の一部に建国をしていて、あとから日本に渡来した者と勢力を争い、結局、出雲方が圧服されて、いわゆる国譲りをしたというふうに述べている。

これに対して、水野説もまた江上説にほぼ似たような仮説を出している。

水野説もやはり騎馬民族の日本侵入説を支持しているが、それは江上説よりさらに二、三世紀以上古く遡って考える。騎馬民族の列島侵入は大和国家の征服戦争の完成による国家統一の確立ではなく、騎馬民族の侵入は南九州に向って行なわれ、そこに狗奴国という一部族連合国家を形成した。そして、これが女王国を倒し、九州に「九州国家」といったものをひとまず作った。それは応神天皇の時代であったろう。そして大和には前からの古い国家であるところの崇神王朝があった。つまり、九州には仁徳王朝、大和には崇神王朝というものが別々に存在したというのである。その論拠は、継体天皇以降の天皇が万世一系と認められるのに対し、継体以前は一系でないように思われるので、継体によって初めて二つの異系が統一されたのではないかという前提に立つ。

そして大和国家は西に向い、関門海峡を渡って九州国家を攻めたが、かえって仲哀天皇が戦死するというような不幸な敗戦に終った。主将を喪った大和の遠征軍は脆くも敗北し、ここに九州国家は初めて日本列島の西半分を統一支配することになった。それが応神天皇の時代だというのである。もっとも、前にいう九州国家とは、女王卑弥呼の統一支配した邪馬台連合国家の延長ではなく、それを打倒した狗奴国であると水野は考える（水野祐『日本民族』至文堂版）。

江上の騎馬民族説に近いが、江上が半島から日本に上陸して直ちにつくった王朝をもって大和朝廷の始祖である崇神としたのに対し、水野説は屈折がある。また、崇神の大和王朝と仁徳の九州王朝と二つの王朝を考えたところに独自性がある。井上光貞は、水野説を「ネオ騎馬民族説」と名づけた。その井上説は応神期をもって日本の統一国家のはじまりとし、水野説より時代を下げながらも、やはり朝鮮よりの外来民族に当てている。そして、その確立は四世紀の終りから五世紀のはじめだろうと推定する（井上光貞『日本国家の起源』岩波新書）。

「騎馬民族説」は私には魅力がある。大和朝廷の朝鮮出兵によって大陸文化を輸入したというよりも、このほうが素直に納得できる。

私も、帯方郡の滅亡後、北九州に上陸して、女王国を併呑し、狗奴国を敗亡させて、九州一帯を統一した「第三勢力」が、騎馬民族的な性格を持つ北方系の朝鮮経由の種族だったであろうと考えている。これは「倭人伝」の記事が絶えた三世紀前半から、『宋書』に倭の五王が現われた中間の出来事であった。そうしてこの間に、北九州から大和へ政権と種族の移動が行なわれたと思っている。

魏志倭人伝（紹興本原文）

倭人在帶方東南大海之中依山島爲國邑舊百
餘國漢時有朝見者今使譯所通三十國從郡至
倭循海岸水行歷韓國乍南乍東到其北岸狗邪
韓國七千餘里始度一海千餘里至對馬國其大
官曰卑狗副曰卑奴母離所居絶島方可四百餘
里土地山險多深林道路如禽鹿徑有千餘戸無
良田食海物自活乗船南北市糴又南渡一海千
餘里名曰瀚海至一大國官亦曰卑狗副曰卑奴
母離方可三百里多竹木叢林有三千許家差有
田地耕田猶不足食亦南北市糴又渡一海千餘
里至末盧國有四千餘戸濵山海居草木茂盛行
不見前人好捕魚鰒水無深淺皆沈没取之東南
陸行五百里到伊都國官曰爾支副曰泄謨觚柄
渠觚有千餘戸丗有王皆統屬女王國郡使往來
常所駐東南至奴國百里官曰兕馬觚副曰卑奴

母離有二萬餘戸東行至不彌國百里官曰多模
副曰卑奴母離有千餘家南至投馬國水行二十
日官曰彌彌副曰彌彌那利可五萬餘戸南至邪
馬壹國女王之所都水行十日陸行一月官有伊
支馬次曰彌馬升次曰彌馬獲支次曰奴佳鞮可
七萬餘戸自女王國以北其戸數道里可得略載
其餘旁國遠絶不可得詳次有斯馬國次有已百
支國次有伊邪國次有都支國次有彌奴國次有
好古都國次有不呼國次有姐奴國次有對蘇國
次有蘇奴國次有呼邑國次有華奴蘇奴國次有
鬼國次有爲吾國次有鬼奴國次有邪馬國次有
躬臣國次有巴利國次有支惟國次有烏奴國次
有奴國此女王境界所盡其南有狗奴國男子爲
王其官有狗古智卑狗不屬女王自郡至女王國
萬二千餘里男子無大小皆黥面文身自古以來
其使詣中國皆自稱大夫夏后少康之子封於會
稽斷髪文身以避蛟龍之害今倭水人好沈没捕
魚蛤文身亦以厭大魚水禽後稍以爲飾諸國文
身各異或左或右或大或小尊卑有差計其道里
當在會稽東治之東其風俗不淫男子皆露紒以

木緜招頭其衣橫幅但結束相連略無縫婦人被髮屈紒作衣如單被穿其中央貫頭衣之種禾稻紵麻蠶桑緝績出細紵縑緜其地無牛馬虎豹羊鵲兵用矛楯木弓木弓短下長上竹箭或鐵鏃或骨鏃所有無與儋耳朱崖同倭地溫暖冬夏食生菜皆徒跣有屋室父母兄弟臥息異處以朱丹塗其身體如中國用粉也食飲用籩豆手食其死有棺無槨封土作冢始死停喪十餘日當時不食肉喪主哭泣他人就歌舞飲酒已葬舉家詣水中澡浴以如練沐其行來渡海詣中國恒使一人不梳頭不去蟣蝨衣服垢污不食肉不近婦人如喪人名之為持衰若行者吉善共顧其生口財物若有疾病遭暴害便欲殺之謂其持衰不謹出真珠青玉其山有丹其木有柟杼豫樟楺櫪投橿烏號楓香其竹篠簳桃支有薑橘椒蘘荷不知以為滋味有獮猴黑雉其俗舉事行來有所云為輒灼骨而卜以占吉凶先告所卜其辭如令龜法視火坼占兆其會同坐起父子男女無別人性嗜酒魏略曰其俗不知正歲四節但計春耕秋收為年紀見大人所敬但搏手以當跪拜其人壽考或百年或八九十年其俗國大人皆四五婦

下戸或二三婦婦人不淫不妬忌不盜竊少諍訟其犯法輕者沒其妻子重者滅其門戸及宗族尊卑各有差序足相臣服收租賦有邸閣國國有市交易有無使大倭監之自女王國以北特置一大率檢察諸國畏憚之常治伊都國於國中有如刺史王遣使詣京都帶方郡諸韓國及郡使倭國皆臨津搜露傳送文書賜遺之物詣女王不得差錯下戸與大人相逢道路逡巡入草傳辭說事或蹲或跪兩手據地為之恭敬對應聲曰噫比如然諾其國本亦以男子為王住七八十年倭國亂相攻伐歷年乃共立一女子為王名曰卑彌呼事鬼道能惑衆年已長大無夫壻有男弟佐治國自為王以來少有見者以婢千人自侍唯有男子一人給飲食傳辭出入居處宮室樓觀城柵嚴設常有人持兵守衛女王國東渡海千餘里復有國皆倭種又有侏儒國在其南人長三四尺去女王四千餘里又有裸國黑齒國復在其東南船行一年可至參問倭地絕在海中洲島之上或絕或連周旋可五千餘里景初二年六月倭女王遣大夫難升米等詣郡求詣天子朝獻太守劉夏遣吏將送

詔京都其年十二月詔書報倭女王曰制詔親魏倭王卑彌呼帶方太守劉夏遣使送汝大夫難升米次使都市牛利奉汝所獻男生口四人女生口六人班布二匹二丈以到汝所在踰遠乃遣使貢獻是汝之忠孝我甚哀汝今以汝爲親魏倭王假金印紫綬裝封付帶方太守假授汝其綏撫種人勉爲孝順汝來使難升米牛利涉遠道路勤勞今以難升米爲率善中郎將牛利爲率善校尉假銀印青綬引見勞賜遣還今以絳地交龍錦五匹臣松之以爲地應爲綈漢文帝著皁衣謂之弋綈是也此字不體非魏朝之失則傳寫者誤也絳地縐粟罽十張蒨絳五十匹紺青五十匹荅汝所獻貢直又特賜汝紺地句文錦三匹細班華罽五張白絹五十匹金八兩五尺刀二口銅鏡百枚眞珠鉛丹各五十斤皆裝封付難升米牛利還到錄受悉可以示汝國中人使知國家哀汝故鄭重賜汝好物也正始元年太守弓遵遣建中校尉梯儁等奉詔書印綬詣倭國拜假倭王并齎詔賜金帛錦罽刀鏡采物倭王因使上表荅謝詔恩其四年倭王復遣使大夫伊聲耆掖邪狗等八人上獻生口倭錦絳青縑緜衣帛布丹木𤝔短弓矢掖邪狗等壹拜率

善中郎將印綬其六年詔賜倭難升米黃幢付郡假授其八年太守王頎到官倭女王卑彌呼與狗奴國男王卑彌弓呼素不和遣倭載斯烏越等詣郡說相攻擊狀遣塞曹掾史張政等因齎詔書黃幢拜假難升米爲檄告喩之卑彌呼以死大作冢徑百餘步徇葬者奴婢百餘人更立男王國中不服更相誅殺當時殺千餘人復立卑彌呼宗女壹與年十三爲王國中遂定政等以檄告喩壹與壹與遣倭大夫率善中郎將掖邪狗等二十人送政等還因詣臺獻上男女生口三十人貢白珠五千孔青大句珠二枚異文雜錦二十匹

〈シンポジウム〉

松本清張『古代史疑』を考証する

牧　健二
上田正昭
佐原　眞
松本清張
〈司会〉井上光貞

編集部　本誌〔『中央公論』〕に連載中の松本さんの「古代史疑」はすでに七回になり、長年の蘊蓄を傾けられて大胆な新説を数々発表されたわけです。まだ専門史家からの反響を聞くことができませんが、読者の要望もあり、諸先生にお集まりいただいて、忌憚ないところをうかがってみようというわけです。

序論――方法の問題

井上　私が司会といいますか、交通整理の役をつとめさせていただきます。「古代史疑」の読後感からお話し願いたいと思うのですが、最初に、長老の牧先生からいかがでしょうか。

牧　私はたいへん興味深く拝見いたしました。第一にあげるべきは松本さんのすぐれたる推理的判断であります。ことに狗奴《くな》国の部分などは、従来の学者がいわないところに触れておられまして有益に拝見いたしました。

しかし、研究の方法という点では、私ども歴史研究の専門家からいいますと少しく違うのです。私は法制史の立場から、日本の国家の起源に関する文献として『魏志』の「倭人伝」を研究しておりますが、文献を厳正に批判して読めば、必ず正しい結論が出る、というのが私の基本的な考えであります。その場合、「倭人伝」だけをきりはなして解釈するのではなく、倭人についての記事がのっている『魏志』の「東夷伝」全体をみなければならない。また「東夷伝」は、『魏志』の一部分にすぎないのですから『魏志』そのものの用字法に注意する必要がある。

さらに、『魏志』は『三国志』の一部分ですから、『三国志』が中国の歴史文献のなかで持つ位置が問題になります。結論的に申しますと、『前漢書』のあとを継いで、あの記述はなりたっているのですから、『魏志』の理解には『前漢書』の書例を深く参考にすべきだ、というのが私の所論であります。

もう一点は、『後漢書』は魏より古い時代を対象としながら、実際に書かれたのは『魏志』より新しい、ということのため、「倭」の理解を誤っている所があり、私はこの『後漢書』の記述に捉われるべきではないと考えております。――松本さんは、「東夷伝」などもお調べになっておりますが、私と所見を異にするものが生ずる原因は、そこにあるような気がしますので、方法上の問題として最初に申しあげました。

上田　松本さんは、広く「東夷伝」全体のなかで「倭人伝」の位置づけを考えようとされており、従来の学説史の盲点を指摘されたところがあると思います。たとえば㈠朝鮮（馬韓・弁辰）の国名と、「倭人伝」にみられる国名との類似性を指摘されたこと。㈡かつて白鳥庫吉博士が指摘され、その後、論ぜられることが少なかった戸数が三、五、七と陰陽五行思想に則っているという事実を里程記事にもあてはめて、里程、国名があてにならないとされたこと。㈢卑弥呼を、ヒミカという新しい読み方をされたこと、などがありますね。

だが、邪馬台国の所在について、京都大学の内藤湖南（虎次郎）博士が畿内説、東京大学の白鳥庫吉博士が九州説で、いまに至るまで京都の学者は畿内説、東京は九州説と、「まるで〈統制〉が行なわれているかのような錯覚さえ起こさせる」と書かれましたけれども、そんなことはないので（笑）、現に牧先生は京都大学のご出身で私たちの先輩ですが、九州説を唱えておられる。

――私どもは、当時の国家構造、権力構造をどう見るかという点で、邪馬台国問題は非常に重要だと考えておるわけです。そういう意味では、松本さんが、邪馬台国を筑後平野のどこかの小さな土地ではないかという想定をなさっておる点、また「女王」というものの評価、などにつきましては、お書きになったものだけでは納得できない点があります。

とくに水行記事を信用しない、といわれるのも、なにか九州説という大前提があっての上のような気もするし、九州南北の文化の相違から狗奴国と邪馬台国との戦いを想定された点も、考古学上の事実とは少し矛盾するように思われます。

こういう個々の疑問はありますが、全体としては、従来、軽視されていた問題を新たに発掘されたという点で興味深く拝見しました。そういうところが読後の印象です。今後、どう展開なさるか、邪馬台国以後が問題として残されます。

佐原　邪馬台国の問題は、従来まったく推理の世界なので、その点、非常にお得意のところを発揮しておられるのは面白く思いました。私自身は、考古学の立場ですから、今後、考古学的な問題をどういう具合に扱われるかを楽しみにしております。

井上　ぼくは、ひとの論文を読みますとき、その人の方法論は如何ということを最初に問題としますが、松本さんが「原典はなるべくその通りに素直に読むべきだと思う」という主旨のことを書かれているのは、文献を扱う際の基本的な態度であって、その意味で私の気持と一致いたします。

それから、一見相反しますが、「史学者は日本人の書いた少ない文献資料については頗る用心深いが、こと『魏志』「倭人伝」に関しては警戒心が甘いようである」というご指摘も、私の感ずるところなのです。一方で素直に読んでおき、一方で警戒心をもつ。――そして警戒すべきところは掘り下げてゆく、というのが松本さんのご研究の基本的な態度だと思いますが、これは史学のやっていることとまったく違わない。

ただ、どうやって対象に迫ってゆくか、という場合にいろいろな方法があると思うのですが、それについて松本さんの書いていらっしゃることは「実証という石橋を叩いて渡るのは安全には違いないが、いつ行きつくべしとも思えない歯がゆさがある。仮説を先に出して、あとから証明を求める演繹的手段だってあるだろう。われわれアマチュアのありがたさ、だれに気兼ねをすることもなければ袋叩きをおそれることもない。しかし、これが本来純粋な学者の態度である」とある。いったい、このような問題のアプローチの仕方は一つではないと思う。その点、牧先生は、さっきおっしゃったのが唯一の方法のようにおっしゃいましたが、私は必ずしもそうは思いません。この邪馬台国問題のごときは、いろいろな角度からのアプローチが必要です。その場合に、こういう立場からのやり方も有効だと思う。松本さんのご研究はそのお得意な推理的構想が非常に興味深いのでして、そのご構想の要点要点を史学の立場で検討していくと、そこからわれわれ史学者にも何か新しい目が開けるかもしれない、という期待でぼくは「古代史疑」に臨んでいきたいのです。

松本　まず、私のおさない論文についてご精読をいただいたことにお礼を申しあげます。アマチュアにすぎない私が、邪馬台国問題に突っ込んだのは、この問題が一種の推理であると思ったからです。歴史の上での推理というのは、専門のほうでは史眼ということになるでしょう。学説史をみると、三世紀の日本について書かれた中国の唯一の文献である『魏志』の「倭人伝」にある邪馬台国の所在について、畿内説、九州説と分れ、それぞれもっともな解釈ができる。この問題について書かれた本は膨大な量ですが、それでもまだ二説が平行線である。単に邪馬台国がどこにあったかというだけでなく、われわれの祖先、あるいは日本建国の問題にかかわるのでたいへん重要でもあり、興味があります。これまでの論争史を読んでみますと、これには推理というか素人考えながら疑問も湧き、自分の解釈も起ってくる。そこで、われわれでもこの論争に参加できるのではないかと思い、こういうものを書くことになりました。

井上さんが触れてくださいましたが、問題がここまでくると、大胆な仮説を立ててから証明を求めるという方法でなければ、いくら論争してもはてしないだろうと思えます。とはいっても、どこかに実証がないと学界ではみとめられないでしょうから、そこは、素人の特権のようなものを使わせていただいたわけです。――そのとき私の念頭にありましたのは、森本六爾さんのことで、ご承知のように、明治以来の考古学が遺物の測定や、形式分類に専念していたなかで、生活を考えるということにはじめて着手された。当時は邪道のように思われていたが、森本さんの着想による仮説というか、その演繹的な方法探求が、いまでは、やはり日本の考古学に転機をもたらしたのではないかと思えるのです。――まあ、今日は袋叩きにあうのを覚悟でまいりました。

一、邪馬台国への距離・方向

井上　それでは個別論に移ります。邪馬台国の研究史をみますと、第一段階は、文献だけで「倭人伝」の記載にもとづいての論争がありましたが、その後、考古学、言語学その他の隣接科学も参加し、歴史学者の間でも邪馬台国の構造とか中国との関係とかに論をすすめるというふうになってきています。とはいっても、九州か大和かという問題から離れるわけにはいかないので、今日の出席者を色分けしますと九州説が三人（牧、松本、井上）、大和説が二人（上田、佐原）、そのなかでも立場はいろいろで、例えば同じ九州説のなかでも牧先生は、私に対して政治構造についての批判をもっていらっしゃる――それぞれのお立場は違いましょうが、松本さんの説を周囲から批判するという形で進めたいと思います。「倭人伝」の記載に関するかぎりでは、方向は九州に有利、里程は大和に有利と従来いわれております。逆にいえば両説とも、いかに弱点を克服するかが問題でしょう。

九州説――里程の読み方の二方法

松本　私は九州説をとるわけです。特に大きい理由は、北九州が地理的に朝鮮に近く、大陸との交流の点で有利と思えること、したがって、「倭人伝」が書かれる何世紀も前から半島と北九州の交通が開けていたと考えられることです。大和説の論者は「倭人伝」に出てくる「一大率」を、大和政権の九州出先機関、後の大宰府のようなものとされるわけですが私は、三世紀の前半ころ、九州まで統制できるほどの強大な政権が畿内にすでにあったとは、どうしても考えられないのです。

距離・方向につきましては、文献どおりに読むと九州の地域内では納まらなくなる。そこで、榎一雄東大教授の伊都国から先の記事は直線的に読むべきではなく、伊都国中心の放射型ないしは斜行形に読むべきだとする新説が出てくる。それを牧先生はさらに補強されて、「至」と「到」の文字の使いわけがあることを指摘された。このことは従来の九州説の弱点を克服すること大ですが、私は、「水行十日陸行一月」あるいは「水行二十日」を考えると、たとえ放射型のよみ方でも現在の地形に合わないと思います。牧先生は有明海のほうを迂回する海路をお考えのようですが。

そこで私は、どうも中国の歴史家の記述に空想があるのではないかと考えた。白鳥博士が、戸数が七、五、三の奇数倍率となっている点を指摘されたのにヒントを得て、里程にも同じ陰陽五行説による作意があるらしいと本文で述べたわけです。全体の里程が郡から倭まで万二千里というのも、他に用例がありまして、これは牧先生の論文で知ったのですが『前漢書』の「西域伝」の大宛国の条に長安から貴山城まで万二千五百五十里とある。もう一つ『魏志』の同じ「東夷伝」のなかに鮮卑の領土は「東西万二千余里」とある。これは「非常に遠い」ということの表現法だと思うんです。帯方郡より倭に至る万二千余里も同じ表現手段で、実数ではないと思う。

牧　私は、あくまで推理の問題ではなく、漢籍のよみ方の問題だという点で、いまのお話に賛成致しかねる点があります。

第一に、「倭人伝」は中国の史書記述の法則に従って読むべきで、その場合、「倭人伝」

の源である『三国志』は、正史として断代史をはじめて採用した『前漢書』の直接の系統をひくものである。したがって『前漢書』の書例を重んじる要がある、ということです。『前漢書』の「地理志」の粤地の条や、「西域伝」や「西南夷伝」の記載様式をみれば、先例があることは明瞭で、「倭人伝」をこの用語法で読みますと、伊都国までは連続的順路それより後に出てくる国は、列挙的行程であることははっきりしております。『三国志』より後で書かれた『後漢書』は、「倭」の字の解釈で過ちを犯し、それが後に連続的によまれることの一因ともなりました。

第二に、「水行十日陸行一月」につきましても『前漢書』の「西域伝」の尉頭国の条の類似の用例に、唐の杜佑の『通典』の表示法、わが『延喜式』の用法などを勘校すれば、「水行ならば十日、陸行ならば一月」と読むべきことは、一点の疑いもないのです。「陸行一月」につきましては、『後漢書』の「南蛮伝」にみえる大将軍李固の上言、『唐六典』の記載などから、魏においては歩行一日の行程は五十里だったと知ることができますので陸行一月はすなわち千五百里。里程についての「倭人伝」の記述から計算した伊都国―邪馬台国間の距離千五百里と、ぴったり一致します。つまり列挙的読法が客観的に証明されるという点にご留意いただきたいと思います。

第三は、にもかかわらず、里程が誇大であることです。私は、魏使は邪馬台国へ入らなかった、と思っております。魏使が行ったのは伊都国までで、以下の国々へは入れなかった。卑弥呼の側が、けがれた異国人を入れたがらなかったということもありましょうし、魏のような強大国の使節に内部をみせたがらないという防衛的配慮もあったかもしれません。魏使のほうは、女王国の意志にそむくことはできず、やむなく日程だけをきいた。しかし、帰国して魏の朝廷へ報告する際に、そんな近距離であるにもかかわらず、行かなかったということであれば責任問題になりかねない。そこで作意が生じた。しかし、作意はあっても距離の比例だけは倭人にきいた日数によってあらわしたのだろう、と思います。

私は、邪馬台国を筑紫山門郡。投馬を本居宣長の卓見にしたがいまして、日向の中部の「妻」としますが、そうした場合、北九州の伊都国から有明海へぬけて山門郡に至る水行十日と、日向中部に至る水行二十日とは、比例としては、ほぼ一対二で正しいと思います。

松本　第一の点については、「東夷伝」なら「東夷伝」同士での比較ならともかく、違った書物との比較では、いかがなものかということをすでに書きました。

第二に、魏使は伊都国にとどまって、それから先の国には行っていないとのお説ですが、魏使は一回だけ、来たのではないし、正始八年（二四七年）に来た張政のごときはある期間、伊都国に滞在していて、相当に倭の内政にも関係しています。先生のお説だけでは納得しがたいと思います。

また方向については、私は、「倭人伝」の記載をかなり信じますので（海上旅行の経験、太陽をみれば方位は簡単にわかること。魏使は何度もきていることなどから）、投馬国の位置はすこしく南の方角に偏するように思います。したがって私は、放射式の読み方をとらないのです。

牧 松本さんのものを読んで私が意外に思いますのは、「いたる」の字の「到」と「至」を私が区別しておることを「到」は実際に行ったところ、「至」は行かないで「そこまでは」という意だと言っているかのごとくお考えの点です。私は、『魏志』の用語法をしらべて行路において最後の目的地へ達したときは「到」を、その途上では「至」を使用しているという区別をみました（明帝本紀の景初三年に司馬宣王が遼東から帰る記事）。ところが郡使が駐留した伊都国は「到」だが、同国以後の四国では、最後の邪馬台国も他の三国と同様に「至」であるから、連続的に読むべきではない、という立論でございまして、現実に魏の使いが行ったか否かは、また別のことなのです。

井上 お二人のくい違いは、要するに九州での旅程について、牧先生は斜行式に読むことを主張され、松本さんは率直に直線式に読めというご意見から生じたものです。

私自身は、最初は直線式を考えておりました。それは、榎説にしたがうと投馬国が邪馬台国の南になってしまう。しかし、「倭人伝」には、「女王国より以北、其の戸数・道里は略載す可きも、其の余の旁国は遠絶にして得て詳かにす可からず」とあって投馬国は女王国以北でなければならない、という矛盾のためです。

しかし、この文の続き具合の読み方にも問題があり、私は、今では斜行法の読み方を支持しております。

松本　榎＝牧説による放射型の読み方の場合、伊都国を中心として各地への里程の列挙の仕方が問題だと思うんです。外国である倭国の地理志になぜ女王のいる首都の邪馬台国への里程をまっさきに出さなかったのか。かりに外国から大阪に船で着いた使臣が、日本見聞記を書いたとすると、第一に大阪から首都東京までの方向と距離を書くはずです。それがどうでもいい地方の姫路とか、金沢のことを首都の記事よりも先に出すでしょうか？

牧　ごもっともです。しかし、奴国や不弥国は近いところですし、東のほうから順に南へまわって、最後にいちばん重要な邪馬台国への道を書いたとも考えられるのでございます。

井上　その点は、本来そういう書きぶりなんだと考えればそれほど障害にはならないと私も思います。このへんで九州説の「同志討ち」をやめて（笑）、畿内説の立場から上田さん、いかがですか。

畿内説の立場から

上田　ぼくも「倭人伝」――正確には「東夷伝」倭人の条を読む時には、原典に忠実でなければならんと思います。従来の畿内説の多くが、不弥国までの方位はだいたい採用しながら、「南、投馬国に至る水行二十日」、「南邪馬台国に至る……水行十日陸行一月」になって、はじめて東の誤りであるといういい方をしてきたのは、論理一貫性を欠くものだったと思います。

私は倭は会稽東冶の東にあるんだ、儋耳、朱崖と風俗が同じなんだ、という記事にみられるように、基本的には邪馬台国も南にある、という認識で、あの記事ができていると思うのです。だから、不弥国以後の方位記事を、単純に南は東の誤りと考えてはまずいと思います。次に九州論者としては、いちばん困るのは水行の記事だと思うんですが、松本さんは原典に忠実でなければならないといわれながら、そこでは編者の作意性を認めておられる。ご都合主義ではありませんか、論理的には。

さらに、魏使はどこまで来たかという問題ですが、九州説は榎説以来、伊都国まで、ということになった。畿内説も大勢はそうなりましたが、ぼくはちょっと考えが違って、邪馬台国まで行っただろうと思う。その意味では松本さんの放射式の読み方をとらないのと一致するわけです。もし行っていないなら、なぜ奴国、不弥国の里程がしるされているのか。倭人の伝聞を信用したのだと牧先生はおっしゃるが、それだけでは納得できないのです。

放射式に考えれば伊都国から邪馬台国は五十キロぐらいです。しかも魏使は、邪馬台国まで来なかったとするのはなぜか。邪馬台国の鎖国主義ということだけでは解釈が不可能ではないでしょうか。倭国の使いは帯方郡を介して、洛陽まで行っておるのに、どうして魏使は邪馬台国まで来なかったのか。しかも日本との交渉は一度ではない。正始元年（二四〇年）に帯方太守弓遵の使いで来た梯儁《ていしゅん》は詔書と印綬を持って来た。正始八年（二四七年）には、張政が詔書と黄幢をもって来て、卑弥呼と狗奴国との争乱に際しては檄をとばして一種の作戦指導にあずかっていたと『魏志』の後半には書いてある。この人はしばらく滞在していたらしく、卑弥呼の死後、宗女臺與の擁立にも関係があった。これでも行かなかったのか。「倭国に使いするや、……文書を伝送し、賜遺の物は女王に詣《いた》らしめ」（従来は「文書・賜遺の物を伝送し」と読む方が多いようですが）の「詣」というのは実際に行ったのではないのか、と思うのです。

牧先生の「到」と「至」との使いわけ、という新しいご見解からも、教えられるところは多いのですが、榧本《かやもと》〔亀治郎〕さんが指摘されているように、『通典』の用例などでは、単純に東西南北では至を、東南とか東北とかいうときには到を使っておりますし、『隋書』の「倭国伝」では、裴清が実際に大和へ来たとき「彼の都に至る」と「至」を使った例もありますから、牧先生のおっしゃる用法だけとは必ずしもいえません。『前漢書』の「西域伝」でも五十三の国について、「到」は西夜国の条のみです。

また、松本さんの大前提には、北九州のほうにまで手をのばすような勢力が、当時の大和にはなかった、という発想があると思いますが、当時の権力の支配形態は、かなりルーズなものだったと思います。畿内説にたてば、九州への出先機関が所在することになる伊都国には、それ自身の国王がいたのですから。——もっとも、ぼくも八年ほど前には素朴に、専制国家の萌芽形態がみられると書いて、井上さんあたりからご批判をいただいたりしたのですがね。

佐原　ずいぶん問題が出てきてしまったのでむずかしいですが、ただ九州説をお考えの方の場合、後の大和朝廷とのつながりを邪馬台国の東遷ということで説明される。これは考古学の立場からは実証できない、と申し上げておきます。

もう一つ、弥生式時代の後半に、畿内を中心として瀬戸内を含む地域では、政治的な統一が行なわれたとみなすべき現象が考古学的に認められます。さらに古墳時代に入ると、魏の鏡が大量に畿内を中心に分布しているという重大な事実があります。そして小林行雄先生は、これらの鏡が畿内から各地に分与されたことを論証されています。したがって九州か畿内かという場合、畿内を考えたほうが矛盾が少ない、と私は考えております。

松本　上田さんが批判された、原典尊重主義とフィクション説との関係についてですが、私は、原典に忠実に素直に読んでみようとした。ところが、それでは九州の南方の海上へ突き抜けてしまう。だから、文献そのものに誇張があるのではないか、と考えていったわけで、矛盾していないつもりです。私のいいたいのは、たとえば原典の「南」とあるのを「東」にまげたり、「一月」を「一日」の書き誤りだと解釈するような歪曲のことです。

上田さんは、「詣」の字を魏使が実際にきたことの一つの証左とされますが、邪馬台国は、卑弥呼などというシャーマニズムの巫女のいる神域なんですから、特に「詣」を使ったとも考えられませんか。

それから、実際に魏の人が都に来たならば邪馬台国の描写はもっと詳細にされてしかるべきではありませんか。げんに、対馬、一支、末盧国などの地形、風俗、生活はかなり詳しく、生々と描写されてあります。

上田　「詣」については、日本の側の使者が魏の都まで行ったときも「詣」ですから、聖域だから「詣」の字を使ったというのは無理じゃないでしょうか。首都の記述がないといわれるが、倭人の条の後半のいわゆる風俗記事が、それであるとは考えられませんか。

松本　それにしては記述が南方的にすぎると思いますがね。

二、女王国の性格

井上　次は「女王国」の問題になってきます。つまりは今まで問題にしてきた国と国との関係が、どのようなものであったか、を出していただきます。一つには「女王国の東、海を渡る千余里、また国あり、皆倭種なり」との関係が問題ですね。通説では女王国すなわち邪馬台国という解釈ですが、松本さんのは独得なお考えですね。

松本　私は、邪馬台国をふくむ連合体みたいなものがあり、一方ではそれを女王国とよび、また、ある場合には邪馬台国そのものを女王国といったのだと思います。「倭人伝」のなかに邪馬台国の文字は一回しかでてこないけれど、女王、女王国の名は計十七ヵ所でてくる。これは『三国志』編者にとって倭の「女王」が珍しかったからだ、と想像するわけです。

井上 牧先生も、この点で以前から注目すべき新説を出されましたね。それを一つどうぞ。

牧 詳しい論証は省きますが、私の考えでは九州には三つのグループがあったと考えます。㈠は、「女王国より以北」とよばれた六国。かつて連合体を成し、その盟主は奴国であったと思われます。㈡は、女王国とよばれる連合体。この場合、邪馬台国とは、単に「女王が都する所」であり、女王国連邦を形成する多数の国々のうちの一つにすぎなくなります。㈢は狗奴国であります。こう考えれば、先に井上さんが気遣われた、放射線読みによる投馬国の位置の矛盾が解決できます。

この場合、倭国というのは、この連合体としての女王国に対する異称でして、倭ないしは倭人というのは、これら三者を総称したものです。そして㈠のグループは、二世紀の初めに㈡の倭国の武力によってたおされた。女王国より以北に一大率を置いたとあるのは、このためであろう、と思うのです。

井上 私は、通説のとおり、邪馬台国は女王国と同じであるとみ、それが三十国の連合体の盟主であろうと考えているので松本さんとも牧さんとも違います。牧先生は、この私の立場に対して批判をおもちですけれど、そちらに議論がかたむきすぎてもいけませんので、ここではご遠慮いただくことにします。

松本　牧先生の説だと、あの狭い北九州のなかに、なぜ一大率を置いたのかという問題が起こりますね。私は、実は、一大率を魏から来た外交機関のようなものと考えております。今後の連載で書くつもりでおりますけれど。

上田　私も、この問題について考えはありますが、後で卑弥呼の性格を論ずるときに申しあげます。

三、卑弥呼をめぐる問題

井上　今の問題とも関連して、卑弥呼そのものの性格に移りましょう。松本さんの、この問題に関する解釈も、またずいぶんユニークだと思います。卑弥呼は、政治的君主ではなくて、宗教的君主であり、シャーマンなんだということは、いままでにも多くの人が言ってきたことですけれど、松本さんはさらに、ヒミコではなく、実は、ヒミカなんだと読まれた。――同時に、元来は、他の土地の巫女グループで地名に縁のある名前だろうといわれた。そして連合体が政治的危機に陥ったのでヒミカを邪馬台国にまねいた、というわけですね。そしてヒミカはむしろ宗教的な存在だったけれど、『魏志』では、一種の異国趣味で政治的存在であるかのように「女王」と書いてしまった、というご主旨かと思います。

どなたからでも、ご意見を出して下さい。

牧　私は、このお説もたいへん面白いと思って拝見しました。中田薫先生の『古代日韓交渉史断片考』をお引きになって、地名と関係があるのではないかというご指摘ですね。私はよく、こんなに多方面に文献をお読みだと、僭越ないい方ですけれど敬意を表します。——ただし、私は坂本太郎さんたちが考えておられるように、『古事記』や『日本書紀』の人名を考えて読むのがいいのではないかと思います。

松本　私は記紀に書かれているような、ヒコ、ヒメというような美称が、三世紀前半にあったとは思っていないのですが。

上田　ここのところ、たいへん独創的だと思って興味深く拝見しました。読み方についてでは、これだけでは推定の域を出ないと思うんですが、ただ、卑弥呼が、二世紀後半の、いわゆる倭国大乱に際して擁立されてくる。そのとき、邪馬台国以外の土地からつれてきたんだろうという考えは、新説で面白い。——これは、今後、検討を要する問題じゃないかと思います。

しかし、卑弥呼が、実は政治的権力者ではなくて宗教的存在にすぎなかった。魏への使者らが、「女王」と思わせたんだとおっしゃるのはすこし無理があるように思います。「本《もと》亦《また》男子を以て王と為す」とか「その後、復た男王を立つ」という表現を率直に読めば「親魏倭王」としての卑弥呼も政治的君主だったことを認めざるを得ないのではないでしょうか。

それから卑弥呼すなわちシャーマンという考えに対してだけれど、これはすこし考えが足りない。シャーマンというのは比較的身分の卑しい階層出身であって、その上にいた司祭的な存在が卑弥呼だったろうと考えております。そういう司祭的な存在とシャーマンとは区別して考えねばならないと思います。そういう意味でも、女王というのを宗教的にだけ限定して考えるのには問題があろうかと思うのです。

井上　ヒコ、ヒメという美称が三世紀にあったとは思わないとのことですが、四世紀の日鮮交渉を書いた『百済記』のなかに、日本の将軍の名を何々ヒコと記録しています。だから、ヒコとかヒメとかいう名が八世紀的だとはいえないです。四世紀にもあるから三世紀にあってもよい。これが一つ。

次に卑弥呼ですが、国語学者にききましたら、当時の中国の北方音でカを呼と書く可能性はあるそうです。だから、ヒミカと読むことも学問的に可能のようですね。しかし松本さんは、ヒメカと読むことによってヒムカ（日向）と関係づけられるのですか。それだと問題がある。

松本　別にそうは考えておりません。単に地名と結びつく、と言いたかったまでです。

井上　それではもう一つ。「男弟」というのは、本来、宗教的なものであるはずの卑弥呼を女王としてしまった関係上、実際の王を、弟と呼ばざるを得なくなったのだろう、とのご意見ですが、その男王と卑弥呼は血族的な関係はまったくないとお考えですか。

松本　私はなくてもいいんじゃないかと思う。血族ではなくても、たとえば神功皇后と武内宿禰のような関係ではないかという説もあるくらいですから。

井上　「倭人伝」には、男弟と書いてある。斎宮や斎院のように、卑弥呼は男王の血族であったと読むほうが自然じゃないでしょうか。従って、他所から邪馬台国につれてきたというのは、どんなものでしょう。

上田　もう一つ、『梁書』に「諸夷伝」というのがあって、その倭の条に、「復た卑弥呼宗女の臺與を王となす。その後復た男王を立て、並びに中国の爵命を受く」とあります。

早大の栗原朋信さんもいわれたように、陳寿が『魏志』を書いた時点で倭国の状況をみたとき、「その国、本亦男子を以て王となす」と書いたということは、元康七年に陳寿が死んだときよりも前に、男王の時代になっていたのであり、陳寿は、臺與が死んですでに男王に代わっていたことを承知していた、といえようと思います。だから、二世紀前半、少なくとも倭国大乱の前に、本も亦男王が立っていたと表現したのでしょう。当時は、ゆるい形の部族連合ではなかったかと思います。大乱を契機に邪馬台国の政治構造には変化が生じた。女王が擁立されて、その権威を男弟が補佐するという形の体制となった。おそらく、この男弟は軍事を行なったと考える。しかし、外交はあくまで倭の女王である卑弥呼がやっていたと思います。二四八年ころに卑弥呼は死に、「更に男王を立てた」。この

「更に」をぼくは重視したいと思う。そこでまた大乱がおこり、臺與が出た。卑弥呼以前の邪馬台国の権力構造にもこのような発展を考えねばいけないのではなかろうか。二世紀後半のころは、考古学上でも顕著な変化がみとめられるんで、そういう考古学の成果ともあわせて考えないと、単純に部族連合そのままの延長で三世紀後半までを理解して、地名比定などを細密に論じてもはじまらないと思う。

考古学的にみた卑弥呼時代

井上　倭国大乱が問題になってきましたが、これは史学のほうからは西暦一七〇～八〇年代のことととらえる。佐原さんに、考古学の立場からうかがってみることにしましょう。

佐原　倭国大乱に入るまえに、弥生式時代の時期区分と実年代とにふれておきましょう。弥生式時代は、前・中・後期にわけていますが、畿内のばあいを別表（二七九ページ）にあげたように、実は内容が統一されていない。したがって考古学者の記述でも非常に混乱を生じている。ですから文献史学者が考古学の成果を引用する場合にも混乱してしまっているということを、まず承知しておいていただきたいのです。私は、小林行雄先生が昭和十年代以来使っておられる区分がもっとも合理的だと思います。弥生式時代の転換期は、小林案の中期と後期との間にあるのです。たとえば石器の終末、九州における甕棺墓の厚葬の終わりもそうです。農具・土器の変革、集落立地の変化もそうです。

弥生式時代の実年代については、杉原荘介先生がその始まりを紀元前三百年とされる。私はさかのぼっても前二百年前後と考えています。中期は、鏡やおかねなど舶来品の年代から一世紀をふくむことがわかります。弥生式時代の終末は古墳時代の研究からきまっていきます。小林先生は、「古墳の出現は三世紀末をはなはだしくはさかのぼらない」といわれ、これが定説となりました。したがって弥生式時代は、三百年前後までです。以上がこれからお話しすることの前提です。

まず弥生式時代の九州、畿内を比較すると、九州では、大陸製の鏡、剣など、いろいろきらびやかなものが出土するが、舶来品を除いてしまうと、九州独自のものはほとんど残らなくなります。なるほど弥生式文化は九州に始まったことは事実ですけれども。それからわずかに遅れて畿内に弥生式文化が成立する。そして前期の終わりには明らかに畿内と九州は別の様相を示しはじめます。北九州では中期になっても前期そのままを継承しているのに反して、畿内では前期末以後、創造的な発展があるという両地域の弥生式文化の性格の違いが各種の遺物によって指摘できるのです。

石製武器の発達と高地性遺跡

佐原　ところで倭国大乱との関連で、弥生式時代の武器のことを考えてみましょう。鉄製の武器は九州のほうが多くのこっている。しかし、その大多数を占めるのは墓からの出土品です。畿内では、弥生式時代に、アクセサリー以外の品を死者に添える習慣がなかった。だから単純には比較できない。北九州に多い舶来の青銅の武器は皆墓にいれてしまっており、いま考える必要はない。また北九州や中・四国西半の国産青銅利器は祭祀に使うものであって実用の武器ではありません。銅鏃は畿内のほうが発見例は多い。ただし絶対量はすくないのです。

畿内弥生式土器の時期区分

前期	畿内第一様式	唐古式 瓜破式	唐古 I a b
中期	第二様式	桑津 I 式 桑津 II 式	唐古 II
中期	第三様式	新沢式	唐古 III
中期	第四様式	西ノ辻式	唐古 IV
後期	第五様式	穂積式	唐古 V
	小林　行雄	昭和25 杉原荘介	昭和35

　そこで問題は石の武器、とくに石鏃《せきぞく》です。——弓矢は当時、もっとも普遍的な武器だったに相違ありません。まず前期の石鏃は、北九州から伊勢湾沿岸にいたるまで三角形の形式で、短く（三センチ未満）軽い（二グラム未満）ものが大多数です。九州では中期になってもこの形式が短く軽いまま続くのです。一方、畿内では、前期末に石鏃の大型化がはじまり、中期に入りますと、深くつきささる形式の石鏃が出現し、これが大多数を占めます。この形式の石鏃は長くて（三センチ以上）、重く（二グラム以上）、弥生式時代の鉄鏃、銅鏃

といいものの重量に匹敵します。三角形の形式のものとくらべると遠くまでとび、貫通力が強いものといえます。そして中期後半になると、非常に量が多くなり、粗製化します。大量生産の結果でしょう。

いま石鏃にみた大型化、多量化は石槍についてもいえることです。磨製石鏃、銅利器をまねて作った磨製石剣の発達も中期後半の畿内にみとめられます。これら石製武器の発達は、畿内では前期にはじまり、中期初頭以来、大和、河内を中心としてしだいに顕著になりました。香川、岡山などでは、その余波をうけたかのように、中期後半に入って石鏃など石製武器の一部に発達がみとめられるのです。

ところが、後期に入ると突然、石器がなくなってしまうのです。これは鉄の武器が完全に石にとって代わったことを意味します。

これに関連して集落立地が変わるという問題があります。瀬戸内海・大阪湾に面する地域では中期に高地性の集落が出現し、なかには海抜三百メートル以上におよぶものもある。これらの高地性遺跡の多くは中期でおわり、後期にはじまる集落は、また低地にもどっています。高地性集落は、小野忠凞さんがかつて指摘されたように、軍事的、防禦的な性格をもったものだと思われます。

中期前半の弥生式土器は、小地域ごとに差異をもっている。それが中期後半になりますと、より大きい地域ごとに統一されてきます。これらの事実を考えあわせると、畿内を中心とした地域で中期後半に征服、連合がすすんだのではないか。そして瀬戸内におよんだのではないか。その統一の過程における軍事的緊張が、武器の発達や高地性集落を生んだものと考えられます。――私は田辺昭三さんとの協同の仕事で、これが、文献のほうでいう「倭国大乱」（一八〇年前後）と、女王卑弥呼を誕生させた新しい形の政治権力とに対応すると考えました。

松本　後期の実年代はどのくらいですか。

佐原　私は後期のはじまりを西紀二〇〇年近い時代と思っております。それで、九州弥生式文化のなかで、畿内に与えた影響は、前期の段階ではありますけれども、中期、後期になると、こちらから向こうへの影響はいろいろあらわれるけれども、その逆のものはない。邪馬台国の東漸説を持ち出される場合には、その辺が考古学的には疑問になる。

松本　弥生式の前期、遠賀川式は急速に東にゆきますね。それから地方的な特徴が出てくる。こんどは、土器が同じ形式に統一される。それは畿内のほうから西のほうに伸びてきますか。

佐原　はい。

松本　櫛描文《くしがきもん》は東のほうから来るんですか、それはたしかですか。

佐原　いろいろ意見があって、櫛描文自身の成立が畿内であったかどうかについては、定説がありません。しかしそれをもふくめて多くの土器の製作技術とか、いろんな土器の器形とかが畿内から次第に西に及んでいるということははっきりいえる。九州にも及んでおります。

井上　非常に有益なお話ですね。ただ、倭国の大乱と武器の変化とは時期的にそんなに一致するものでしょうか。それによって社会構造や政治情勢が急速にかわってくる。そしてそれが倭国の大乱になるとすると、そこにある一定の期間というものがありそうですね。しかし鉄製武器の広がった「倭人伝」の時期と、『後漢書』のなかに出ている一、二世紀とがだいぶ違う段階だということはわかりますね。

松本　そういう変化は畿内、九州ほとんど同時代ですか。

佐原　九州では石器はあまりないんですね。向こうから入ってきた舶来品を除けば、もの自身が少ないですね。いまいったような大きな変化は九州の考古学的な事実では見られないようです。

考古学的な分析をした場合に、畿内には独自性があって創造的に発展してゆくのに、九州ではむしろ退潮するような形ですね。

井上　卑弥呼が死んで径百歩の大冢を作ったという記事について考古学者はこれを古墳とみとめないようですが、これに関連して、近畿地方の弥生後期の墓や、最近、話題になっている福岡県平原《ひらばる》遺跡が弥生古墳だという説（原田大六氏）などについてお願いします。

佐原　邪馬台国九州説をとる方は、弥生式時代の畿内に成人の墓がない。北九州では立派な墓があり、しかも鏡、剣、玉と前期古墳につながる副葬品がある、とおっしゃっていました。しかし、最近では、尼崎の田能遺跡で木棺がみつかり、また加古川や岡山では、前期古墳の竪穴式石室の前身ともいえる弥生式時代後期の墓が確認されています。

　鏡、剣などは弥生式時代の畿内では墓に副葬する習慣がなかったのです。しかも北九州自体でも盛んなのは中期までで後期にはいちじるしいものはありません。平原の墓はたしかに問題です。報告書が出ておらず疑問点も多いのですが。ただし、これが弥生式時代後期に属するとしても、私たちの畿内、北九州の評価には特に影響はありません。

　畿内を中心とする地域の弥生式文化を特徴づけるのは銅鐸です。銅鐸は祭りに用いた青銅製のかねだったんですが、ただ音を出すだけではなく、見た目にも美しく立派であることが要求され、しだいに大型化し、装飾も繁縟《はんじょく》化しました。――私は銅鐸をつりての構造、形態で分類して四段階にわけました。

　最初の銅鐸はつりての断面が菱形をしています。第二段階ではこのつりての外側に扁平な装飾部分がつくようになる。第三、第四段階では、だんだん装飾部分がふえてきます。

　銅鐸がどこで作られたかを検討すると、前期から中期のはじめでは大多数が畿内で作られて各地に供給されました。中期中ごろになると、先ほどの土器と同じように、各地で地方色をもつものが作られる。ところが、中期おわりには、また畿内に製作地がしぼられてきます。銅鐸はそれとともに超大型となり、しかも、銅鐸工人の流派がしだいに合併した形跡があります。畿内は一貫して銅鐸の原料をにぎり、その製作の主導権をにぎっていたといえるでしょう。なかには、時代、製作地、製作工人の異なった銅鐸が多数一緒に出土することがあります。小林説のように政治統合に際して集められたのではないかと考えられます。

九州と中・四国西半の国産銅利器は銅鐸と同様、墓や集落以外の傾斜面などに意識的に埋蔵した状態でみいだされますが、その出現は銅鐸よりおくれるらしく、銅鐸祭祀の模倣ではなかったかと思います。なお尼崎の田能遺跡で銅剣の鋳型が出土し、また淡路では銅剣が十本出土しました。これは、銅剣を忠実に模倣した形式の磨製石剣が近畿地方のみに集中的にみられることとともに、畿内を中心とする地域においては銅利器も多数存在したことをしめしています。

牧　佐原さんから、近畿地方に古墳発生の準備があったという説を拝聴しましたが、私は先に申したとおり、「女王国より以北」は不弥国までの六国の地方であり、投馬国は日向の「妻」にあったと考えます。すると、「倭人伝」と『日本書紀』との、九州の政治地理の記載は一致し、また日本神話も、全くの作話であったとは思えません。三世紀の後半に、神武天皇の東征に当たる事実があって、その結果、大和において、古墳の発生が飛躍的に、促進されたのではなかろうかと思うのです。

上田　東征説話については、別個の角度からも検討する必要があるのではないでしょうか。倭王権の性格や考古学上の事実との対比が必要だと思います。

四、狗奴国

井上　松本さんのお説のもう一つの問題点は狗奴国ですね、狗奴国についての突っ込んだ研究は少ないけれども、それについて非常に精細な議論を展開されていますので、それについての質疑応答を行ないたいと思います。

松本　「稲の戦い」ということは、文学的な表現でして、誤解を受けるかもしれないが、狗奴国はいまの鹿児島県薩摩、大隅の辺から肥後のだいたい菊池郡あたりまでを北限とする勢力であったと考えるわけです。そこに来る種族は東南アジア、ポリネシアあたりから島伝いに来た人間が相当に多い。そこで特殊な文化圏をもっていたのではないか。そしてまた北九州のほうは、半島を通って来た先住民を含めたものですが、その先住民が漢民族、朝鮮の影響を受けた特殊な文化圏の中にあって、南北別々の文化圏があそこにあったのではないか。いま東西に山脈があるけれども、それを境にしたのではないかと考えるわけです。

「稲の戦い」という表現を文字どおり読んでいただくと困るけれども、要するに南方から持ってきた米は直播的な米であって、その後の渡来の継続などで人口はどんどん渡来してふえてくるということから、米の生産の面からもっと肥沃な北九州への進出を考えたのではないか、というのがだいたいの考えです。

牧 たいへん私はおもしろいと思いますけれども、ただ狗奴国という国の領土の範囲について私はたいへん意見を異にしています。松本さんがいわれた山脈よりも南に二十一の国名に当たるものがあると思う、国名の点はたいへんややこしい問題ですが。

それで、その狗奴国が女王国と戦ったというのは主として熊本平野にあったあの沃野を取ろうと思って北進してくる、それに対して女王国の諸国が防衛したと私はだいたい考えております。そうでないと投馬国が成立した交通路がわからないのです。

上田 私は弥生式前期の稲作文化の濃密な地帯は北九州であって、南九州の稲の文化は北九州の影響を受けているのではないかと思います。つまり南九州には南方系の栽培民文化みたいなものがあったろうということが考えられるけれども、それは稲をもった文化であったかどうかということは一つの問題であると思います。たとえば京都大学人文科学研究所の飯沼二郎さんの研究を見ると、中干法——除草をしたりする中干の農法は北方型になる。南方型のは雑草を焼いて灌漑し、移植を行なわない直播の常湛法ということです。新しい北方型の農業の伝播は五世紀ぐらいからだ、という考え方もある。

松本 しかし、五世紀にならないと田植法が出現しなかったというのはちょっと考えられない。

佐原　田植の開始時期については定説がありませんが、私は弥生式時代は直播とおもいます。出土米を研究している佐藤敏也さんや九州大学の永末土己先生はもっと厳密な分類をされていますが、仮に日本型、インド型という古い分類法でいえば、弥生式時代の籾はほとんど日本型でしてインド型は無視してよいのです。その日本型はノゲがあって耐寒性がある。南九州の前期初頭の土器の籾痕（高橋貝塚）も日本型で、その例外ではありません。考古学的には、インド型の米をもった文化が南九州に入ってきたとする松本さんのお考えには、したがえません。

井上　問題はいろいろからまっていると思う。一つは経路の問題である。朝鮮経由のほかに揚子江地帯から稲作民族が渡ってきたという可能性があるか、ということ。それとはまったく別個に日本ではいつから田植がはじまったかということ。その次には朝鮮経由の北九州ではジャポニカの田植、南経由の南九州ではインディカの直播という図式が妥当かどうか。その結びつきについては私もよくわからないけれども南九州は亜熱帯ではないという気象条件一つ考えただけでも、かなり大胆なお説ではないかと思います。

松本　現在、考古学のほうでいえば、炭化したインド種の米は残っていないでしょう、みな日本種ですね。これはどういうことかといえば、直播であるから南九州のほうは絶えず台風、洪水で流されて、そのために進んだ田植法をやっている北九州への侵攻を考えていた。

それから南九州における米の生産は北九州あるいは全国に比べて非常に低かった。そのために考古学的な遺物は出ないのではないかということです。

井上　稲の話と違うけれども、私は肥後を北と南と分けたほうがいいのではないかと考えています。ぼくは邪馬台国は筑後ばかりでなく、肥後の北部ぐらいまで含んでいいのではないかという説です。佐原さん、免田《めんだ》式土器の分布は、北にも及んでいるのだけれども、中心地は肥後南部ではないのですか。

佐原　そうです。

井上　そういう文化が、熊襲＝狗奴国に結びついている。だから狗奴国と邪馬台国連合の文化の接点がどこにあるかというと、松本さんのように筑豊山地ではないのであって肥後の中部ではないかという気がする。

佐原　土器では井上先生が、免田式の分布が境になると書かれた。その場合に中部九州を北と南とに分けたほうがいいと思います。南は遅れている地域で、森貞次郎先生によると、石器ものこり、古墳のあらわれるのも六世紀です。

井上　狗奴国が連合と戦う勢力にまでなるについては、はじめ北九州の文化が中・南部にも及んでいたが、弥生中期、末期と進むにつれて北部が停滞し、一方、中部にだんだんローカルなものが出てくる、その過程との関係が問題のように思う。北九州の文化を受けなから、狗奴国の文化が発達してきて、それが弥生末期に北九州の連合と対立する、こうみたほうがぼくには考えやすい。

狗奴国についてはいろいろな論点があったけれども、皆さんのお話を伺っても、ほかの部分と比べて、ここはやや疑問が深いという、そんな感じがしますね。

松本　それは学者諸先生方の責任です。狗奴国についての追究を全然なさっていないのだから。（笑）

井上　狗奴国はよほど考えてみなければいけない。松本さんがそこを突っ込んで下さった。その点については異論がありませんね。

牧　私もいちばん最初に申し上げたように、狗奴国をたいへん詳しく考えられたことに敬意と興味をもってあれを拝見しました。

松本　われわれが考えるにしても、その基礎は諸学者の論文がテキストです。それに狗奴国のことがほとんどふれてないから、私の論が穴だらけになるのはやむを得ないですよ。

井上　それでは、このへんで終わりにいたします。まだ、邪馬台国の東遷という問題が残っており、佐原さんの考古学の立場からの批判も出ていますが、松本さんも、これからご執筆になる部分でしょうから。

今後とも、御創見に期待いたしております。

（『中央公論』一九六七年一月号）

出席者紹介

牧　健二（一八九二～一九八九　京都大学名誉教授・日本法制史）
上田正昭（一九二七～二〇一六　京都大学名誉教授・日本史）
佐原　眞（一九三二～二〇〇二　国立歴史民俗博物館名誉教授・考古学）
井上光貞（一九一七～一九八三　東京大学名誉教授・日本史）

解説

森浩一
門脇禎二

I　『古代史疑』旧版解説

森　浩一

古代史を考えるのに主要な資料が二種ある。一つは人類が作った遺物、建造した遺構、そうしてこの二者によって存在が立証される遺跡を認識の単位とする考古学資料で、これは物質史料ともよばれている。もう一つは、人類が文字を媒介として表現した記録、いわゆる文献資料である。理想としての古代史は、考古学資料と文献資料を根幹にして、さらに人類学や言語学などの資料をも総合する古代学によって考究すべきであるが、一個の人間が考古学資料と文献資料のどちらをも使いこなし、さらにはそれぞれに特有な方法を駆使することは、言葉のうえでは簡単に期待できても実現はきわめてむずかしい。先人に例をとると、本居宣長のごときは、文献資料を扱えば秀でた能力の持主ではあったが、考古学とは性があわなかったのか、そこから抽きだせたものは少なかったようである。もちろん、その逆に、考古学資料に関しては天賦の才能をもちながら、文献資料に暗い人、あるいは関心の薄い人も少なくない。

さて、松本清張氏がとりくんできた古代史関係の業績を展望すると、考古学資料と文献資料のどちらもが駆使されており、二種の資料からそれぞれに史疑の素材を抽きだせる能力の持ち主と、判断せざるをえないのである。

『古代史疑』では、『魏志』「倭人伝」を通しての三世紀の古代日本の究明を試みられたのであるが、三世紀の古代日本について、疑問点や研究課題を無限定に拡大していくのではなく、陳寿《ちんじゅ》という一個の人間が書きあげた文献資料という前提的な性質を見抜き、陳寿が扱った事柄の枠外へは踏みだすことを極力避けておられる。これは堅実な方法である。私のように考古学を学ぶ者からみると、文献資料は考古学資料にくらべ雄弁である。『魏志』「倭人伝」でも、三世紀の国々の名称が、人物名が、方向や距離が、産物が、習俗が語られ、はては政治的事件の原因や結末、外交文書の内容までが語られている。もしそこに記録された事柄のすべてが真実であれば、邪馬台（壱）国論争などがおこる筈がないのである。文献資料は時として饒舌にすぎるといわざるをえないのである。そうしてその饒舌に走った部分に概して興味本位の古代についての話題が展開するのである。

しかし、松本氏は作家の経験から、饒舌な部分を冷静に扱った。つまり、自分が仮りに三世紀の陳寿であったら、未知の国について、しかもごく限られた素材で、どのように書きあげたであろうか。編纂に全力を傾注したとしても誤認や誇張のはいりこむ可能性はなかったであろうか――。このような松本氏の自問が随所にうかがえるが、それによって過当な評価をうけ、過重な期待にあえいでいる『魏志』「倭人伝」を本来の文献資料にひきもどしているのである。

「史学者は日本人の書いた少ない文献資料については頗る用心深いが、こと『魏志』「倭人伝」に関しては警戒心が甘いようである。いつの間にかこれに対して信仰のようなものができあがっているような気さえする」

私も同感である。

もちろん文献資料を扱うにさいしては、自説の都合によって、または恣意的に、字句を別のものに変更したり、数字を勝手に変更してしまってはいけない。これは鉄則である。だからといって、その鉄則さえ守っておれば、科学的方法が保てていると考えるのも間違いである。『魏志』「倭人伝」のように、著者がその土地を訪れることなく書いた一種の地理書、しかも政治理念をもって編纂された文献資料には、誤認もあれば、故意に改変された個所がまじりこむのも当然である。松本氏はそのような個所は大胆に切りすててしまっている。例えば戸数、里数、日数など、もっとも専門研究者をなやませている数字については、中国の陰陽五行説によって好まれた三、五、七がしきりと使われていることに気づき、実際の数字ではないとしてこだわってはいない。これは万人を納得させるだけの証拠はないが、結果的には三世紀の実態の把握に近づいた可能性が多い。

ただ、景初三年に女王の使者が洛陽に行って銅鏡百枚をもらったという個所の、百枚についても、松本氏は多数という意味にすぎないと考えておられるが、これには異議がある。大庭脩氏が『親魏倭王』のなかで述べられているように、『魏志』「倭人伝」は八割方を読み終えたあたりから行文が変化しているのである。つまり、景初三年六月云々からあとは、魏の朝廷にあった記録によって編纂されており、とくに魏帝の詔のくだりは原文の転載であって字句の誤りはまず認められないという。中国古代史家によるこの研究は、私の知るかぎり、『魏志』「倭人伝」研究のなかでももっとも基礎になる作業の一つであって、銅鏡百枚は実数と考えた方がよい。

大庭氏はこの詔文を三つの段落に分け、さらに各段落に二つの小段落があるという整理をしておられる。それは、㈠、卑弥呼に対するよびかけの言葉と、使者と貢物の到着をつげる文。㈡、任命の言葉で、卑弥呼の親魏倭王への任命と、難升米らの任命。㈢、賜物についてであり、この前半が貢物に対する反対給付としての物品のリスト、後半が特別に加えられた賜物についてのリスト、という風に分けておられる。問題は特別に加えられた賜物リストで、「紺地句文の錦三匹、細班の華罽五張、白絹五十匹、金八両、五尺の刀二口、銅鏡百枚、真珠、鉛丹各五十斤」であったと記録されている。各品物の数をみると、五尺の刀二口、金八両のように少ないもの、および五行説では好まれない数もあり、他の品物との比較にたつと当時邪馬台（壱）国地方ではいかに銅鏡が「好物」とされていたかが分る。逆にいえば、偶然に魏から大量の銅鏡がもたらされたから、日本のある地方に銅鏡愛好の風習が始ったのでもなかろう。日本のある地方での銅鏡愛好の風習はすでに魏の朝廷にも聞えていたと見るべきであろう。松本氏も別の著作では、この時にもたらされたと考古学者の多くが信じている銅鏡についての意見を発表しておられるが、私は景初三年に魏からおくられた銅鏡が百枚であったとしても、地下に埋められ、さらに偶然の機会に発掘されて、今日世にでているのはせいぜい十枚前後だろうと推定している。なお、序《ついで》にいえば、松本氏は魏帝の詔文も体裁を整えるための陳寿の創作と考えておられるが、これには賛成できない。しかしその可能性はあるわけであるから、もし松本説のほうが正しければ銅鏡愛好の風習は魏に併行する時代のことでなく、陳寿の晉に併行する時代の反映となり、大きく問題がかわってくる。

『古代史疑』は『魏志』「倭人伝」についての先学や研究者の学説をよく整理し、各学説の発想法をふりかえったり、なぜ他の学説と相違するのかなどを探索し、そのうえに自説を展開しているのであるから、作家による小説ではなく、手固い学術論文に分類できる。もちろん文献資料を主に、考古学資料を従として論を進めておられるが、考古学資料については表面にでているのは少ないが裏方としてはいろいろ役立てておられる。一つ面白いと思ったのは、どの人の場合でも見られることであるが、いつしか三世紀なら三世紀の自分なりの実像が作られていることである。松本氏の場合も、例えば卑弥呼の居住するところについて、「宮室、楼観、城柵厳かに設け、常に人有り、兵を持して守衛す」という一文は、中国風の空想で、「三世紀前半の弥生式時代の日本国内にこのようなものがあるわけはない」と言いきっておられるが、この程度の施設は考古学資料によればあっても一向におかしくないのである。最近西日本の各地で弥生集落が発掘される機会が多く、弥生文化の実態がかなり分ってきたが、博物館に陳列されている弥生式土器から与えられる印象だけではなかなか弥生文化の全体像がわいてこないのである。考古学資料による三世紀代の総合的な復原にはやはりまだまだ時間が必要とされるから、これは松本氏だけの責任ではなさそうである。

『古代史疑』での松本説のうち、私自身がもっともひきつけられたのは「一大率」「女王国以北」の章で述べられている内容である。松本氏は文献資料を淡々と読み、伊都国にいた一大率は卑弥呼から任命された官ではなく、「魏の命令をうけ帯方郡より派遣されてきた女王国以北の軍政官」であり、「それは大使をかねた軍政官に近い地位」と考える。そうなると、一大率は従来の定説とはまったく逆になり、邪馬台（壱）国の女王にとっては、「魏＝帯方郡」からの全権大使のような役もしていたことになり、諸国が一大率を畏憚したという一文も理解できるのである。そうして一大率は、女王国以北の諸国、つまり対馬、一支、末盧、伊都、奴、不弥の六国を統治したとみておられる。これは大胆な学説で、従来の三世紀の日本観を大きく変更し、それによって『魏志』「倭人伝」全体がかなり合理的に解釈できるようになりそうである。ただ松本氏は伊都国のくだりの「世有王皆統属女王国」を「世々王があるが、みな女王国に統属している」という具合に従来の定説にしたがって読み、この王については多くを説明していない。しかし阿部秀雄氏が『卑弥呼と倭王』のなかで鋭く指摘したように、「世々王があり、みな女王国を統属させていた」と読めないものだろうか。古代史家はそれぞれに三世紀像を先に築いてしまって、それから文献資料に接するから、漢文の用法にはよらずに女王国を主体に読んでしまったのではなかろうか。

松本氏が一大率が支配したとする六ヵ国、とくに末盧、伊都、奴、不弥の地域は考古学資料では特異な文化圏を形成している。その地域内では弥生中期から後期の初頭にかけて巨大な甕を用いた合口甕棺葬が普及し、しばしば首長クラスの棺には中国や朝鮮製の青銅製品がおさめられている。とくに前漢と後漢の銅鏡の出土は多く、すでに約百面をこすほどで、その数は楽浪郡での銅鏡数に匹敵するほどである。しかもその銅鏡は大半が狭隘な伊都の地域に集中しており、従来はこの考古学的な事実に説得的な解答がでていなかったのである。もちろんまだ疑問がすべて解けたわけではない。銅鏡を多数おさめる甕棺の年代は、『魏志』の時代より、百年から二百年遡るとされているが、考古学的年代はまだまだ検討の余地がある。それより銅鏡の多く出土する特異な地域に、古代史の側から一つの解釈がでたことが重要なのである。さらに注目されるのは、伊都から一つ、奴から一つ、計二個の璧《へき》が出土している。璧は中国の高級の官僚が用いた環状の玉で、楽浪郡でも二個しか出土していない。これにたいしても珍品を北九州の首長が入手したにすぎないと説明することもできるが、そのような考えはすでに子供騙《だま》しにもならない。一大率の統轄したと仮定される地域から二個の璧があることは将来問題となる可能性がある。璧は宮崎県からもう一個出土しているが、これは松本説を適応するとどうなるであろうか。

（一九七四年）

Ⅱ　対談・清張古代史の現在を再検証する

森　浩一
門脇禎二

森　清張さんが考古学界や古代史の学界に大きな影響や刺激を与えられたのは、昭和四十〜五十年代でした。当時は小説家としての清張さんと古代史へ食い込んでくる学者としての清張さん、二つの面を意識していたけれど、改めて読み返して、やっぱり清張さんって小説家だなあと痛感しました。特に『火の路』は面白いですね。最近、体調が悪くて、あまり読書に時間を割けないんだけれど、二晩徹夜して読んで、翌日ちょっと体こわしました（笑）。作品によっては、当時の学界の基礎知識そのものに曖昧な部分が多かった面もあって、清張さんが当時の定説を紹介しておられる部分に、今日では通用しないところもある。そのことは、今日、補足しておきましょう。

門脇　森さんの専門の考古学はすごく発達したから、松本さんが活躍された時代と今とでは学説が変わってきたというのはよく分かりますね。

ただ、我々の文献の学界は、研究者の数は多くなったものの、細かい問題へと関心が孤立分散化してきたんです。考古学もそうかもしれない。松本さんは遠慮ぶかく「自分は読者の常識から発想する、それと専門家とをつないでいく」とお書きになっているけど、大きな問題を提起された部分に僕は依然として斬新さを感じます。特に邪馬台国論は清張さん以後、専門家からあまり面白い説が出ていないのではないか。学界における孤立分散化状況がますます深まっている今、改めて新しい魅力を感じました。

邪馬台国論を摑むための五冊

門脇　邪馬台国論のほうからいきましょう。記念館から事前に『古代史疑』（昭和41・6～42・3「中央公論」）と『邪馬台国（清張通史）』『遊古疑考』の三つを基本的な作品として挙げていただきましたが、それに二冊、付け加えさせてください。

『古代史疑』が全集版で刊行され、中公文庫に入った昭和四十九年に、『古代史の謎』（青木書店）が出ています。『赤旗』紙上で行なわれた三人の学者との対談と、『朝日新聞』に書かれた文章とをまとめた本ですが、対談を通じて当時の考古学界、古代史学界でどのような問題が注目されているかを勉強されたのではないか、と思いました。対談相手の一人目は、日本の古代王朝は三回変わったというセンセーショナルな王朝交替論を提起された水野祐さん。私も大変尊敬している先生です。二人目の和歌森太郎さんは、当時の歴史学、民俗学を代表する学者。三人目の井上光貞さんは当時の古代史学界を代表する方です。私は「大化改新」はなかったという説を出したので、後に真っ正面からぶつかることになりましたが、七、八年先輩で、親しい方です。併録された「古代史の空洞をのぞく」という文章で、清張さんは森鷗外の「かのやうに」にふれて、考古学から古代史まで通じるのは、やっぱり天皇制の重さである、と書かれている。この本を読んだうえで『古代史疑』を読むと、対談で得たことを意識しながら書かれていることが、僕なりに非常によく分かりました。

もう一冊は、没後に刊行された『清張古代游記 吉野ヶ里と邪馬台国』(平成5、日本放送出版協会)で、僕も関わった本です。この五冊を通して読むと、清張さんが自分の主張を一つ一つ固め、自説を補強されていくようすが、非常に鮮やかに読み取れます。

とりわけ『古代史疑』は、最初に読んだときから今度の読み直しまで、最も印象の強いものです。内容に入る前にまず、文献のほうの立場から非常に印象に残ったのは、資料の扱い方です。邪馬台国論の基本になるのはもちろん『魏志倭人伝』正しくは『魏志』「東夷伝」倭人の条ですが、私たちはその二千字だけを読んでいてはいけない、高句麗伝や韓伝もふくめた「東夷伝」全体を読まないと意味がないと言ってきました。これは森さんも同じですね。ところが、松本さんは『魏志』を書いた陳寿という男は、先行する『漢書』の「西域伝」を書いた班固《はんこ》を気どっていたのではないか、と指摘している。これは作家でないと出てこない発想だなあと、こんど読み返して、強く感じましたね。

論文を把握する力

森　『古代史疑』では、『倭人伝』研究の歴史と学説を実に丁寧にたどり、諸説の主要な点をダイジェストしている。抜けているものが二、三なくはないけど、普通の考古学者やジャーナリストが引用するより、はるかに目配りが行き届いていますね。

門脇　学説史には、『邪馬台国論争史』とか『邪馬台国研究総覧』とか、誰が明治何年にどういう説を出し、どんな批判があったとか、上下二巻にわたって延々と網羅した本などがあって、松本さんの嫌いなアカデミックな研究者はみんな、それによって先行学説の発展をたどっています。これは『吉野ヶ里と邪馬台国』の解説にも書いたことですが、「学説史と研究史は違う」というのが私の持論なんです。私が『古代史疑』を読んで最初にすごい、と思った理由はそこで、百以上の論文を、清張さんはしっかりと把握しておられるんです。九州説のケルンになっているのは白鳥庫吉だ、畿内説の親玉は誰かというと内藤湖南だと、実に的確に摑《つか》みだしている。誰が何を言ったかを羅列するだけでは、単なる学説史にすぎない。松本さんはそれぞれの時代の人々が、邪馬台国論にどういう関心を持ったかに着目します。一般の国民が自分の国家の起源に寄せる歴史意識のありようと専門家の学説の受容のされかたを見事に結びつけて整理している。この点が、僕には『古代史疑』の一番面白いところでした。

一例を挙げますと、九州説の起源は明治の半ばに出た那珂通世の『日本上古年代考』（明治21）ですが、卑弥呼を皇室の祖先の神功皇后のような人に結びつけるのはけしからんという意識が深奥にあって、そこから出てきたのが九州山門《やまと》説なんです。具体的に書かれてはいませんが、『日本上古年代考』を読んだ者には、権力側から学説を見てはいけないという松本さんの主張が明らかに読み取れます。また、現在のアカデミズムは体制側の立場にあり、研究者はその中に位置を占めていることを意識して研究してもらわんと困る、とはっきりとお書きになっている。それらを結びつけると、松本さんが研究史を書かれるうえでの視座が、非常にはっきりと印象づけられます。

逆に、松本さんの評価できない部分は、今のような立場で九州説をとらえるとね、内藤湖南の畿内説――森さんに十年ほど前、〝邪馬台国「畿内」説という言葉はいかんぞ〟と言われてから、僕はずっと「大和」説と言っていますが、今日は松本さんがお書きになっている「畿内」説で行きます――も、ある意味でものすごく進歩的な意味を持っていたと思うんです。「皇室の祖先と結びつくから畿内説は駄目だ」という九州説の発想とは違って、本来の畿内説には「たとえ結びついても学問的にそれが言えたらかまわん」という進歩性がありました。そういう文脈で考えると、「畿内説の人は京大系が多く、九州説は東大系が多い」とかいう週刊誌式の分類はやっぱり困る。

岩波文庫の『魏志倭人伝 他三篇』に参考原文として『漢書』の地理志［燕地］条が収録されています。日本のことが最初に紹介される、「楽浪海中に倭人あり」というあの一行ですね。ところが松本さんは、この引用の仕方はよくない、その前にある文章が大切だというんです（『邪馬台国（清張通史）』）。その前の部分は、倭は燕の地の後の非常に遠いところにあり、儒教的道徳の廃れてきたわが中国と違い、倭をいわばユートピアとして描いているとされる。そのことが『倭人伝』の里程の数字は虚数とする松本さんの説につながってきます。この指摘には非常に敬服しました。

松本さんは、このような問題については、資料を提供する側にも責任があるといっておられるんですね。一般に広い関心を呼んだ邪馬台国論争に向けて、資料を出す側の責任ということは、他の誰も指摘しなかったのではないか。

『邪馬台国（清張通史）』には他にも、『日本書紀』に採用されている、いくつかの倭人伝の資料についての考証があるんですけど、なかなかすごいものです。例えば『日本書紀』で今一番読まれている岩波の古典文学大系の注にも、いくつも間違いがあると指摘されている。また、賛成できないからといって一つの説と違うものを「誤りである」とするのは、穏当を欠くとぴしゃっと書かれています。

「女王国」と「一大率」

森　『倭人伝』に描かれているのは、卑弥呼の時代の、魏との交渉を中心にしたごく短い時期のことですが、実はそれはものすごい激動の時代やないかなあ、と最近ふっと考えるんです。ちょうど幕末から明治維新にかけての数十年の間に大転換が行われたのと一緒ではないか。学者にも短い時代の歴史の反映とみる人がいるし、清張さんも大きな激動のない時代という前提で読んでおられるように思えるんですが。

これは清張さんも触れておられることですが、『倭人伝』には「女王国」という言葉が五回も出てくるのに、「邪馬台国」は一度しか出ない。しかも「邪馬台国に都する」のは「女王」とあるだけで、卑弥呼の邪馬台国という記述はないのに、マスコミには「卑弥呼の都の邪馬台国」というイメージが氾濫しているし、学者の中にもそういう表現を使う人がいる。このごろはその辺の厳密な整理ができていないような気がしますね。

考古学者でも、「女王国」について論じた者はほとんどいません。そもそも「女王国」というのは正式な名前なのかどうか。倭の側が自ら「女王国」とは使っていないようだから、中国側からみて、一種のニックネームのように呼んでいたのかもしれない。

門脇　ちょっと軽蔑したニュアンスでね。女王の国という程度の意味かもしれません。

森　倭国とか邪馬台国とか伊都国とか女王国とか、全部同じように並べて考えるのは、ちょっと間違っているのかもしれない。清張さんは「女王国」の重要性には気がついておられたし、特に「一大率《いちだいそつ》」の解釈なんかユニークなものでしたね。

門脇　「女王国」は北九州の連合国を意味するとした藤間生大さんの説を、一貫して主張しておられます。考古学者でも小田富士雄さんが「最近はあまり支持されないけれど、藤間さんの北九州連合という説は私はまだ非常に大事にしている」とお書きになっています。あなたの指摘されたとおり、邪馬台国だけじゃなくて、北九州の連合国即ち女王国だという捉え方は、確かに特徴ですね。

森さんは、松本さんが最後まで固執された「一大率」について、いかがお考えですか。『倭人伝』で、壱岐国のことを「一大国」と書いてあるのを、「一支国」と読み直している箇所があります。地理的にいえば、それが「一支国」だというのは、誰でも納得がいく。松本さんはそれを一歩進めて、そのすぐ後にある「一大率」も同様に「一支《いき》（壱岐）率《そつ》」と読むべきではないか、と主張して来られた。あれは非常にショッキングで、なにか虚を突かれたような格好で高く評価して、「私も賛成であるが」と『松本清張全集』55（文藝春秋）の解説に書いたんですが、このごろは、少し賛成しすぎたかなとの思いがあるんです。

平成四年に、先頃亡くなった佐原眞君と一緒に、松本さんのお相手をしたことがあります(「現代」一九九二年一月号)。そのときも松本さんは邪馬台国論の最後にやはり、一大率は一支率である、とおっしゃった。佐原君も私もちょっとそこまでは賛成しかねると申し上げたんですが。

一大率にそういう問題があるにしても、その性格を卑弥呼の派遣した官ではなくて、魏の国の役人と解釈されたのは松本さん独特の説だと思います。その主な理由は、漢文のその部分の文章の節の頭に主語がないことなんですね。このごろ考古学者で、むしろ文献を使われる人にも二、三、ほかの問題で同じようなことを言っている人がいます。しかし、文中にところどころ主語がないというのは漢文の特徴でしょう。前の文章を代名詞や指示代名詞で受けて、それを主語にしてすぐ展開していく。それは漢文の特徴なんだけど、それを非常に強い論拠にされていることが一つ。

それじゃあ、その一大率はどの範囲を支配していたのか、という問題がある。松本さんはことに九州の七ヵ国に対して、魏=帯方《たいほう》郡が植民地支配みたいなことをやっていたというお考えです。日本にアメリカの占領軍が来て管理統治したような説明もされている。

しかし、女王国より以北に一大率を置いたという「以北」の捉え方がそれでいいのか、ということは、松本さん自身が非常に気になさったらしいんです。松本説に有利な解釈をしている人に牧健二氏がいて、僕も非常に面白くて支持できる説だと書いてきたんですが、このごろ、そういうふうに解さなくてもいいんじゃないかなあ、と、ちょっと私自身が思い直してきているんです。

この点は松本さんの邪馬台国論の特徴なので、もし森さんにその点、何か考えがあれば聞かせてくれますか。あなたと江上波夫さんとの対談〔「松本古代史は何を変えたか」〕でも、お二人とも非常に評価されていますから。

森　実は二十年ぐらい前からかなあ、中国史の人やら中国の音韻学の人やらと十人で、「東夷伝」の勉強会を開いていたんですね。僕にとってもものすごく勉強になりました。古代史関係の人が当番に当たると、すぐ訳するところを変えてしまうわけ。三、四行で区切って、それぞれ独立した文章にしてしまうんです。すると、中国史や音韻学の連中が、まだ文章の主題はずーっと続いていますよ、という。

門脇　うーん、なるほど。

森　そのとき気がついたのはね、中国の歴史書は、何について今論じてますということが最初に分かっておればいちいち主語は書かないのか、『日本書紀』や日本の文献とえらい違いやな、ということです。『倭人伝』は『三国志』の『魏書』の「東夷伝」の「倭人」の条であって、中国からみた倭人のことを書いている史料だから、やっぱり中国が見えていないけれど隠然とした主体だと思う。

門脇　松本さんもそう解釈されたわけで、僕もそれを評価してたんですが、すぐその後にその役人は「中国の刺史の如し」とあるでしょう。似たような表現では、『魏志倭人伝』

の風俗のところに、占いについて、中国の「令亀の法の如し」とあります。中国からみて書いたことは間違いないけれども、中国にはない、日本独自のものを、中国でいえば何とかみたいなものだという表現なんですね。やっぱりこれは、一大率は女王国の卑弥呼が置いていたと解釈してもいいかなあと。その辺のところをよく点検し直してみると、僕自身過大評価だったかなあと、ちょっと動揺してるんです。

森　僕はまだ評価できると思う。それは、清張さんの晩年以後、急に大きく発掘で浮かびあがってきたのが、壱岐の原《はる》ノ辻遺跡ね。明治、大正から知られていたけれど、あんなに大きな遺跡だとは最近になって発掘が進むまでわからなかった。呼子からフェリーに乗って行くと、壱岐の印通寺《いんどうじ》という港に着きますが、そのすぐそばです。おそらく、遺跡があったところから、すぐ近所に立派な港があったんでしょう。

門脇　船着き場の跡が出てるんだよね。

森　そう。発掘が進んでいくと、三重の環濠が出た。これは、奈良県や佐賀県の同時代の環濠の大集落より、さらに規模が大きいんですね。壱岐という国はこの程度だろう、という先入観を持っていた人には到底理解できないほどの大きさで、朝鮮半島の各地の遺物が出る。食べものでいえば、犬を料理した痕跡がたくさん出る。これは中国人とか帯方郡からの客人に対するもてなしでしょうね。

倭人伝の冒頭の「倭人は山島によりて国邑をなす」の解釈で、従来は「国」と「邑（むら）」を分けて読んでいたけれど、中国流に読むと、「国邑」は一つの言葉で、分けられないんです。「東夷伝」の韓伝に、馬韓のそれぞれの国邑にはこういうものがあり、別邑には宗教的な施設がある、という表現もある。その国邑のところを、小南一郎さんの訳本では「邑（みやこ）」と訳しているわけね。普通の日本の注釈書のように「国」と「邑」とを二つに分けるのは日本的理解で、むしろ「国邑」と一つに読んで、一つの国と中国人が認めた範囲内での最大の町と考えるべきではないか、と僕も思うようになった。それを「邑（みやこ）」と訳してもいいのかもしれない。そうすると、原ノ辻は壱岐の国の国邑ではないか。もう一つ北側に、カラカミ遺跡という非常に面白い遺跡がある。これが東夷伝にある別邑で、宗教的な施設だろうと。この考え方は、当時佐賀でのシンポジウムで、福永光司さんが早く賛成してくれました。

壱岐の国に対馬や末盧《まつろ》より大きい小都市があるとなると、壱岐はやはり、九州の北西方面では特異な場所だったのではないか。古墳をみても、前方後円墳は多いし、鬼の岩屋とよばれる巨石古墳もたくさんある。特に六世紀には、九州全体の中でも大きな古墳が集中しています。そうすると、従来、壱岐を玄界灘の離島と見ていたのは大間違いで、ひょっとしたら中国人も頻繁に訪れていたような大きな町があったのかもしれない。一大率は、いつもは伊都国にいたかもしれないけれど、一大（壱岐）にもいたかもしれない。

門脇　そうか。それは松本説を補強する新しい材料ですね。

森　補強すれば、あの部分は十分使えるなあと。特に、「女王国より北」というのは、対馬、一支（壱岐）、末盧の三つに伊都を入れた四つくらいが最初の連合国ではないか。後には奴や不弥《ふみ》も加わってくるかもしれませんが、四国に限定すれば、「女王国より以北」という解釈が成り立つと思うしね。

門脇　松本さんの説の大きな特徴である一大率のその理解について、支持する材料も考古学的に出てきていると言われたけど、文献では、平成十四年に平野邦雄さんの『邪馬台国の原像』が学生社から出ましたね。私は非常にすぐれた研究だと思うけど、あの中で平野さんは、国々の官職のひとつである「卑奴母離（ひなもり）」についての前提となるいくつかの論文を書かれています。ここは松本さんも指摘されてないところです。邪馬台国の領域の一番北は対馬・壱岐、次いで奴・不弥でしょ。ところが、もちろん倭人伝には書いてないけど、九州の南の夷守（ひなもり）がどこかというと、鹿児島県との……。

森　宮崎県でしたか。

門脇　だから、外国に対しては、邪馬台国の領域は卑奴（ひな、夷）より内であると。卑奴母離と後の時代の律令制になっての夷守とはもちろん違うけれども、三世紀から倭の領域の北辺と意識していたという、そういう説が出てきているわけですね。平野説も非常にしっかりしているので、僕も再検討の必要性を思い始めているところです。

いずれにしても、松本さんの邪馬台国論でもこの一大率の説は非常に大きな特徴で、今まで誰も言わなかった見解ですね。

森　『古代史疑』でも一番僕がはっとしたのは、あの部分ですよね。

門脇　さらに、朝鮮海峡の沿海にはエーゲ海文明と同じように、韓の南部も含めて同質の文化が形成されるという捉え方をしているのが松本説の特徴です。

それから『遊古疑考』。森さんの三角縁神獣鏡の説を最初に丁寧に受け止めて、これだけ評価した人は専門家にもないんじゃないでしょうか。松本さん自身の邪馬台国論の展開には三角縁神獣鏡の問題はほとんど入ってきませんが、それは関係ないのではなくて、森さんの説を受けとめたからだなあと、僕は感じました。

新資料の発掘

森　今回点検をしてみて、清張さんがかかわっておられた時期の学界のレベルでは、清張さんをもってしても十分に見通せなかったところもあったことがわかりました。例えば、縄文時代について、「原始的な国家の成立さえもなかった。すなわち人々は一定の土地に住まず、栽培生産によらないために、共同労働もなく、したがってグループの支配者もなかったのである。」（『古代史疑』）と書いておられます。

ところが、清張さんの晩年のころから、主に日本海地域でいろんな巨木遺構が出だして、その最後の締めくくりとして青森の三内丸山《さんないまるやま》遺跡が出たわけです。そうすると、縄文の人々は「一定の土地に住まず」どころか、長年同じ土地に住み続けていることがあちこちで分かってきた。また、「栽培生産によらない」というのは、日本人学者の悪い癖で、米の栽培がなければ農業とみなさない、偏った考えの人が未だにいるわけですね。ところが、中国では粟や黍の栽培で、殷や周という大国が成立している。現在、縄文時代にはいろいろな穀物の栽培をしていたであろうし、場合によっては米の栽培もかなり古くまで遡れると考えられてきています。

門脇　なるほど。

森　それから、特に「共同労働」ですが、遺構から直径九〇センチというような栗の大木が出土している。しかも、そこには国分寺の柱に開けてあるような目途《めど》穴（ロープを通す穴）が開いている。これは遠隔地から共同して材木を引っ張ってきていることに間違いない。しかも、ああいう大きな、高い建物は、普通の村人が協力したくらいでできるはずがない。たぶん縄文中期のころから専門技術者を持つ村ができていたはずです。いかに清張さんといえども、今の定説や常識はこうだけれど、ことによると数十年後にはこうなるかも分からんということは書いておられないわけですね。昭和四十年、五十年の段階で、それまでに蓄積されていた様々な学説や定説、生きている研究者にいろいろお尋ねになられたり、ご自分でご覧になったことの集大成だったのでしょうね。

門脇　確かにそういう点では、縄文時代についてはほんとうによく分かります。松本さんがお書きになった頃の弥生文化論についてはどうですか？

森　清張さんが『古代史疑』をお書きになったのは、未曽有の大量の青銅器が見つかる前ですし、まして北部九州で銅鐸の鋳型や銅鐸そのものが出土する前ですからね。

門脇　ああ、なるほど。僕が質問したのは、初期の邪馬台国論で、北九州については、弥生に入っても沿岸部は海人《あま》で、内陸部は農業だと。ことに邪馬台国・女王国連合と狗奴《くな》国との対立は、いわば海人を中心とする海の民と農耕社会との違いだと、締めくくりでぱっとおっしゃってるんですが、弥生文化の捉え方は当時と今とで大差があるのかなあと思ったからなんです。僕も海人については別の見解がありますけどね。

森　海人についての研究は、考古学だけじゃなくて民俗学など、いろんな学問で進んできました。魚を専門に捕る集団もいるけれども、むしろ遠い国まで行くような航海技術を持った人々として、従来とは違ったイメージで捉えられているんじゃないかなあ。

つい最近、福岡県の前原《まえばる》市で準構造船の部材が出土しました。前原の北のほうは今でも「志摩」と言いますし、律令時代でも「志摩郡」ですから、文字通り島だったんでしょうね。前原との境に、ちょうど出雲の島根半島と陸地との間に水の通路があったように、東西に繋がる、幅三メートルほどの、小舟一隻が通れる程度の水路があったようです。そこから準構造船の部材がね、弥生末かな。井戸側に転用されていたんです。こんど見に行くつもりです。今までは伊都国には海との繫がりを示す材料がなかったけれど、非常に注目すべき遺跡です。推定水路の南側に、丸木船より大きな準構造船の材木が出てきたことも、北部九州の実態を考えるうえで面白いですね。

門脇　そうですね。私もこのごろ伊都国の中に「志摩」を入れずに考えているんですけど、その水路の新しい資料は知らなかったな。

数字の問題と金印の読み方

門脇　松本さんの邪馬台国論のもう一つの大きな特徴は、倭人伝に書かれている数字は虚数だという説です。その点を松本さんが指摘された後も、「水行十日陸行一月」という数字にこだわって、舟で一日どのぐらい進めばどこまで行ける、と論じる人が、専門家にも一般の方にもすごく多いわけです。その問題を数字にこだわっても無意味だと一挙にぴしゃっとお書きになっている。これは私も賛成なんですが、実は『古代史疑』で初めて知ったのではないんです。私は昭和三十二年に奈良女子大学へ赴任したんですが、のちに奈良国立文化財研究所の平城宮跡発掘調査部の初代部長になられた榧本《かやもと》亀治郎（杜人）さんが、邪馬台国の話で一席構えてくれたときに、「君らは数字にとらわれすぎや」と同じ事をおっしゃったんですよ。ただ、残念なことに榧本さんは書くのがあまりお好きではなかったから、論文はないんです。そのことが念頭にありましたから、松本さんが「あれは虚数で、とらわれるのは意味がない」と書かれたことに今でも非常に感服しています。しかも松本さんは後になるほど、倭人伝はもとより『漢書』の西域伝などで自説を資料的に補強されている。

松本さんの邪馬台国論のもう一つの特徴は、金印の読み方です。「漢の委の奴国の」と分けて読む読み方が、三宅米吉以来、東洋史の先生方もふくめて通例ですが、その読み方は漢文の常識としてはあり得ない、漢奴（かんど、かんぬ）と、一つに読む例しかないと強調しておられるんですね。松本さんは、あの金印で大切なのは「漢の」という表現だという。漢が地方に与えた金印でも、立派な臣として認めたのは「何とかの印」という表現で、倭の奴国のようなのは属国である。また、それまでの通説と違って、奴国よりさきに伊都国と出てくるのは、奴国も含めているという。この点を今の考古学者がどう考えているのか、よく分からない。文献史家もほとんど触れません。一、二世紀ころは伊都国も含めて奴国とよばれ、その大きな範囲の奴国が後の三世紀ころに伊都国と奴国に分かれるという独特な読み方をされたわけですが、その点はいかがですか。

森　まず数字のことですが、確かに距離とか日数については、清張さんと同じで、どれだけ実数かと疑うことがありますね。清張さんは魏の皇帝がくれた詔書の中の数字まで、「銅鏡百枚」なんて多すぎる、陳寿の作った偽詔書ではないかと疑っておられますが、僕はおそらく原文だろうと思います。銅鏡が百枚とか、刀が二本とか、日本から連れて行った生口の数なんかは、実数ではないかと思います。

「銅鏡百枚」でもけっして多くはないんです。平安時代前期に、江南に莫越国《ごえつ》という貿易国があって、小さいけれど一時期なかなか強国で、銭弘俶塔《せんこうしゅくとう》という鋼製の三〇センチくらいの小さな塔を、貿易の相手国に贈っています。文献では日本に五百くれたとありますが、現存するのは伝世品及び発掘品を入れて六個です。現在世に出ている物は文献上の数字の一パーセントしかないということになる。

「銅鏡百枚もらった」というと、百枚のすべてが出て、あちこちの資料館や博物館に納められているように書く人がいますけれど、大変誤解を与える書き方です。仮に百が実数だとしても、現在日本に出ているのは多くてもその一割位じゃないかな。

門脇　なるほどなあ。

森　それから、「漢の委（倭）の奴国王」という字の読み方。最近確かに、「漢」はいいとして、その次の二つはくっつけて「倭奴」と読むべきだと主張する人があります。僕の知っている範囲では、福永さんがシンポジウムのときに強調されたことがあります。

そうすると、伊都国の領域を、今日では前原市及びそのごく周辺に限ると言っているけれど、それは本当なのか。先ほども言ったように、幕末から明治維新の間、五年も経てばいろんな状況が変わるのだから、奴国と言われている春日市あたりも政治的には伊都国に入っている時代があるのではないか。
なぜかというと、代々の王の墓があると考古学的に認められるのは、どうも伊都国だけなんです。奴国である春日市には、須玖《すぐ》の大きな一種の支石墓はあるけれども、あれ一代だけで、代々の王墓は追いかけることができない。他の地域にいたっては、いてもせいぜい小国王ぐらいですね。そういう意味ではやっぱり伊都国は、二世紀から三世紀にかけて、非常に大きな力を持っていたんじゃないか。

門脇　そういう点では、松本説はだいたい今でも考古学的には容認できると。

森　そうですね。

門脇　ただ、金印の文字はそう読めるんだけど、金印は志賀島から出土しており、福永さんは志賀島は奴国の領域とみておられます。そこはいかがでしょうか。

森　志賀島の西海岸は現在の通婚圏では糸島半島です。東海岸はむしろ糟屋郡のほうに繋がるけどね。小さな島だけれど、東と西では生活習慣の範囲が違う。やっぱり伊都国と読めるという説は、ちょっと魅力があります。

門脇　このごろ考古学者の中には、志賀島は奴国じゃなくて、伊都国の東の海人集団だという見方もあるようですね。

森　確かに朝鮮にむかって船出するときの船泊にはものすごくいいところですね。

門脇　そういう点で、松本さんの説は考古学的に裏打ちされてきていると言えるのでしょうか。

森　新しく出た資料を上手に加えて修正すれば、現在でも充分魅力的な説と言えるかもしれませんね。

松本説の検討

門脇　距離の問題に戻ります。松本さんが距離や人口の数字を陰陽五行説の七、五、三で説明されたことは、非常に説得力があって僕も賛成です。ただ、末盧からこの間が五百里とか百里とか、実際の距離と正確に合っている箇所もある。同じ中国の史書で、七世紀の『隋書（倭国伝）』になっても「夷人は里数を知らず、但、計るに日を以てす」と書かれていますから、距離が正確な部分は魏の役人が実際に歩いたか見聞したんだと思います。そのところ、あんまり松本さんは区別されておられませんでしたね。

森　倭人伝に限らず、里数、行程の問題はもう一度根本的にやり直す必要があると思います。海岸とか川沿いを歩くだけならいいけれど、森の中を歩くと何も見えませんよ。この前、鹿児島県国分市の上野原遺跡に行ったら、縄文の森が復元されていて、まだできて一、二年なのに、森の中に入ったら木が繁りすぎて、太陽が見えなかった。縄文人が方向や里数を観測するには、何かそれなりの知恵があったに違いない。何か工夫がないと、地図も

ない時代に、隣の村に行けないですよ。（笑）

門脇　ここまでの話をすこし整理しますと、松本さんの邪馬台国論の特徴と、着眼点というのは、まず、北九州女王国即ち北九州連合という考え方。それから、出てくる数字は虚数だということ。これは『漢書』西域伝などもふくめて後から補強されたから強いと思う。それから「一大率」は魏の官だという論。これは今みてきたように、多少問題は残っているけど、非常に特徴的です。一番の特徴は金印の文字の解釈で、奴国が後で伊都国と奴国に分かれたという説。これも新たに考古学的に補強可能な材料が出てきたのですね。

森　伊都国の範囲は、弥生時代とともに衰退するように思いがちですが、前方後円墳の数は九州でも一、二を争う地域なんですね。鏡のたくさん出る弥生の墓にばかり、目を奪われるけれど、弥生が終わった後、伊都国が寒村になったわけではなくて、それなりの繁栄を続けている。奴国の領域より前方後円墳は多いんです。

門脇　逆に、松本説について、僕が疑問に思うところを一つ二つ挙げておきます。今の伊都国論に関していえば、『魏志倭人伝』には伊都国は千余戸の国だと書かれていますが、松本さんはこれは「万余戸の間違いにちがいない」と言う。他にもそう主張する人がおられます。松本さんの論拠は『魏略』にそう書いてあったというのですが、ご自分で書かれているように、『魏略』という本は残っていません。後代に『魏略』から引用されている部分を集めた『魏略輯本』にも出てこない。何に出てくるかというと、太宰府天満宮が持っている『翰苑』です。これは後の唐の時代になって、日本からの留学生が中国留学中に倭（日本）関係の記事を抜き書きしたものです。そこに出てくる記事を『魏略』にこうあると引用しているんですね。松本さん自身、資料を恣意的に変えて解釈してはいけない、とおっしゃっておられるのに、『魏志倭人伝』でそこだけ変えておられる。ここは、僕は前からひっかかっているわけですよ。

僕はあれは千余戸でいいと思っています。この点は伊都国の理解にかかわってくるわけで、松本さんが伊都国を広い領域を持っていたとみるなら、それはそれでもいいわけです。しかし、さきほども話に出たように、後の志摩郡、志摩と怡土《いと》とは別です。特に伊都のほうには三代にわたる王墓もほぼ証明できる。そうすると、「家」の捉え方、「戸」の捉え方が問題になる。戸数の多いところが有力とは限らないんです。

さきほどの話で、国邑というのは国と村ではなく中心的な都市だというのは、僕も賛成です。ところが、これは割に指摘されていないことですが、『魏志倭人伝』では、戸と家とは書き分けられていて、総数は何戸という場合には家も戸も一緒に計算している。韓伝と倭人伝だけの特徴なんですよ。ところが中国では、戸と家とははっきり使い方が違う。戸というのは大きな家。家というのは今の単婚家族とは言わないけど小家族です。それが倭人伝の場合、家を使っているのは不弥国（「千余家あり」）と一大（壱岐）国（「三千ばかりの家有り」）と書かれているのです。だから、そこのところを考えると、伊都国について、何も倭人伝の記事を不確実な『魏略』で補って、戸数を増やさなくてもいいと僕は思うんですがね。松本さんがお元気なときにちゃんと指摘して訊く機会がなくて、残念だなあと思っています。

これは松本さんに限りませんが、九州説は畿内説に対する批判が弱いですね。大和が三世紀の段階で九州まで統一するような力を持っていたとは〝考えられない〟という程度です。最近の文献の方面では平野さんの研究が一番すぐれていると思うけれど、平野さんでもそういう言い方しかしないんですよ。九州説の弱点はそこだと思う。考古学者は、畿内説を主張するために、前方後円墳の広がりなどを論拠にするでしょう——僕は賛成できないが——。九州説はそこを今後さらに強化しなければならないと思っているんです。

大和がそんなに早く九州まで統一したとは思えないというなら、三世紀をどう考えるのか、代わりのビジョンを出さなければならない。じゃあお前はどう考えるのかと聞かれたら、大和平野には倭国のほかに葛城国も併立していたし、つづいては吉備とか出雲とか筑紫といった地域王国が競り合ってきた段階を考えてみたらどうか、と思うんですがね。

森　確かに九州説にはまとまった本がないですね。僕なんか、倭人伝をいろいろと読むのが面白い、と言っているあいだに、いい歳になってしまったけれどね。考古学資料というのは、本当に恐ろしいほど次々に出てくるから、それをまとめていくだけでも大変だし。倭

最近面白いと思っているのは、倭人伝に出てくる固有名詞の漢字の使い方なんです。

人が中国に渡って通訳に名乗った名前を、中国人の書記が書きとめたのだとしたら、あんな漢字の使い方にはならないと思う。人名、地名、それから若干の官職名は倭人側で書いていったと考えています。倭人が発音しにくい漢字は割合使っていないと、音韻学の専門家に指摘されて、なるほどと思った。そうすると、なぜ伊都国の場合は「都」という字が堂々と使われているのか。伊は接頭語と考えてもいいし、あるいは聖人のおる所という意味を考えることもできるし、「都」を強調する語かもしれない。要するに、都の国、なんです。そうすると、新井白石が『古史通或問《こしつうわくもん》』の中で「伊都国とは女王国のことなり」と一行だけすぱっと書いていることが連想される。詳しい証明はないけれど、白石もそういう疑いを持っていたのかもしれない。

門脇　しかし逆にいうと、日本側の資料では「怡土」という表記でしょう。あの「土」は、単純に音だけを当てたとも考えられる。あなたのおっしゃるように、倭人伝の伊都の「と」になぜ「都」を使ったかと問題を立てれば、あるいはそういうことは言えるかもしれんな。

邪馬台国はどこなのか？

門脇　それにしても、松本さんは最後まで邪馬台国はどこだということはおっしゃらなかったな。

森　そうやね。
門脇　最初は白鳥説に従って、山門郡だと書かれてるんですよ。次に、筑後川の流域だと、筑後平野になってるわけ。それで止まってしまった。それは松本さんだけではなくて、僕もそうだし、森さんもそうでしょう（笑）。畿内説を批判するのは簡単だけど、それじゃ九州のどこだと言われたら非常に困る。僕は、これはまだきちんと論文にするのはつらいけれど、ずばり言ってしまえば、吉野ヶ里でもいいと思う。『翰苑』の記事なんかからそう思い始めているんです。まあ今日は、僕自身の説はどうでもいいんですがね。
　松本さんは、最後の『吉野ケ里と邪馬台国』でも「吉野ケ里などは自分の邪馬台国のイメージに合わない」（「吉野ケ里と邪馬台国の影」）と書いておられます。理由は最後までおっしゃらなかったけれど、私なりに推量すれば、おそらく璧《へき》が出なかったからだと思う。王者の象徴は璧であって、印綬ではない。松本さんは伊都国から出たガラスの璧を非常に重視されていて、「王者であれば璧がないとおかしいんだ」と聞いたことがありますから。もし、吉野ヶ里から璧が出ていれば、邪馬台国だと言われたかもしれません。
森　弥生時代、特に中期、後期の大きな遺跡を一枚の地図に入れてみると、有明海沿岸が全国的に一番多いんですね。吉野ヶ里が発掘されたとき、佐賀のＮＨＫがコンピューターで大きな地図を作り、僕のところへコメントを求めに来たんですが、県の枠をはずして有明海沿岸をみるとこんなに遺跡が多いのかと改めて驚かされました。佐賀平野といっても、大きく言えば筑後平野の一部でしょう。昔から候補地とされてきた山門郡もその一部ですし、最近挙げられる秋月や甘木も、同じ筑後川流域の一番東、北に当たる所ですから。全体としてみたら、やはり相当大きな地域ですね。
ただ、九州の研究者たちは、あまりそういう目で研究してないんじゃないかなあ。こういうとちょっと言い過ぎのように聞こえるけれども、どうも大前提には、あるはずがないですよ、という空気があるように思えるんです。昔、九州大学に面倒見のよい先生がおられて、僕が福岡に行ったときに鳥すきをごちそうしてくださったんです。ずっと気炎を上げておられたけど、最後に、八幡製鉄所の本社もなく工場だけがあるような土地に、なんで邪馬台国があるもんかね、と言われた（笑）。堂々たる大学教授の、それが本音だったんですね。それなら研究が進まないだろうなあと思って、何回か自分の本に書いたことがあります。

門脇　今でも九州の研究者には畿内説の人が多いんでしょ？　はっきり口には出さないけれど、腹の中ではあきらかに畿内説だなという人がいる。自分たちで「隠れ畿内説」とか言ってね。僕なんか、頭に来るな。（笑）
逆に私は、小林行雄先生が同笵《どうはん》鏡頒布説を出されたときに、隣の国史研究室の助手でしたが考古学の大学院の連中と六、七人で、あの説を二年間聞いたんですよ。当然、強力な説だと思いましたし、「邪馬台国近畿説」で三冊書いてきたんです。それが、どうして九州説に変わったか。その理由を外からはっきり指摘してくれたのは、平野さんだけでした。僕は、大和朝廷も一つの〈地域国家〉＝地域王国であった段階があり、出雲にも吉備にも筑紫にも同じような国があったのではないかと考えるようになりました。『岩波講座 日本歴史』の旧版にそのことを書いたのが昭和五十年です。邪馬台国近畿説ではこれは解けない。つまり『魏志倭人伝』の内容をいきなり近畿説にあてはめると、繋がらないんです。〝あなたは『魏志倭人伝』の内容を九州説で捉え直せば、七世紀の大和朝廷による統一に繋がるとみて、考えを変えたんでしょう〟と平野さんに言われた。そのとおりなんですよね。

ところが、初めて九州説を発表したのが、松本さんの参加された、鳥栖の安永田銅鐸のシンポジウムなんですよ。関西で勉強していながら、九州説を支持するのは非常に勇気がいることなんです。松本さんに引っ張られたにちがいないとか、今ならまだ間に合うから、心を改めて畿内説に帰ってこい、とか周囲にからかわれました。僕は僕で、おまえらはいつまで心迷うたまま死ぬのかといって、対抗しているわけですがね（笑）。一緒の列車で行った佐原君にも何も言わずに、いきなり壇上で披露したので、なんちゅうことやと恨まれまして（笑）、そういう点でも非常に思い出深いです。しかし、僕は決して松本さんが中心になったシンポジウムのために自説を曲げたわけじゃなくて、自分なりの地域王国統一論の考えを進めていっただけなんですけどね。今でも、門脇は、えげつなく言うと、松

本清張さんにおべっかを使って九州説に変わったと、こういう本音の人もまだおりますよ。まあ、それは余談ですけどね。(笑)

二人の女王

森 もうひとつ難しいのは、倭人伝には卑弥呼と台与《とよ》、二人の女王が出てきます。台与のほうは女王とは書いてないが、文章の内容からいえば、明らかに女王です。そうすると、邪馬台国は女王の都するところと書いてあるけど、どちらの女王さんが都したのか。卑弥呼は倭人伝の中では、大きな冢(墓)に葬ったとあるから、明らかに既に死んだ人です。もしそれを陳寿が意識しているとすれば、女王の都と「した」所と過去形で書かないといけない。そうすると、都「する」ところというのは、ひょっとしたら陳寿の時代の台与のことかもしれません。

門脇 うーん。

森 しかし、台与の時代である三世紀の後半ぐらいは、ぼつぼつ奈良盆地にも大きな前方後円墳がみえる時期だから、どうしても東遷説がちらついてくる。東遷説がちらつくということは、新聞記者に「結局、あなたはどちらの説なんですか」と訊かれると、非常に困るわけですね。

門脇　僕はね、東遷説はまったくだめだと思います。非常に便利な説だけれど、そんなことはありえないと思う。まあ、自分からの批判はここで言う必要もありませんが。

それよりも松本さんは、先に挙げた『吉野ヶ里と邪馬台国』の最後の「逃げ水　邪馬台国」で、松本さんにしては珍しい論理の展開で痛烈な畿内説批判をしている。最初に、三角縁神獣鏡の話が出てきます。中国の王仲殊さんが二度目に来日したとき、それまでは三角縁神獣鏡は呉の工人が日本に来て造った、と言っていたのを、畿内に来た、と変えられたんです。ところが、松本さんはそこを見逃さずに、ぱっと批判されている。要するに、もしそうなら畿内説は矛盾するじゃないかと。森さんも言われたように卑弥呼は結局最後は狗奴国と戦って、どうも負けたらしい。当時、戦争に負けた王は皆から殺されたり排除されたりしている。そうすると、もし畿内説でいくと、当然、大和邪馬台国のある時期に狗奴国にやられた卑弥呼は排除されるか殺されているにちがいない。じゃあ、それよりも後の時代に出てくる椿《つばい》井大塚山に何で三角縁神獣鏡が三十何面も出てくるんだと、こう問題を置かれるわけです。小林説では、椿井大塚山古墳は鏡を全国に配布した人の墓だというわけですが、松本さんはそれなら卑弥呼が死んだ後に三角縁神獣鏡を配ったことになるではないかという。これは非常に辛辣でね、それまでの松本さんの邪馬台国論とは違う次元からの、畿内説批判だと思う。

つまり、それを私なりに受け止めると、畿内説を取るなら、邪馬台国につづく歴史の流れをどう考えるのか、そこを説明しろとおっしゃっているように思えるんです。非常に僕は面白くて、その本の「解説」でも指摘したわけですが、九州説の人が少ないもんだから、ほとんど誰も問題にしてくれないんです。

森　銅鏡を支配者が大量に墓に入れるという風習は、今のところ、伊都国の範囲内で一番多かったことがはっきりしています。同じ時代の山口県から東では、銅鏡をお墓に入れる風習は皆無といってもいい。奈良県もまず出ない。小さな鏡の欠片は出だしたけれど、直径二〇センチ近いような鏡の破片は、関門海峡から東にはまず出ないんです。ところが、三世紀後半ぐらいになると、奈良県で急に増え出すわけです。そうすると、銅鏡を支配者たちがお墓へ埋める、しかも中国の漢のように数枚ではなくて、二十枚とか三十枚とか大量に埋めるというのは、北九州の風習が伝わったとみる以外には考えられない。厳密にどの地域が動いたとは言えなくとも、弥生の終わり頃の北九州の支配者の風習は、奈良県には強烈に流れ込んでいる。

これは昭和三十七年に『古代史講座』(学生社)に書いたときからの考えですが、その頃はほとんど賛成者もいなくて、悪戦苦闘していました。ところが、清張さんはそれをしっかり読んでくださった。同じ銅の鏡をめぐって、卑弥呼の鏡だという人もいれば、違うという人もいるのはなぜかという疑問から清張さんは『遊古疑考』を書き始められた。いろんな説を全部で十七か十八、番号打って整理してくれて。今はさらに十ぐらい増えていると思いますけどね。面白いことに今、三角縁神獣鏡魏鏡説とか、卑弥呼の使いにわざわざ与えるために魏でこしらえた特鋳説を唱えている若手の学者なんか、ほとんど清張さんが取りあげた論拠を読んだ気配がないですね。一人といえども、まじめにこれはこういう考えもあるから、必ずしも反対説にならんということを書いた人はいない。ところが、清張さんはきちっと本をお読みになるし、重要な意見としてその特徴を捉えてくれる。そういう意味では、やっぱり僕はうれしかったな。

門脇　最初にも言いましたが、邪馬台国関係なんか何百という説があるなかで、それぞれの説の分かれ目になったのはどの学説か、それぞれの説の転換点になったのはどの学説かと、それはもう、本能的といっては失礼だけど、実に的確に摑んでおられます。そういう点では、ご本人を前にお世辞をいうみたいだけど、事実、『遊古疑考』の清張さんほど、長く丹念にあなたの説を引用された人は専門家にもいないでしょ。

森　僕はうれしかった。

門脇　しかも「森説へのきびしさ」といって、あなたの説に対する当時の反論を挙げている。きっと森本六爾のイメージをあなたにダブらせたに違いないと思うな。その代わり、あなたの説に対しても、最後に二行、きちっと書いておられます。森説は呉の工人が燕に行って造ったとにおわせているけれど、それは中国から一枚も出ないことを前提にして書いている。もし一枚でも出てきたらあなたはどう対応するだろうか、ということも同時に記しておられます。

最初にあなたの三角縁神獣鏡説が出たときに、松本さんがお書きになっているような疑問は周囲でずいぶん耳にしましたよ。だけどこのごろは、森説が大勢を占めてきたでしょう。松本さんの受け止め方は正しかったわけですし、森さんもうれしかったでしょうね。

森 『遊古疑考』には前方後円墳の問題とか、装飾古墳のこととか、いろんなテーマが扱われていますが、やっぱり鏡のところが一番迫力がありますね。三角縁神獣鏡は中国にはまれな大型鏡で、日本列島にしかないということ、主に出るのが四世紀の古墳だということから、当時はやはり、奈良県及びその周辺の鏡造りの工人が造ったのだろうと考えていました。鏡造りの工人といっても、弥生時代には銅鐸を同型同笵で五個ぐらい造れるだけの技術がすでにあったわけです。中国にはまだ、同型同笵という技術は少なくとも鏡にはありません。それなら、若干の中国の工人がやってきて、弥生の銅鐸の工人の技術を吸収したら、あれくらいの数はぼろくそにできるぞと、当時は考えていたんですね。

前原市の平原古墓という、弥生後期の墓から出た、特に方格規矩鏡については、中国製だろうと思いこんでいたわけですよ。ところが、鏡についての研究の多い学者で、王士倫という浙江省の考古学者が日本にいらしたときに、平原古墓出土の銅鏡をご覧になって、「この程度の方格規矩鏡を日本人学者は舶載鏡といってたんですか。これは日本で造ってますよ」と言われた。それに啓発されて、いろんな学者、例えば柳田康雄さんなんかがさらにこまかく点検すると、三角縁神獣鏡より一代前の、弥生後期の伊都国の時代にすでに方格規矩鏡で同型同笵を造っている。これは最近分かってきたことですが、清張さんが生きておられる時代に分かればよかったなあと思います。銅鏡をたくさんお墓に入れるという風習が九州からヤマトに伝わるだけじゃなくて、同型同笵という同種の鏡をたくさん造る技術もすでに、一代前の九州の伊都国でできていた。これは僕にとっても非常にうれしかった。これは清張さんの本をこれから改訂する場合に、誰か注に入れてあげてほしいと思いますね。

（抄録）

（『松本清張研究』第六号・二〇〇五年）

森　浩一（一九二八〜二〇一三　同志社大学名誉教授・考古学）
門脇禎二（一九二五〜二〇〇七　京都府立大学名誉教授・日本史）

初出　『中央公論』一九六六年六月号〜十二月号、六七年二月号〜三月号
単行本　一九六八年三月　中央公論社刊

編集付記

一、本書は『古代史疑』（中公文庫、一九七四年一月刊）に「〈シンポジウム〉松本清張『古代史疑』を考証する」（『中央公論』一九六七年一月号）および「対談・清張古代史の現在を再検証する」（『松本清張研究』第六号）を増補した新版である。

一、本文中、明らかな誤植と思われる箇所は訂正した。

一、本文中、今日の人権意識に照らして不適切な語句や表現が見受けられるが、著者が故人であること、執筆当時の時代背景と作品の文化的価値を考慮し、原文のままとした。

中公文庫

古代史疑《こだいしぎ》
——増補新版《ぞうほしんぱん》

2017年 2 月25日　初版発行
2024年 1 月30日　再版発行

著　者　松本《まつもと》 清張《せいちょう》

発行者　安 部 順 一

発行所　中央公論新社
〒100-8152　東京都千代田区大手町1-7-1
電話　販売 03-5299-1730　編集 03-5299-1890
URL https://www.chuko.co.jp/

ＤＴＰ　平面惑星
印　刷　三晃印刷
製　本　小泉製本

Published by CHUOKORON-SHINSHA, INC.
Printed in Japan　ISBN978-4-12-206364-8 C1195

中公文庫既刊より

各書目の下段の数字はISBNコードです。978－4－12が省略してあります。

S-2-1
日本の歴史1 神話から歴史へ　井上光貞
謎にみちた日本民族の生成を神話学・歴史学・考古学など諸学の成果によって解明し、日本の歴史の夜明けを描く。巻末に森浩一「四十年のちのあとがき」を付す。
204547-7

S-2-2
日本の歴史2 古代国家の成立　直木孝次郎
聖徳太子から天智・天武天皇をへて持統女帝にいたる波瀾と激動の百年。ここに強力な古代国家が形成される。素朴雄渾な万葉の時代を活写する。〈解説〉直木孝次郎
204387-9

S-2-3
日本の歴史3 奈良の都　青木和夫
古代国家の到達した一つの展望台。律令制度はほぼ整い、国富は集中されて華麗な奈良の都が出現する。大仏開眼、古事記が誕生した絢爛たる時代。〈解説〉丸山裕美子
204401-2

S-2-4
日本の歴史4 平安京　北山茂夫
坂上田村麻呂の蝦夷平定後、平安京の建設が始まる。律令国家没落の傾斜は深まり、将門の乱をへて摂関藤原氏の全盛時代へと移る経過をさぐる。〈解説〉佐藤宗諄
204411-1

S-2-5
日本の歴史5 王朝の貴族　土田直鎮
「望月の欠けたることなき」栄華の絶頂をきわめた藤原道長の生涯を辿りながら、平安貴族の姿を浮彫りにし、摂関時代独特の社会を明らかにする。〈解説〉倉本一宏
204425-8

S-2-6
日本の歴史6 武士の登場　竹内理三
平安末期、東西の辺地から登場した武士たちは、都の貴族にかわって平氏政権をうちたてる。驕れる清盛死してやがて壇ノ浦合戦に至る波瀾の時代。〈解説〉入間田宣夫
204438-8

S-2-7
日本の歴史7 鎌倉幕府　石井進
源頼朝、鎌倉幕府を開く。まったく新しい武家政権の誕生である。守護地頭の新制度、堅い結束と目まぐるしい離反抗争等、鎌倉武士の息吹を伝える。〈解説〉五味文彦
204455-5

S-2-8
日本の歴史8 蒙古襲来
黒田俊雄
蒙古襲来をからくも避けた中世日本は、その余波にゆさぶられ、新体制をめざす公家・武家・農民の三つ巴の活動に覆われ、来るべき動乱を予告する。〈解説〉海津一朗
204466-1

S-2-9
日本の歴史9 南北朝の動乱
佐藤進一
建武の新政ののち、日本全国を捲きこんだ動乱の六十年を詳細にたどる。足利尊氏・直義、南朝三党の争いきわまり、義満の国内統一が山となる。〈解説〉森茂暁
204481-4

S-2-10
日本の歴史10 下剋上の時代
永原慶二
足利幕府の力弱く、暗殺、一揆、叛乱、飢饉がうち続き、ついに応仁の乱に突入する。下剋上の風潮地をおおい、乱世のきわみといえる時代の姿。〈解説〉永原慶二
204495-1

S-2-11
日本の歴史11 戦国大名
杉山博
全国に割拠し、非情なまでの権謀術数を用いて互いに攻め合い殺し合う戦国の武将。われこそは天下に号令せんと角逐する人々を生き生きと描く。〈解説〉稲葉継陽
204508-8

S-2-12
日本の歴史12 天下一統《いっとう》
林屋辰三郎
最初に天下統一をなしとげた織田信長、さらに大きな規模でそれを継いだ豊臣秀吉。二人の覇者が生きた安土桃山時代の絢爛たる様相を描く。〈解説〉川嶋將生
204522-4

S-2-13
日本の歴史13 江戸開府
辻達也
関ヶ原の戦いに勝って江戸に幕府を開いた家康は、巧妙な大名統制策をとって長期政権の基を築き、三百年の支配体制を固めてゆく。〈解説〉根岸茂夫
204574-3

S-2-14
日本の歴史14 鎖国
岩生成一
ポルトガル船の渡来によって世界史に登場したジパング。南蛮貿易や海外の日本人町は発展してゆくが、切支丹の禁圧とともに鎖国への道をたどる。〈解説〉池内敏
204589-7

S-2-15
日本の歴史15 大名と百姓
佐々木潤之介
「百姓は生かさず殺さず」といわれた農民の生活と、幕藩体制ができあがってゆく過程を、各地のさまざまな事件や、大名との関係を通して明らかにする。〈解説〉青木美智男
204604-7

各書目の下段の数字はISBNコードです。978－4－12が省略してあります。

番号	書名	巻	サブタイトル	著者	内容紹介	ISBN
S-2-16	日本の歴史	16	元禄時代	児玉 幸多	江戸幕府の体制が固まり、もっとも平穏な日々がつづく。町々は活気をおび、江戸八百八町を中心とする華やかな元禄文化が花開く。〈解説〉大石 学	204619-1
S-2-17	日本の歴史	17	町人の実力	奈良本辰也	江戸開府後百年、幕府は改革を迫られる時期を迎えた。士農工商とはいえその裏には次第に勢力を伸ばしてきた町人の力が無視できぬ存在となっていた。〈解説〉杉象哲也	204628-3
S-2-18	日本の歴史	18	幕藩制の苦悶	北島 正元	酸鼻を極めた天明の大飢饉を皮切りに、農村・都市を通じての動揺は一段と激しくなる。幕府も諸藩も必死だが、崩れゆく封建制は如何ともできない。〈解説〉藤田 覚	204638-2
S-2-19	日本の歴史	19	開国と攘夷	小西 四郎	ペリー来航の圧力の前に風雲急を告げる幕末。開国とともに、激しくゆれる幕藩体制。尊王か佐幕か、抗争渦まく変革期の人間群像をいきいきと描く。〈解説〉保谷 徹	204645-0
S-2-20	日本の歴史	20	明治維新	井上 清	息づまるような緊迫の連続のうちに維新の大事業が生彩あふれる人間群像によって着々と進行する。明治政府ここに成り、近代日本の夜明けを迎える。〈解説〉松尾正人	204674-0
S-2-21	日本の歴史	21	近代国家の出発	色川 大吉	明治とともに一大躍進がはじまる。この偉大な建設の時代を全力で生きた先人たちの苦悩と行動を、問わず民衆の最基底部から見つめる。〈解説〉江井秀雄	204692-4
S-2-22	日本の歴史	22	大日本帝国の試煉	隅谷三喜男	日清・日露、二つの戦争に勝って世界を驚かせ、列強の仲間入りをした大日本帝国は、その胎内に様々な矛盾をはらみつつ明治の幕を閉じる。〈解説〉尾高煌之助	204703-7
S-2-23	日本の歴史	23	大正デモクラシー	今井 清一	第一次世界大戦の戦争景気で未曾有の繁栄を迎え、太平ムードが世の中をおおう。大正時代の独特な姿を硬軟さまざまの面から掘りさげる。〈解説〉大門正克	204717-4

S-2-24
日本の歴史24 ファシズムへの道
大内 力
昭和は金融恐慌で幕をあけた。不況は深まり階級闘争は激化する。満州事変に始まる日本の大陸進出は着々歩を固め、軍部はますます強大になってゆく。〈解説〉柴垣和夫
204729-7

S-2-25
日本の歴史25 太平洋戦争
林 茂
総力戦の名のもとに、すべての日本人が戦争にかりたてられ、国土は戦火に焼かれた。その厳しい戦争体験を詳しく描きふれつつ戦争の原因を追究する。〈解説〉佐々木隆
204742-6

S-2-26
日本の歴史26 よみがえる日本
蠟山 政道
戦後三十年の歩みを大きな構想のもとにダイナミックにとらえ、その上にたって日本民族の復興、再建への努力と国家自主性への道を明らかにする。〈解説〉猪木武徳
204748-8

S-2-27
日本の歴史 別巻 対談・総索引
各巻著者と、歴史に造詣の深い多彩な著名人による豪華対談集。本文にないエピソードもまじえ、談論風発、想像力豊かに語らう。巻末に全巻総索引を付す。
204802-7

み-22-24
大唐帝国 中国の中世
宮崎 市定
統一国家として東アジア諸民族の政治と文化の根幹を築いた唐王朝。史上稀にみる中国の中世、大唐帝国を中心にした興亡史七百年を詳述する。〈解説〉礪波 護
206632-8

し-6-34
歴史の世界から
司馬遼太郎
濃密な制作過程が生んだ、司馬文学の奥行きを堪能させるエッセイ集。日本を動かし、時代を支える人間の姿を活写しつつ、自在な発想で現代を考える。
202101-3

し-6-35
歴史の中の日本
司馬遼太郎
司馬文学の魅力を明かすエッセイ集。明晰な歴史観と豊かな創造力で、激動する歴史の流れと、多彩な人間像をとらえ、現代人の問題として解き明かす。
202103-7

し-6-42
世界のなかの日本 十六世紀まで遡って見る
司馬遼太郎
ドナルド・キーン
近松や勝海舟、夏目漱石たち江戸・明治人のことばと文学、モラルと思想、世界との関りから日本人の特質を説き、世界の一員としての日本を考えてゆく。
202510-3

各書目の下段の数字はISBNコードです。978－4－12が省略してあります。

し-6-45
長安から北京へ
司馬遼太郎
万暦帝の地下宮殿で、延安往還、洛陽の穴、北京の人々……。一九七五年、文化大革命直後の中国を訪ね、その巨大な過去と現在を見すえて文明の将来を思索。
202639-1

し-6-46
日本人と日本文化〈対談〉
司馬遼太郎
ドナルド・キーン
日本文化の誕生から日本人のモラルや美意識にいたる〈双方の体温で感じとった日本文化〉を縦横に語りあいながら、世界的視野で日本人の姿を見定める。
202664-3

し-6-47
人間の集団について ベトナムから考える
司馬遼太郎
一九七三年、戦火やまない南ベトナムで、人間と人間の集団について優しいまなざしで洞察する。知的刺激にみちた第一級の思想書。〈解説〉桑原武夫
202684-1

し-6-48
土地と日本人〈対談集〉
司馬遼太郎
土地問題が日本の最大の病根であることをいちはやく見抜き、憂いつつ逝った著者が、松下幸之助、野坂昭如氏らと解決の方途を探った警世の対談集。
202712-1

し-6-49
歴史の舞台 文明のさまざま
司馬遼太郎
憧憬のユーラシアの大草原に立って、宿年の関心であった遊牧文明の地と人々、歴史を語り、中国・朝鮮・日本を地球規模で考察する雄大なエッセイ集。
202735-0

し-6-50
人間について〈対談〉
司馬遼太郎
山村　雄一
人間を愛してやまない作家と医学者がそれぞれの場から自在に語りあう脳と心、女と男、生と死、宗教と国家……。創見と知的興奮にみちた人間探究の書。
202757-2

し-6-52
日本語と日本人〈対談集〉
司馬遼太郎
井上ひさし、大野晋、徳川宗賢、多田道太郎、赤尾兜子、松原正毅氏との絶妙の語り合いで、〈実にややこしい言葉〉日本語と日本文化の大きな秘密に迫る。
202794-7

し-6-57
日本人の内と外〈対談〉
司馬遼太郎
山崎　正和
欧米はもちろん、アジアの他の国々とも異なる日本文化の独自性を歴史のなかに探り、「日本人」が国際社会で真に果たすべき役割について語り合う。
203806-6